U0739201

河北科技师范学院学术著作出版基金资助
河北省职业教育研究基地学术著作出版资助

美国中等职业教育发展的职业主义与民主主义之争："普杜之辩"研究

MEIGUOZHONGDENGZHIYEJIAOYUFAZHANDE
ZHIYEZHUYIYUMINZHUZHUYIZHIZHENG
PUDUZHIBIANYANJIU

路宝利◎著

中国社会科学出版社

图书在版编目（CIP）数据

美国中等职业教育发展的职业主义与民主主义之争："普杜之辩"研究／路宝利
著 . —北京：中国社会科学出版社，2015.8
ISBN 978-7-5161-6725-0

Ⅰ.①美… Ⅱ.①路… Ⅲ.①中等专业教育—发展—研究—美国
Ⅳ.①G719.712.1

中国版本图书馆 CIP 数据核字（2015）第 173994 号

出 版 人	赵剑英	
责任编辑	喻　苗	
特约编辑	王　衡	
责任校对	任晓晓	
责任印制	王　超	

出　　版	中国社会科学出版社	
社　　址	北京鼓楼西大街甲 158 号	
邮　　编	100720	
网　　址	http://www.csspw.cn	
发 行 部	010-84083685	
门 市 部	010-84029450	
经　　销	新华书店及其他书店	

印　　刷	北京君升印刷有限公司	
装　　订	廊坊市广阳区广增装订厂	
版　　次	2015 年 8 月第 1 版	
印　　次	2015 年 8 月第 1 次印刷	

开　　本	710×1000　1/16	
印　　张	19.5	
插　　页	2	
字　　数	310 千字	
定　　价	69.00 元	

凡购买中国社会科学出版社图书，如有质量问题请与本社营销中心联系调换
电话：010-84083683
版权所有　侵权必究

序

　　《美国中等职业教育发展的职业主义与民主主义之争："普杜之辩"研究》（以下简称《"普杜之辩"研究》）一书，是路宝利同学在其同名博士学位论文基础上修改而成的。

　　作为外国教育史研究的重要学术领域之一，外国职业教育史通过展示职业教育发展的历史轨迹，再现人类职业教育的历史实践，以为现实的职业教育实践提供可供聆听的"历史声音"和可供比照的"历史镜像"。《"普杜之辩"研究》以美国中等职业教育为研究对象，集中就美国职业教育发展的理念——职业主义与民主主义及其多维度辩争做出了颇具创新意义的解析，对美国中等职业教育发展路径的历史选择做出了颇具说服力的分析。

　　概而言之，《"普杜之辩"研究》在下述四个方面所做出的探索，读来印象尤其深刻：

　　第一，以多维视角的综合展示了美国中等职业教育的主题与逻辑。基于职业教育的"跨界"属性，《"普杜之辩"研究》以多维视角综合解读美国中等职业教育发展问题，将其分置于自由教育与职业教育关系的教育学维度、民主主义与职业主义的社会学维度、美国模式与欧洲模式的比较维度等多维融合的整体框架中予以分析，并在政治、经济与教育，雇主阶层与雇员阶层，以及民主与效率等多重因素的博弈中，全面诠释美国中等职业教育理念、路径辩争与选择的历史命运。作者还颇具匠心地将多维研究视角及其相关分析合置于"普杜之辩"这一历史维度，借助于"普杜之辩"这一历史线索整体展示美国中等职业教育的主题与逻辑。可以说，在某种程度上，本书为外国职业教育史研究范式的更新做出了成功尝试。

第二，以宏观叙事与微观原理的融合提升了美国中等职业教育史的研究水平。《"普杜之辩"研究》未拘囿于历史宏观叙事的传统写法，也未满足于历史事件的一般梳理与节点划分，而是在基本线索中嵌入了凸显主题的心理学、课程论、知识论等微观阐释。《"普杜之辩"研究》第三章通过对职业教育逻辑起点、取向、课程、教学四个维度的比较，深刻阐述了普洛瑟与杜威二者的职教观之异，尤其在对教育"二元论"与教育"一元论"、"为职业而教育"与"通过职业而教育"、工作课程与整合课程以及工作逻辑与设计逻辑四对范畴所进行的概括与比较中，实现了对普洛瑟与杜威职业教育思想的立体式把握，保证了有关美国中等职业教育的职业主义与民主主义探索超越教育历史文献的搜集与整理层面，而进入专题史与整体史层面相结合的研究高度。

第三，以"职业主义"与"民主主义"的整合凸显了美国中等职业教育发展的核心理念及未来走向。如果说，"普杜之辩"是对美国教育家格雷与赫尔《劳动力教育》一书中"Dewey-Prosser debates"的翻译与借用，那么"职业主义"与"民主主义"之争，则是对于"普杜之辩"的恰切诠释。在现有研究之中，已有职业主义、民主主义之说，但将二者放置一处，与"普杜之辩"相互诠释，则是《"普杜之辩"研究》的贡献。"普杜之辩"已经成为历史，但职业主义与民主主义之争至今尚未结束。职业教育是什么？职业教育为什么？职业教育怎么办？在职业主义与民主主义维度上获得了各自不同的答案。并且，这些不同答案还在并将继续对美国乃至世界职业教育理论进步与实践走向产生影响，这可能就是《"普杜之辩"研究》的研究意义所在。

第四，以"本土化"与"世界性"的结合彰显了个别民族国家教育发展研究的世界意义。作为一个移民国家，无论是在初等教育、中等教育还是大学教育层面上，美国都不曾完全照搬欧洲母国的制度框架，而是一直遵循"借鉴—改造—创制"的本土化路线。就中等职业教育而言，当20世纪初期美国产业界呼唤职业教育之时，美国并未照搬欧洲文法中学与职业中学并置的"双轨制"，而是创制出以综合中学为标志的"单轨制"。《"普杜之辩"研究》在就美国中等职业教育运动、《史密斯—休斯法案》颁布以及综合中学"单轨制"创设等历史事件的解析中,体现了美国教育的本土化取向。同时,如何在借鉴吸纳别国教育发展经验,体现全球化时代教育发展"世界性"的同时,走出民族国家教育发展与创新之路,也成为《"普杜之辩"研究》关注的主题之一,进而彰显了美国中等职业教育发展的世界意义。

《"普杜之辩"研究》是宝利同学攻读博士学位的结果,同时也凝结着他对学术生活的无限向往和辛勤投入。作为宝利同学的导师,在为《"普杜之辩"研究》的出版表达祝贺的同时,也为外国教育史或职业教育研究领域又添新作,自己又多一学术同道而欣慰! 同时祝愿他在未来的学术道路上步子迈得更稳,迈得更大。

是为序。

华东师范大学教育学系教授、博士生导师
王保星
2015 年 1 月于沪上

摘　要

　　1917 年《史密斯—休斯法案》的颁布与实施，标志着美国中等职业教育已经超越欧洲"双轨"制框架，标志着以综合中学为特征的美国中等教育"单轨"制的确立。其间经历了普洛瑟职业主义阵营与杜威民主主义阵营的激烈较量。事实上，基于两种不同的职教观，普洛瑟"为职业而教育"与杜威"通过职业而教育"而形成的"普杜之辩"，为 20 世纪初的美国提供了必要的职业教育理论体系。

　　"普杜之辩"并非一蹴而成，也远非一个单一的历史事实。1913 年库利议案所引发的"普杜之辩"，绵延于美国 1906 年开始的职业教育运动之中，而早在 19 世纪末期美国即已成为世界工业强国之中的霸主。现代社会最先进的生产方式与新兴美国高度的民主自觉为"普杜之辩"奠定了深厚的社会基础，欧洲自由教育的传统与美国本土功利主义教育思想的碰撞与融合，则为美国中等职业教育运动营造了多元并存的文化土壤。

　　"普杜之辩"所彰显的职业主义与民主主义之间的较量，并非只是普洛瑟与杜威两个教育家及其同盟者之间的学术观点之异，它的背后包含着 19 世纪以来美国职业教育困境所积淀的冲突，并且诠释出自由教育与职业教育、雇主阶层与雇员阶层以及民主与效率之间多维要素之间持久的博弈。

　　"普杜之辩"及其"单轨"制是世界职业教育史上的一个独特现象，而职业主义与民主主义对于职业教育核心命题的不同诠释，以及由此引发的关于"职业教育本土性""职业教育存在的合理性"等问题的不断追问又恰恰蕴含着超越本土的意义。

本书主体包括六个部分：

导论部分包括选题缘起与问题提出、研究意义与创新、文献综述、概念界定、研究思路与研究方法。

第一章"普杜之辩"的历史由来。本章从19世纪中等职业教育缓慢发展的现象着手，通过剖析"格兰特·维恩答案"揭示出阻滞中等职业教育发展的两个重要因素——民主主义信仰与自由教育传统。在手工教育运动取向选择与转换过程中，凸显出自由教育与职业教育、雇主阶层与雇员阶层之间的力量博弈。并构成了"普杜之辩"的历史前提。

第二章"普杜之辩"与职业主义确立。本章以1906年职业教育运动仿效德国模式为背景，详细论述了1913年库利议案所引发的"普杜之辩"这一重要史实，梳理了普洛瑟职业主义阵营与杜威民主主义阵营各自的观点，并且从民主与效率的关系视角对于两种职教观进行了深刻的剖析。厘清了"普杜之辩"后《史密斯—休斯法案》生成与"单轨"制的确立过程，通过综合中学中的"独立账户"与"课程分层"揭示出普洛瑟职业主义阵营的不完全胜利。

第三章"普杜之辩"背后职教观之异。本章从事件层面深入至理论层面，以解剖职业主义与民主主义职业教育思想体系之间的内在差异。在职业教育逻辑起点、职业教育取向、职业教育课程以及教学组织四个层面的对比分析中，呼应"普杜之辩"发生的必然性，以及中等职业教育"美国模式"生成的理论基础。

第四章"普杜之辩"的历史影响。本章明晰了"普杜之辩"作为美国中等职业教育走出欧洲框架的标志性地位，从课程的微观视角，论证了美国20世纪职业教育演进中的"普洛瑟职业主义时代"与以杜威民主主义为蓝本的"新职业主义时代"，并剖析了"单轨"制下综合中学的运行问题。

结语部分，基于对"普杜之辩"的综合研究，解析出"职业教育的本土性""职业教育存在的合理性""职业主义何以在博弈中如此顽强"以及"杜威的理想能否实现"四个维度的思考，用以凸显"普杜之辩"所蕴含的思想深度。

Abstract

The enactment and implementation of Smith – Hughes Act in 1917 symbolized that American Vocational Education had surpassed the European double–track system and the single–track system of American secondary education featuring Comprehensive High School had been established. There had been fierce competition between Prosser's Vocationalism and Dewey's Democratism during this process. In fact, Prosser's Education for Vocation and Dewey's Education through Vocation were based on different vocational education concepts, thus leading to Dewey – Prosser debates which offered the necessary vocational education theory system for America at the beginning of the 20th century.

Dewey–Prosser debates did not appear overnight and were far from a single historical event. It was triggered by Cooley Bill which was enacted in 1913 and involved in the American vocational education movement starting in 1906. However, as early as the end of 19th century, America had been the superpower in the world with advanced industry. The combination of the most advanced mode of production and the high level of democracy in the new America laid a solid social foundation for Dewey–Prosser debates. The conflicts and integration of traditions from European liberal arts and American native Unitarianism created an atmosphere of the coexistence of multiplicity for American vocational education movement.

The competition between vocationalism and democratism involved in Dewey–Prosser debates not only indicated some different academic ideas of Prosser and Dewey and their respective league, but also show the conflicts brought by the plight of American vocational education since 19th century. What's more, it also illustrated the persistent struggle in many aspects, such as that between liberal arts education and vocational education, between the employer group and the employee group, and between democracy and efficiency.

Dewey-Prosser debates and the American Model of vocational education are special phenomena in the history of vocational education. However, the different interpretations of those core propositions, given respectively by vocationalism and democratisim within the vocational education domain, and a continuous inquiry on the questions brought by it, such as the locality of vocational education and the justification of the existence of vocational education, have been beyond the scope of a single country.

The dissertation consists of six parts.

The introduction analyses the cause of the study, indicates the meaning of the study and the innovative points, reviews former studies, puts forward the research thinking , defines the related notion and methods of the study.

Chapter one, " the Historical Origin of Dewey - Prosser Debates ", probes into the plight of American vocational education in the 19th century which is the prelude of Dewey-Prosser debates. It starts from the fact of the slow development of American vocational education in the 19th century, and indicates the two important factors that hindered the development of vocational education—democratism belief in education and liberal education tradition, then shows the struggle between liberal arts education and vocational education, the employer group and employee group during the selection and the latter transformation of the orientation in the manual educational movement. This provides the historical background of Dewey-Prosser debates.

Chapter two, "Dewey-Prosser Debates and the Establishment of Vocationalism", studies Dewey-Prosser debates from the perspective of the establishment of vocationalism and the compromise. It first provides the background that the vocational education movement in 1906 copied the German model, and explores in detail the historical event concerning Dewey—Prosser debates, triggered by the enactment of Cooley Bill in 1913, then shows the different ideas of Prosser's vocationalism and Dewey's democratism and analyses the two different concepts from the perspective of democracy and efficiency. Next it analyses the enactment of Smith—Hughes Act which occurred after Dewey—Prosser debates and the establishment of single—track system and explains the separate account and layers of courses in Comprehensive High School, which indicated the partial victory of Prosser Vocationalism league.

Chapter three, "the Difference of Viewpoints on Vocational Education behind the Debates", deals with Dewey—Prosser debates from the theoretical perspective—the theory underlying the two different vocational education concepts to indicate the difference between vocationalism and democratism. It provides a comparative analysis of the logic start of vocational education, its orientation, its courses and the organization of teaching. This further indicates the necessity of Dewey—Prosser debates and the theoretical foundation underlying the American model.

Chapter four, "the Historical Influence of Dewey—Prosser Debates", discusses the evolution of American secondary vocational education after 1917—the influence of Prosser and Dewey. It explores the influence of Dewey—Prosser debates and that of the two different vocational education concepts. It clears the fact that American secondary vocational education had moved beyond the European framework and from the micro perspective of courses, it provides some information of two different eras in the evolution of American vocational education during the 20th century—Prosser's vocatioanlism era and Dewey's democratism era and finally discusses the problems of comprehensive high school in the single track system.

The conclusion provides a summary of the following four aspects: the locality of vocational education, the justification of the existence of vocational education, the vitality of vocational education and whether Dewey's dream would be realized or not, which further indicates the depth of Dewey—Prosser debates.

目　录

导　论

一　选题缘起与问题提出

西方教育史上，自由教育与职业教育"二元论"是由亚里士多德首先提出的，该思想为欧洲诸国现代教育分轨制度奠定了基础。中等教育方面，德国于19世纪上半期实施文科中学与实科中学并立的"双轨"制，英国则在"二战"前基本形成了文法中学、现代中学和技术中学"三轨"并行的格局。有所不同的是，英国因轻视职业教育而将其拒斥在文法学校体系之外，德国则因重视实业文化而在文科中学之外单设实科中学。威廉·冯·洪堡（Wilhelm von Humboldt）在《立陶宛的学校计划》中明确指出："凡是生活需要或者个别行业需要的职业教育，必须与普通教育分开来，必须在学生结束普通教育之后让他们去接受这种职业教育。如果把两者相互混合起来，那么教育就变得不纯，这样既培养不出全面的人，也培养不出各种层次的全面的公民。"① 与此类似，其他欧洲国家多是两种教育轨道并置。

美国并未沿袭欧洲母国的中等职业教育模式，自由教育与职业教育二元对立的"双轨"制最终没有在美国发生。1917年，美国中等职业教育史上划时代的法案——《史密斯—休斯法案》（*Smith-Hughes Act*）颁布，中等职业教育的"美国模式"得以形成，以综合中学为标志的"单轨"制确立，自由教育（包含于普通科、学术科之中）与职业教育（职业科）在综合中学中并行不悖。正如1915

---

① 瞿葆奎主编：《教育学文集·联邦德国教育改革》，人民教育出版社1991年版，第4页。

年 4 月，黄炎培随农商部实业团到美国访问 52 所学校之后所感，"直可称美国无中等实业学校，都是中学校。亦可称美国无中学校，都是中等实业学校。"① 令人不解的是，美国有如德国般的尚实文化但因何没有效仿其职业学校单设的制度？美国对于自由教育的固守与英国类似，但因何能使二者融为一体？就美国而言，自由教育与职业教育是独立并行，还是融合一体，并非一个不言而喻的问题。1917 年《史密斯—休斯法案》的颁布与"单轨"制的确立并非一日之功，事实上，19 世纪美国中等职业学校一直没有获得像德国那样迅猛的发展，尤其是南北战争以前几乎处于迟滞状态。这迟滞之中却包含着多种冲突聚合、多种力量较量以及职业教育自觉意识的酝酿与形成。1913 年库利议案（Cooley Bill）所引发的"在公立中学实施职业教育还是设置与之并行的职业学校"的"普杜之辩"（Dewey-Prosser debates），即关于普洛瑟（Charles Allen Prosser）职业主义阵营与杜威（John Dewey）民主主义阵营之间的一场历史性论争，决定了 20 世纪初期美国职业教育运动的方向，并为 1917 年《史密斯—休斯法案》的颁布与 1918 年《中等教育的基本原则》的出台奠定了理论基础。"普杜之辩"过程中，"职业教育是什么""职业教育为什么""职业教育怎么办"等在职业主义与民主主义维度上获得了各自不同的答案。

　　基于此，本书将围绕"普杜之辩"致力于下述问题的研究：

　　1."普杜之辩"发生时，美国中等职业教育的历史积淀情况如何？美国社会的总体特征如何？影响中等职业教育发展演进的社会元素如何？

　　2.引发"普杜之辩"的具体事件是什么？"普杜之辩"的具体内容是什么？"普杜之辩"蕴含着怎样的职教观冲突？"普杜之辩"的核心观点是什么？"普杜之辩"的结果是什么？

　　3.普洛瑟职业主义与杜威民主主义分别构建了怎样的职业教育理论体系？从教育哲学到具体课程、教学层面蕴含着怎样的学术

────────────

① 中华职业教育社编：《黄炎培教育文集》第 1 卷，中国文史出版社 1994 年版，第 168 页。

观点？

4. 职业主义与民主主义之争对于美国 20 世纪中等职业教育演进有着怎样的影响？以综合中学为标志的"单轨"制框架下的中等职业教育运行如何？

二　研究意义与创新

（一）揭示"普杜之辩"背后所蕴含的本土自觉

工业革命之后，英、德、法等欧洲国家职业教育率先从传统向现代转型。但是，这种转型依然没有超越自由教育与职业教育二元对立的框架，只是由文法学校与学徒制的"双轨"逐渐转向普通学校与职业学校的"双轨"。作为一个移民国家，而且同样作为一个西方国家，美国本可照搬欧洲母国的发展轨道，但其可贵之处在于选择了"在移植中反思，在反思中创新"的本土道路。"普杜之辩"与 1917 年《史密斯—休斯法案》的颁布成为美国中等职业教育走出欧洲框架的起点。自由教育与职业教育的冲突与融合在美国呈现出别样的状态，"普杜之辩"与"单轨"制所彰显的本土自觉意识为世界各国建构具有自身特征的职业教育模式提供了启示，有关自由教育与职业教育、雇主阶层与雇员阶层、效率与民主等多维冲突的讨论则为其他国家教育制度的创设提供了典范。

（二）挖掘"普杜之辩"对于职业教育学科的理论贡献

什么是职业教育？即使对于当代世界各国的职业教育研究者来说都不是一个不言而喻的问题。多数学者对于职业教育的理解都是以自由教育或普通教育为参照的，这样定义的症结在于首先预设了教育"二元论"的前提，丝毫没有追问传统教育二元对立的合理性，而且各国从宏观职业教育政策的制定到微观课程改革多数都遵循于这个思路。事实上，"普杜之辩"为 20 世纪初期美国职业教育提供了两种理论、两幅图景。普洛瑟沿袭教育"二元论"轨道将职业教育推向与自由教育或普通教育截然不同的职业主义论；杜威则打破了二元对立的教育传统，于自由教育与职业教育的局限性出发，构建出基于民主主义的职业教育思想体系，自由教育与职业教育最终走向融合。

（三）丰富外国职业教育史领域的研究

外国教育史的研究成果比较丰富，但职业教育所占比例不大。当然，个中原因是复杂的。一方面，现代学校形式的职业教育诞生较晚，自然较晚地进入史家的视野；另一方面，从亚里士多德到杜威，言及职业教育的名家凤毛麟角。亚里士多德之后，只有美国的杜威、普洛瑟以及德国的凯兴斯坦纳等屈指可数的几位人物。再有，鄙视职业教育的传统所致。亚里士多德视职业教育为奴性教育，纽曼认为职业训练会损伤心智，赫钦斯则称之为人力教育，而弗莱克斯纳在批评美国大学之时将其讽刺为"职业学校"，职业教育的地位可见一斑。当然，这与传统社会中贵族进入文法学校，贫民进入学徒制或职业学校不无关系。现代社会，优等生进入学术教育，差等生进入职业学校的现实则起到了推波助澜的作用。本书试图通过对"普杜之辩"的剖析，为外国职业教育史研究做出些许贡献，更期待该领域尽早进入教育史学名家的视野。

本书创新之处有三点：第一，选题创新。国内以职业主义与民主主义对比的方式，全面解读普洛瑟与杜威职业教育思想体系的专著、期刊论文以及博士、硕士论文尚未发现。第二，视角创新。从自由教育与职业教育、雇主阶层与雇员阶层以及民主与效率等多维冲突的动态变迁中，透视普洛瑟职业主义与杜威民主主义的研究尚未发现。第三，内容创新。从职业教育逻辑起点、取向、课程与教学组织等宏观至微观层面全方位比较普洛瑟与杜威职业教育思想的研究尚未发现。

三　文献综述

1917 年《史密斯—休斯法案》一直为外国教育史研究所关注，但通常将重点放至该法案的内容与历史价值上，对于法案形成至关重要的"普杜之辩"则研究甚少。比较而言，基于"普杜之辩"的深远意义，美国在历史、教育、法律等多个领域的文献中，皆可发现关于该主题的记载与评述，并且相关的著述也日益增多。

（一）国外研究现状

1. "普杜之辩"事件专题研究

20 世纪初期的"普杜之辩"在美国职业教育史上备受关注，研究成果颇丰。佛罗斯特（Drost，W. H.）在其著作《大卫·斯尼登与基于社会效率主义的教育观》（*David Snedden and Education for Social Efficiency*）中，回顾了美国 20 世纪初期中等职业教育模式之辩，论述了斯尼登对于自由教育、学术教育的排斥态度。且基于 80% 未有学术要求的学生职业考虑，提出学生分层教育的合理性。①美国学者沃斯（Arther G. Wirth）1972 年出版《技术社会中的教育：20 世纪早期自由教育与职业教育的争议》（*Education in the Technological Society：The Vocational-liberal Studies Controversy in the Early Twentieth Century*）一书，记述了公立学校实施职业教育的历史进程，对于普洛瑟与斯尼登拒斥自由教育的职业主义论进行了重点剖析，深刻阐释了杜威"通过职业而教育"以及课程整合的观点，就综合中学创制而言，揭示出职业主义与民主主义之间的思想张力。②

斯尼登（Snedden，D. S.）在论文《自由教育与职业教育的根本差异》（*Fundamental Distinctions between Liberal and Vocational Education*）③、《在马萨诸塞州的职业教育：成就与前景》（*Vocational Education in Massachusetts：Some Achievements and Some Prospects*）④中，通过对比两种教育类型在目标、方法以及管理机构等方面的差异，反对将二者混同于公立学校，认为自由教育时刻有玷污职业教育的危险，并以马萨诸塞州为例，进行了实证分析。沃斯在论文

①　Drost, W. H. , *David Snedden and Education for Social Efficiency* , Madison：The University of Wisconsin Press, 1967.

②　Wirth, A. , *Education in the Technological Society：The Vocational-liberal Studies Controversy in the Early Twentieth Century*, Scranton, PA.：Index Educational Publishers, 1972.

③　Snedden, D. S. , *Fundamental Distinctions between Liberal and Vocational Education in Proceedings and Addresses of the Fifty-second Annual Meeting of National Education Association*, *Session of* 1914, held at St. Paul, Minnesota, 1914, pp. 150-161.

④　Snedden, D. S. , " Vocational Education in Massachusetts：Some Achievements and Some Prospects ", *Manual Training Magazine*, Vol. 1, 1916, pp. 1-4.

《自由教育与职业教育冲突中的哲学问题（1900—1917）：杜威与社会效率主义哲学家》［*Philosophical Issues in the Vocational Liberal Studies Contoversy*（1900-1917）：*John Dewey vs. The Social Efficiency Philosophers*］中，介绍了杜威对于社会本位效率哲学的批判，在哲学层面，解析了职业教育与自由教育的关系问题。① 拉巴里（David F. Labaree）撰写《杜威如何失败：大卫·斯尼登与社会效率主义在美国教育改革中的胜利》（*How Dewey Lost：The Victory of David and Social Efficiency in the Reform of Amrican Education*），就杜威与斯尼登之间的职业教育思想之争进行了专题研究，文章揭示了20世纪初期社会效率主义文化盛行之下，杜威民主主义招致挫败的原因，不过，拉巴里过多强调了社会效率主义者的巨大力量，对杜威民主主义思想在美国中等职业教育制度确立中的深远影响剖析不足。②

2. 与"普杜之辩"主题紧密相关的研究

20世纪初期，"普杜之辩"发生之后相继出现了各种评论文章，博德（Bode，B.）在《教育目标因何如此》（*Why Educational Objectives*）一文中，批判了普洛瑟阵营社会效率主义的等级化嫌疑；③ 约翰逊（Johnson，B. W.）早在1910年就提出与杜威学校类似的观点，即中间型学校能够实现在同一所学校提供兼有职前教育和学术教育的功能；④ 杜威的同盟者，著名教育家埃拉·弗拉格·扬（Ella Flagg Young）等都提出与普洛瑟职业主义阵营相左的观点。

20世纪中期之后，美国许多知名学者涉足该领域研究。学者坦纳（Tanner，D.）在《课程开发：从理论到实践》（*Curriculum Development：Theory into Practice*）一书中，剖析了1917年《史密斯—

---

① Wirth, A., "Philosophical Issues in the Vocational Liberal Studies Contoversy (1900-1917): John Dewey vs. The Social Efficiency Philosophers", *Studies in Philosophy and Education*, 8, 3, 169-182, W74.

② David F. Labaree, *How Dewey Lost：The Victory of David and Social Efficiency in the Reform of Amrican Education*, Stanford University, 2008, pp. 163-188.

③ Bode, B., "Why Educational Objectives", *School and Society*, Vol. 22, 1924, pp. 533-539.

④ Johnson, B. W., "Industrial Education in the Elementary School：Children Differ in Vocational Aims", National Education Association of the United States, *Journal of Proceedings and Addresses*, 1910, pp. 253-260.

休斯法案》的形成历程与主要思想，论述了普洛瑟的职业主义立场，并对 20 世纪 40 年代普洛瑟领导的"生活适应教育"运动进行了分析，尤其剖析了职业教育课程的"工作准备"原则。[①] 坎特（Kantor，H.）撰写《工作、教育和职业变革：职业教育的思想渊源，1890—1920》（*Work，Education，and Vocational Reform：The Ideological Origins of Vocational Education*，1890–1920）一文，详尽论述了美国劳动联盟与全国制造商协会之间的较量，以及劳动联盟参与职业教育的态度转向，探究了"一战"后综合中学课程分层等问题。[②] 戈登（Gordon，H. R. D.）撰著《美国职业教育的历史与发展》（*The History and Growth of Vocational Education in America*）一书，基于社会效率主义在美国的主导地位，主要阐述了斯尼登的职业教育思想体系，揭示并分析了在社会达尔文主义假设之下的教育分层观点。[③] 海兰（Hyland，T.）在《职业重建和杜威的工具主义》（*Vocational Reconstruction and Dewey's Instrumentalism*）一文中，剖析了杜威"通过职业而教育"的理念，并对"学生依托于现代工业要素，建构知识，获得科学思维，避免被动成长"等命题予以概括性的分析。[④] 舍夫勒（Scheffler，I.）在《工作、教育和领导：在教育哲学中的论题》（*Work，Education and Leadership：Essays in the Philosophy of Education*）一书中，阐述了杜威课程整合的理想，赞扬了杜威"间接职业"教育的观点，批评了普洛瑟职业主义阵营的狭隘性，并提出与杜威类似的理念，即在一定意义上"所有的教育实质上都是职业教育"的观点。[⑤] 凯勒（Kelly，A. V.）在《教育与民主：原则与实践》（*Education and Democracy：Principles and Practices*）

---

① Tanner，D.，Tanner，L. *Curriculum Development：Theory into Practice*，New York：Macmillan，1975.

② Kantor，H.，"Work，Education，and Vocational Reform：The Ideological Origins of Vocational Education，1890–1920"，*American Journal of Education*，Vol. 94，1986，pp. 401–426.

③ Gordon，H. R. D.，*The History and Growth of Vocational Education in America*，Boston：Allyn and Bacon，1999.

④ Hyland，T.，"Vocational Reconstruction and Dewey's Instrumentalism"，*Oxford Review of Education*，Vol. 1，1993，pp. 89–100.

⑤ V. A. Howard，I. Scheffler（Eds.），*Work，Education and Leadership：Essays in the Philosophy of Education*，New York：Peter Lang，1995，pp. 27–43.

一书中，详细评价了杜威民主主义与职业教育的交互关系。[①] 另外，莱韦斯克（Levesque）、威尔（Weil）等人都对该主题有所论述。

3．"普杜之辩"历史影响研究

普洛瑟职业主义在 20 世纪中期衰落之后，研究者将注意力重新转向杜威。"新职业主义"运动的倡导者格拉布（Grubb，W. N.）1995 年出版关于美国高中重构的两卷本著作，强调杜威"通过职业而教育"的观点，重申自己是在"重返杜威的教育理想之路"[②]。格拉布和拉泽森合著《美国教育和职业教育论：一部文献史，1870—1970》（*American Education and Vocationalism：A Documentary History*，1870-1970）一书，驳斥了 20 世纪初期根据种族、人种、血统和阶级背景将青年人进行"分轨"教育的辩护。[③] 美国学者贝利（Bailey，T.）在《学会工作：从学校到工作计划中的雇主参与》（*Learning to Work：Employer Involvement in School-to-Work Transition Program*）一书中，指出"我们现在所做的并不是什么新鲜事，它只是杜威工作的继续"[④]。美国学者西奥多·刘易斯（Theodore Lewis）则在《美国学校改革：杜威的理念能否拯救高中职业教育》一文中认为，普洛瑟职业主义阵营得以确立的根本原因在于符合效率时代的社会需求，并同时成为杜威关注社会重建与个体权利思想招致挫败的理由。[⑤]

近年来，美国有两篇学位论文与该主题紧密相关：斯维尔·罗伯特（Silver Roberta）撰写《查尔斯·A. 普洛瑟关于美国中学教育概念的分析》（*An Analysis of Charles Allen Prosser's Conception of Sec-*

---

① Kelly，A. V. ，*Education and Democracy：Principles and Practices*，London：Paul Chapman，1995.

② Grubb，W. N. （Ed. ），*Education through Occupations in American High Schools*（Vol. I），New York：Teachers College Press，1995，p. 4.

③ Marvin Lazerson，W. Norton Grubb，*American Education and Vocationalism：A Documentary History*，1870-1970，Columbia University：Teacher College Press，1974.

④ Bailey，T. ，*Learning to Work：Employer Involvement in School-to-Work Transition Program*，Washington D. C.：The Brookings Institution Press，1995.

⑤ ［英］琳达·克拉克、克里斯托弗·温奇：《职业教育：国际策略、发展与制度》，翟海魂译，外语教学与研究出版社 2011 年版，第 88 页。

ondary Education in the United States）一文，深刻揭示了普洛瑟与杜威之间的理论差异以及普洛瑟职业主义立场。[1] 杰弗里·L. 道（Jeffrey Luranee Dow）的论文《新职业主义：杜威哲学的分析》（*The New Vocationalism：A Deweyan Analysis*），全面论述了杜威基于民主主义的职业教育观以及自由教育和职业教育课程整合的思想，对于 20 世纪 80 年代诺顿·格拉布 "新职业主义" 思想与杜威 "通过职业而教育" 之间的相关性进行了重点解析。[2]

4. 涉及 "普杜之辩" 的教育史、文化史文献

美国著名教育史家劳伦斯·阿瑟·克雷明（Lawrence Arthur Cremin）在名著《学校的变革》（*The Transformation of the School*）一书中，梳理了从 1879 年美国手工教育运动到 1917 年《史密斯—休斯法案》颁布的历史进程，解析了全国制造商协会与美国劳动联盟之间的冲突以及对职业教育的交互作用，提及了普洛瑟在《史密斯—休斯法案》颁布前后的重要作用。克雷明专设 "教育的先驱者" 一章，并解析了杜威职业教育观。[3] 查尔斯·阿尔法·班尼特（Charles Alpheus Bennet）在专著《1870 年之前手工训练和工业教育史》（*History of Manual and Industrial Education up to 1870*）[4] 和《1870—1917 年手工训练和工业教育史》（*History of Manual and Industrial Education 1870-1917*）[5] 中，透视了美国中等职业教育模式形成的全貌，尤其是对于自由教育与职业教育、全国制造商协会与美国劳动联盟之间以及职业主义与民主主义之间的冲突做了详尽记述，但对普洛瑟与杜威职业教育理论层面的深度挖掘不足。

格雷（Kenneth C. Gray）与赫尔（Edwin L. Herr）《劳动力教

[1]　Silver, Roberta, *An Analysis of Charles Allen Prosser's Conception of Secondary Education in the United States*, Chicago：University of Chicago, 1991.

[2]　Jeffrey Luranee Dow, *The New Vocationalism：A Deweyan Analysis*, University of Florida, 2002.

[3]　L. A. Cremin, *The Transformation of the School*, New York：Knopf, 1961, p. 158.

[4]　Charles Alpheus Bennet, *History of Manual and Industrial Education up to 1870*, Peoria：The Manual arts Press, 1926.

[5]　Charles Alpheus Bennet, *History of Manual and Industrial Education 1870-1917*, Peoria：The Manual arts Press, 1937.

育：基础知识》（*Workforce Education：The Basics*）一书，记述了"普杜之辩"的历史事实，尤其对于普洛瑟职业主义与杜威民主主义的思想分歧做了详细的对比。[1] S. 鲍尔斯与 H. 金蒂斯（Samuel Bowles & H. Gintis）在专著《美国：经济生活与教育改革》（*Schooling in Capitalist America：Education Reform and the Contradiction of Economic Life*）一书第七章，比较详细地记述了 1913 年库利议案被杜威民主主义阵营抵制的史实，尤其对 1906 年中等职业教育运动以来美国劳动联盟（American Federation of Labor）对于职业学校转向支持的态度变化做了客观剖析。[2] S. 亚历山大·里帕（Rippa, S. Alexander）在《自由社会中的教育：美国历程》（*Education in a Free Society：An American History*）一书第五章中，对全国制造商协会于职业教育运动的巨大推力进行了比较完整的叙述，而且剖析了其对职业教育德国模式的鼓吹，第七章则介绍了对于普洛瑟职业教育课程理论影响至深的桑代克的学习迁移理论。[3] 韦恩·厄本与杰宁斯·瓦格纳（Wayne J. Urban & Jennings L. Wagoner, Jr）合著的《美国教育：一部历史档案》（*American Education：A History*）一书，著者通过"十人委员会报告"、公立学校课程分化等事件探究了影响美国职业教育模式形成的民主因素，该书在第十章比较详细地介绍了 19 世纪 40 年代普洛瑟领导的"生活适应教育"运动。[4] 乔尔·斯普林（Joel Spring）在所著《美国学校·教育传统与变革》（*American School–Education Tradition and Change*）一书第九章，提及了影响美国中等职业教育的卡拉马祖案，详细分析了 1918 年《中等教育基本原则》的出台过程，并解析了"差异性课程"所蕴含的民主因素。

---

① Kenneth C. Gray, Edwin L. Herr, *Workforce Education：The Basics*, Boston：Allyn and Bacon, 1998, p. 20.

② Samuel Bowles, H. Gintis, *Schooling in Capitalist America：Education Reform and the Contradiction of Economic Life*, London：Routledge and K. Paul, 1976.

③ Rippa, S. Alexander, *Education in a Free Society：An American History*, New York：Longman, 1967.

④ Wayne J. Urban, Jennings L. Wagoner, Jr, *American Education：A History*, New York：Routledge, 2009.

5. 与美国中等教育模式相关的研究

研究美国中等教育模式一般不会绕过"普杜之辩"的影响。其中，拉加（William G. Wraga）、特奇安（Sevan G. Terzian）、科南特（James B. Conant）、特纳（Turner）等人的观点比较有代表性。拉加在《民主中学：美国综合中学和教育变革》（*Democracy's High School*：*The Comprehensive High School and Educational Reform in the U-nited States*）一书中，对于 20 世纪初美国中等教育普及阶段所面临的选择做了透彻分析，详细论述了扬弃欧洲"双轨"制而创设独特的"单轨"制的本土化历程。[①] 特奇安在论文集《综合中学中的监护主义和职业准备，1929—1942》（*Custodialism and Career Prepara-tion in a Comprehensive High School*，1929–1942）中，探讨了 20 世纪初期综合高中的"监护主义"目的与学术、职业准备教育目的之间相互冲突的问题，特奇安认为综合高中不应忽视公民、学生及家长的观念。[②] 1959 年，著名教育家科南特发表了调查报告《今日美国中学》（*The American High School Today*），提倡发挥综合中学的社会性功能，主张通过综合中学促进教育机会均等进而实现社会民主。科南特认为综合中学是标志美国社会特点的学校，并指出综合中学兼具升学、就业和培养全人三重功能。[③] 同样，特纳在《美国教育中的综合中学》（*The Comprehensive High School in American Educa-tion*）一文中认为，综合中学是美国式民主的原型，他从综合中学的历史发展、"单轨"制的建立和通识教育等几个方面论证了综合中学存在的合理性。特纳极力反对分轨制度，他认为如果建立分化的学校体系将会是"美国自己亲手毁灭自己"[④]。

---

① William G. Wraga, *Democracy's High School：The Comprehensive High School and Edu-cational Reform in the United States*, New York：University Press of America, 1993, p. 2.

② Sevan G. Terzian, Custodialism and Career Preparation in a Comprehensive High School, 1929–1942, In Barry M. Franklin, Gary McCulloch：*The Death of the Comprehensive High School*, New York：Palgrave Macmillan, 2007.

③ ［美］科南特：《科南特教育论著选》，陈友松主译，人民教育出版社 1988 年版，第 35 页。

④ Daniel Turner, "The Comprehensive High School in American Education", *Educational Leadership*, 1982, pp. 606–613.

莱德（Wen Lang Lide）的《美国职业教育与社会的不平等》（*Vocational Education and Social Inequality in the United States*），希尔（D. S. Hill）的《职业教育引论》（*Introduction to Vocational Education*），梅斯（B. Mays）的《职业教育的原理和实践》（*Principle and Practices of Vocational Education*），埃文斯（R. N. Evans）的《职业教育学基础》（*Foundation of Vocational Education*），莱博迪的《七十年代美国学校职业教育的主要问题》（*Vocational Education in America's Schools：Major Issues of the 1970's*），埃文斯（R. Evans）等人编写的《中学的生计教育》（*Career Education in the Middle/Junior High School*），米切尔（E. F. Mitchell）的《合作职业教育的原则、方法和问题》（*Cooperative Vocational Education：Principles，Methods，and Problems*）等，对于 20 世纪初期"普杜之辩"或美国中等职业教育模式形成皆有所涉及。

（二）国内研究现状

1. 相对完整的探究"普杜之辩"的文献

该类文献目前只发现论文 4 篇，第一篇即关晶的论文《普洛瑟职业教育思想回顾》，这是国内第一篇专门介绍普洛瑟思想的文献。作者基于对普洛瑟《民主中的职业教育》一书的研读，在梳理普洛瑟职业主义形成的过程中，阐述了其思想的三个来源即斯尼登社会效率主义职业教育观，桑代克学习迁移理论以及杜威"教育即生活"的思想，重点论述了普洛瑟职业主义的基本特征、职业教育 16 条原则以及工作导向课程的特点。该文献使更多的研究者开始认识有"美国职业教育之父"美誉的普洛瑟。[①] 第二篇是荣艳红的博士论文《美国联邦职业技术教育立法研究（1917—2007）》，该文献是国内最详细地论述普洛瑟职业主义与杜威民主主义冲突的文章，而且以 1917 年《史密斯—休斯法案》的颁布过程为主线，全面阐述了 20 世纪初期影响美国中等职业教育制度确立的综合因素。[②] 与荣艳红类似，陈鹏的博士论文《澄明与借鉴——人本主义视角的美

---

① 关晶：《普洛瑟职业教育思想回顾》，《江苏技术师范学院学报》2009 年第 4 期。
② 荣艳红：《美国联邦职业技术教育立法研究（1917—2007）》，博士学位论文，河北大学，2008 年。

国职业教育研究》，对于 20 世纪初期这场论辩也进行了相对全面的描述，介绍了教育史上对于普洛瑟狭隘的职业主义的批判，并将杜威归为人本主义一派。① 第四篇即王海珊的硕士论文《斯尼登与杜威的职业教育之争及其影响》，这是国内以 20 世纪初期美国职业教育思想之争为硕士论文选题的第一篇文章，对于杜威与斯尼登二人论争之史实做了较全面的整理与论述。②

2. 对"普杜之辩"与美国中等职业教育模式有所涉及的文献

王金波《职业技术教育学导论》一书，对于美国 20 世纪初期的职业教育大讨论有所概括，并阐述了从普洛瑟工作导向课程发展而来的能力本位课程。③ 刘静在专著《20 世纪美国教师教育思想的历史分析》一书中，系统阐述了基于普洛瑟工作导向课程的"能力本位教师教育"的起源、理论与开发技术等方面的内容。④ 杨孔炽、徐宜安在《美国公立中学发展研究》一书第五章之第四节论述了美国"中学的职业劳动教育"。⑤ 翟海魂在《发达国家职业技术教育历史演进》一书第三章，对于美国 20 世纪初期这场论辩与 1917 年《史密斯—休斯法案》颁布过程做了较为全面的论述，而且对与之相关的"十人委员会报告"和《中等教育的基本原则》做了比较分析。⑥ 王川在《西方近代职业教育史稿》一书中，从工商业界到联邦、州等多个角度透视了美国 20 世纪初期的中等职业教育变革情况，结合 1917 年法案一并论述了综合中学的运行特征，基于杜威的思想揭示出美国"普通教育职业化"的趋向。⑦ 贺国庆、朱文富等《外国职业教育通史》一书（上卷）第十四章，详细论述了《史密斯—休斯法案》颁布与中等职业教育制度的确立过程，尤其

① 陈鹏：《澄明与借鉴——人本主义视角的美国职业教育研究》，博士学位论文，天津大学，2012 年。

② 王海珊：《斯尼登与杜威的职业教育之争及其影响》，硕士学位论文，陕西师范大学，2009 年。

③ 王金波：《职业技术教育学导论》，黑龙江教育出版社 1989 年版。

④ 刘静：《20 世纪美国教师教育思想的历史分析》，北京师范大学出版社 2009 年版。

⑤ 杨孔炽、徐宜安：《美国公立中学发展研究》，湖北人民出版社 1996 年版。

⑥ 翟海魂：《发达国家职业技术教育历史演进》，上海教育出版社 2008 年版。

⑦ 王川：《西方近代职业教育史稿》，广东教育出版社 2011 年版。

对发生于 19 世纪末至 20 世纪初美国手工教育运动、职业教育运动等做了较为系统的阐述。①

徐国庆在《美国职业教育范式的转换及启示》一文中，探究了美国 20 世纪百年职业教育由普洛瑟职业主义到格拉布"新职业主义"的转型历程，其间，课程由特定岗位强调课程的深度转变为注重更加宽广的学术或普通能力。② 翟海魂在《19 世纪末 20 世纪初美国中等职业教育的发展与论争》一文中，阐述了 20 世纪初期"普杜"双方阵营的观点之争。③ 付雪凌《20 世纪美国职业教育思想沿革》一文，对普洛瑟职业主义与杜威民主主义分别做了介绍。④

以杜威职业教育思想研究作为硕士论文选题的比较多，例如徐嵘在硕士论文《杜威职业教育思想初探》中，探究了杜威思想对于《中等教育的基本原则》之中关于确立综合中学体制的影响；⑤ 赵颖的硕士论文《杜威职业教育思想研究》在"职业教育、自由教育整合观"一节，提及杜威对于伊利诺伊州事件的反对；⑥ 王永强硕士论文《试论杜威的泛职业主义观》第四章第一节，对于 20 世纪初期的这场论辩有所涉及。⑦ 另外，梁文的硕士论文《杜威的职业教育思想理论性探析——基于高等职业教育视角下》等对此问题皆有不同程度的分析。

3. 基于杜威课程整合思想的 20 世纪后期美国职业教育课程改革研究

基于杜威教育思想的美国职业教育课程整合是近十年研究的热点，比较有代表性的有如下文献：石伟平《STW：世纪之交美国职业教育改革与发展策略的抉择》一文，论述了世纪之交美国在 STW 框架之下，基于杜威思想的三项整合即：整合学校本位学习与工作

---

① 贺国庆、朱文富等：《外国职业教育通史》（上卷），人民教育出版社 2014 年版。

② 徐国庆：《美国职业教育范式的转换及启示》，《教育发展研究》2008 年第 7 期。

③ 翟海魂：《19 世纪末 20 世纪初美国中等职业教育的发展与论争》，《河北大学学报》2007 年第 4 期。

④ 付雪凌：《20 世纪美国职业教育思想沿革》，《职业技术教育》2008 年第 1 期。

⑤ 徐嵘：《杜威职业教育思想初探》，硕士学位论文，华东师范大学，2001 年。

⑥ 赵颖：《杜威职业教育思想研究》，硕士学位论文，河北大学，2004 年。

⑦ 王永强：《试论杜威的泛职业主义观》，硕士学位论文，河南大学，2002 年。

本位学习；整合学术课程与职业课程；整合中等教育与中等后教育，凸显出"普职"一体的课程取向。① 肖化移在《美国学术课程与职业课程的整合》一文中，详细阐述了两类课程整合的四种模式，同时分析了整合实现的条件与保障问题。② 陈晶晶、陈龙根在《学术性与职业性融合——美国社区学院课程模式改革的新趋势》一文中，以美国伊利诺伊州社区学院为例，具体阐释了学术性与职业性融合教育理念下新课程模式的形成、特征及实施成效，详细论述了美国应用性学术课程、连接与多学科课程、融合课程等多种整合课程模式。③ 邵健伟、陈向阳《国际视野下的技术教育范式重建——让"硬技术"与"软技术"在技术教育中融合》一文，以技术本质的解读为出发点，从课程体系、教育内容、技术训练等不同层面探究了技术教育的范式重建。④ 郑艳在硕士论文《20 世纪 90年代以来美国中等职业教育课程整合模式探析》中详细论述了课程整合的主体，并对学术与职业、学校与工作、中学与中学后三种不同领域课程整合模式的历史变迁进行了明确的划分与阐述。⑤

四　概念界定

（一）职业主义（Vocationalism）

职业主义即一种传统而经典的职业教育范式，在实践层面上起源于欧洲行会学徒制，在学术层面上可追溯到德国凯兴斯坦纳和美国斯尼登、普洛瑟等代表人物。职业主义教育范式多存于德语系国家，其中德国、瑞士与奥地利比较典型。"lism"本身有主义、运动之意，又涵盖着信仰的元素。比较而言，英语"职业"一词即

---

① 石伟平：《STW：世纪之交美国职业教育改革与发展策略的抉择》，《全球教育展望》2001 年第 6 期。
② 肖化移：《美国学术课程与职业课程的整合》，《职教论坛》2002 年第 10 期。
③ 陈晶晶、陈龙根：《学术性与职业性融合——美国社区学院课程模式改革的新趋势》，《比较教育研究》2012 年第 1 期。
④ 邵健伟、陈向阳：《国际视野下的技术教育范式重建——让"硬技术"与"软技术"在技术教育中融合》，《外国教育研究》2011 年第 7 期。
⑤ 郑艳：《20 世纪 90 年代以来美国中等职业教育课程整合模式探析》，硕士学位论文，东北师范大学，2007 年。

"vocation" 多与谋生有关，具有一定的功利主义色彩；而德语"职业" 即"Beruf"一词最初之意是神委派的、不容抛弃的，所以德国文化视"职业"为庄严、崇高甚至神圣的天职。① 职业主义主要包含三层意思：（1）与普通教育或自由教育比较，重视职业教育，并倡导在普通公立学校之外，单独设置职业学校；（2）与普通教育的基础性比较，职业教育是旨在就业的教育，突出职业性，重视职业技能训练；（3）重视职业精神的培养。

德语国家职业主义传至美国首先是在高等教育领域，一般认为，在时间上于19世纪后半期《莫里尔法案》颁布之后，正如格兰特·维恩（Venn，Grant）在1964年一篇论及《莫里尔法案》历史意义时的文章中所提到的：该法案将自由教育与职业教育结合起来，并在职业教育的课程中增加古典的科目，使两者处于同等重要的位置，赋予了机械技术和农业以十分重要的地位，以新的教育形式冲击了对农业教育和商业教育的疑虑和惧怕心理，使得"职业主义"在大学立稳脚跟。② 然而，美国本身带有"盎格鲁—撒克逊"的英属文化，所以职业主义传至美国之后开始融合了更多的功利主义元素。20世纪初，美国职业教育运动的前期，在借鉴德国经验的过程中，斯尼登与普洛瑟成为承继职业主义的重要人物。普洛瑟在《民主中的职业教育》一书开篇即指出，广义的职业教育指"个人成功地学习如何获得一份有报酬的职业的人生经验的一部分"；狭义的职业教育指"为某个特定的就业机会而培训某人的一系列受到控制和组织的经验"，③ 凸显出普洛瑟职业主义立场。

职业主义传至美国之后，除重视职业准备以外，作为一种精神在美国获得了新的理解即勤奋与使命。本杰明·富兰克林（Benjamin Franklin）的自传以及《穷查理年鉴》是关于美国职业精神最

---

① Clarke, L., Winch. C., "A European Skills Framework? — But What are Skills? Anglo-Saxon versus German concepts", *Journal of Education and Work*, Vol. 3, 2006, pp. 255-269.

② Grant Venn. *Man, Education and Work: Post Secondary Vocational and Technical Education*, American Council on Education, 1964, p. 45.

③ Prosser, Charles A. & Thos H. Quigley, *Vocational Education in a Democracy* (revised ed.), Chicago: American Technical Society, 1949, p. 2.

早、最完美的阐释。例如，"切记，时间就是金钱，假如一个人凭自己的劳动一天能挣十先令，那么他闲坐半天，就等于白扔了五个先令。"① 等等。富兰克林告诫人们，"我们花在睡眠上的时间要比所必需的多得多……勤劳者于怠惰者酣睡之时耕作。"② 早在1904年，马克斯·韦伯考察美国之后，即撰写出《新教伦理与资本主义精神》，其中一句经典语言揭示出"美国式"职业主义的精神所在，"职业思想便引出了所有新教教派的核心教理：上帝应许的唯一生存方式，不是要人们以苦修的禁欲主义超越世俗道德，而是要人完成个人在现世里所处地位赋予他的责任和义务。这即是他的天职。"③ 职业主义视职业为神圣，美国传习了这一精神。

在本研究中，普洛瑟职业主义重点体现于三点：（1）职业教育即"为职业而教育"，旨在就业；（2）倡导独立设置与公立中学并行的职业学校，并时刻防止自由教育或普通教育等对职业教育的负面影响；（3）以习惯心理学为基础，重视岗位技能的重复训练。

（二）民主主义（Democratism）

"民主主义"的语源是希腊语 Demokratia，即 Demos（市民）和 Kratia 的组合。英国史学家詹姆斯·布赖斯（James Bryce）认为，民主主义是自希罗多德时代以来的一种"政府的体制"，在这种政体之下，国家的统治权在法律上不是属于一个或几个特别阶级，是属于全"团体"的分子。④ 政治家伯里克利（Pericles）则在著名的《丧礼上的演说词》中将其更加直白地表述为："我们的政治制度之所以被称为民主政治，是因为政权在全国公民手中，而不是在少数人手中。"⑤

---

① ［美］詹姆斯·H. 罗宾斯：《敬业——美国员工职业精神培训手册》，曼丽译，世界图书出版公司北京公司2004年版，第22页。

② 同上书，第97页。

③ ［德］马克斯·韦伯：《新教伦理与资本主义精神》，阎克文译，上海人民出版社2010年版。

④ ［英］詹姆斯·布赖斯：《现代民治政体》，张慰慈等译，吉林人民出版社2001年版，第20页。

⑤ ［古希腊］修昔底德：《伯罗奔尼撒战争史》，谢德风译，商务印书馆1960年版。

启蒙运动之后,民主主义即成为基于民主理想的一种思潮,这种思潮旨在批判封建专制主义,主张自由、平等。《教育大辞典》将其定义为:"主张自由、平等,与封建专制主义相对。"①《辞海》的解释:民主主义系资产阶级民主革命的指导思想。17—18世纪法国资产阶级启蒙思想家孟德斯鸠(Charles de Secondat)、卢梭(Jean-Jacques Rousseau)等提出。以私有财产神圣不可侵犯为基础,提出"天赋人权""主权在民""法律面前人人平等"等反封建等级特权和君主专制的纲领,以及法国资产阶级在革命时期提出"自由、平等、博爱"的口号等。②日本宪法学一代宗师芦部信喜认为:"民主主义的基础在于尊重个人的原理,所以必以所有国民的自由与平等为保障,民主主义并非单指多数统治的政治,必须是具有立宪民主主义的实质。"③

理解"民主"概念是把握民主主义的基础。"民主"的本义是指"人民的权力"或"人民当家做主"。美国著名政治学家罗杰·西尔斯曼(Roger Hilsman)在《美国是如何治理的》一书中指出,"民主就是人民管理国家或者多数人管理国家"④。古德(H. G. Good)在《教育词典》中的解释较具代表性。民主即:(1)是指由人民统治,由人民掌握绝对权力,直接地或通过代议制间接地行使权力的政府;(2)是指与以上结构类似的社会或州的政府;(3)社会平等的信念或实践;(4)是指强调个人价值或个性的统一的一种生活方式,在这种生活方式中,个人在相互尊重、合作、宽容和公平竞争的基础上处理他们的社会关系。

《简明不列颠百科全书》对"民主"是这样解释的:(1)由全体公民按多数裁决程序直接行使政治决定权的政府形式,通常称为

---

① 顾明远主编:《教育大辞典(增订合编本上)》,上海教育出版社1998年版,第1097页。

② 夏征农、陈至立主编:《辞海(缩印本)》,上海辞书出版社2009年版,第1311页。

③ [日]芦部信喜:《宪法》,李鸿禧译,台北月旦出版股份有限公司1995年版,第42页。

④ [美]西尔斯曼:《美国是如何治理的》,曹大鹏译,商务印书馆1986年版,第28页。

直接民主；（2）公民不是亲自而是通过由他们选举的代表向他们负责的代表行使政治决定权的政府形式，称为代表制民主；（3）在以保障全体公民享有某些个人或集体权利（如言论、宗教信仰自由等）为目的的宪法约束范围内，行使多数人权力的政府形式（通常也是代表制民主），称为自由民主或立宪民主；（4）任何一种旨在缩小社会经济差别（特别是由于私人财产分配不均而产生的社会经济差别）的政治或社会体制。① 可见，在不同时期，人们对民主有不同的解释和表达形式。但民主的基本内涵是：必须以确保多数人的利益和政治权利为根本内容，把多数人的意志确认为国家的最高意志。

　　民主主义在本研究中特指杜威的民主主义教育思想。就历史传习而言，民主主义在美国可以做如下追溯。据史家考证，17世纪英国清教革命时期，革命的激进分子为了颠覆传统，用"民主主义"来歌颂人民的智慧和力量，并称"民主主义"为人民统治的理想。此后，"民主主义"作为一个政治术语，横跨大西洋，传入美洲。1620年外来移民的"五月花公约"和17世纪殖民地自治议会，1776年《独立宣言》以及杰斐逊（Thomas Jefferson）的民主理想，1787年的制宪会议大辩论、1791年的宪法前10条修正案即《人的权利法案》，时至1832年，安德鲁·杰克逊（Andrew Jackson）总统宣布他领导的政党为争取民主主义的民主党，1863年《解放黑人奴隶宣言》，1866年给黑人以充分民主权利的宪法第14条修正案等法案，以及林肯（Abraham Lincoln）总统在葛底斯堡做就职演讲时将"民主主义"阐述为"民有、民治、民享"。威尔逊（Thomas Woodrow Wilson）总统在参加第一次世界大战的咨文中称这是"为民主主义而战的战争"，"二战"的协约国仍然继承了"民主主义"说法。②

　　1916年，杜威出版《民主主义与教育》（*Democracy and Education*）一书，副标题为"教育哲学导论"，共26章。本书主要阐述民主主义社会所含的种种观念，并将这些观念应用于教育，以解决

① 荣剑、杨逢春：《民主论》，上海人民出版社1989年版。
② 浦增元：《国外法学知识译丛：宪法》，知识出版社1982年版，第136—137页。

公共教育"建设的目的与方法"。第七章主要提出民主主义社会应具备的条件及教育上的民主概念。王保星教授在《杜威职业教育思想的现代性分析》一文中，将杜威论述的民主概念归纳为三层含义：其一是把"民主"理解为与专制或独裁相对立的一种民主政治制度，具有鲜明的政治内涵。民主"是指一种政府模式，一类选举官吏以及规定他们作为官吏行为的特殊实践——它包含着一切与政治民主有关的内容——首先，它们代表一种努力，反对那些曾如此广泛地以偶然而不相干的因素来决定统治权的占有的力量；其次，也代表一种反对用政治权利来为私人目的而不是为公众目的服务倾向的努力"。① 民主的第二层含义是指一种社会民众享有公开讨论与自由交流的权利和机会。作为民主社会的公民，每一个人都拥有就国家或社会政治、经济及其他问题自由发表意见的权利，而不应担心受到压制。整个社会统治方式的确定是建立在广泛的同意基础上的，而这一切的实现又必须建立在民主政治体制确立基础上。杜威认为，民主政治"是以这样一种观念作为根据的：即没有一个人或有限的一群人是十分聪明和十分善良的，以至无需乎别人的同意就去统治别人；这句话的积极意义是：凡为社会制度所影响的一切人们都必须共同参与创造和管理这些制度之中。每一个人都生活在制度之下，他的行动和享受以及他所变成的结果都是受到这些制度所影响的。这是一件事实。所以在构成这些制度的过程中他将要有他的发言权，这又是一件事实。"② 民主的第三层含义在于表达一种生活方式，对民主生活的诉求和个人民主生活方式的界定成为民主概念的终极意义。

在杜威晚年编选的《教育哲学》一书中，进一步阐述了"民主与教育"的问题。认为，"民主本身是一个教育原则，一个教育措施和政策。"根据第二次世界大战期间的世界情况，杜威又发出

---

① Dewey, J., *The later Works*, Vol 12, The Southern Illinois University Press, 1981, pp. 286-287.

② ［美］约翰·杜威：《人的问题》，傅统先、邱椿译，上海人民出版社1965年版，第44页。

"民主对教育的挑战"的警告。①

　　本书"民主主义"系指杜威的职教观，与普洛瑟"职业主义"相对立。二者的核心分歧在于：普洛瑟职业主义思想，提倡职业学校与普通学校分离，认为职业教育即"为职业而教育"，旨在就业；杜威民主主义思想，为了避免等级社会的复制，站在民主社会进步的高度，提倡职业教育与普通教育融合，认为职业教育即"通过职业而教育"，旨在教育。

　　（三）社会效率主义（Social Efficiency Doctrine）

　　"效率"一词的英文为 Efficiency，源出于拉丁文 Effieientid，本意是指有效的因素，属于哲学范畴。"效率"最初曾被理解为"有效地达到目的的适应性和能力"②。直到 19 世纪，"效率"才作为一个科学概念首先应用于物理学和工程学，有了它特定的意义，即指"有效输出量与输入量之间的比值"③。与此类似，《辞海》的定义是："效率"指消耗的劳动量与所获得的劳动效果之比。或指一种机械在工作时输出能量与输入能量之比。④ 20 世纪初，伴随科学管理运动的开展，"效率"概念逐渐被广泛地运用到经济学、管理学和教育学等领域。辛辛那提大学教授古德（Carter V. Good）编撰的《教育词典》（*Dictionary of Education*）中，"效率"即"以尽可能少的时间和精力完成尽可能多的工作的能力"。⑤

　　社会效率主义与弗雷德里克·泰罗（Frederick Winslow Taylor）密切相关。1911 年，泰罗出版《科学管理的原则》⑥ 一书，泰罗以劳动管理效率思想引领了美国效率时代。基于劳动效率的提升，泰

---

　　① 顾明远主编：《教育大辞典（增订合编本上）》，上海教育出版社 1998 年版，第 1097 页。

　　② 黄云龙：《现代教育管理学》，复旦大学出版社 1993 年版，第 268 页。

　　③ 台湾光复书局编辑部：《大美百科全书》第 9 卷，台湾光复书局 1990 年版，第 381 页。

　　④ 夏征农、陈至立主编：《辞海》，上海辞书出版社 2010 年版，第 2096 页。

　　⑤ 陈如平：《效率与民主——19 世纪末至 20 世纪 50 年代美国教育管理思想的历史研究》，博士学位论文，北京师范大学，1998 年。

　　⑥ ［美］雷蒙德·E. 卡拉汉：《教育与效率崇拜》，马焕灵译，教育科学出版社 2010 年版，第 20 页。

罗提出管理的 4 条原则：（1）对工人劳动的每一个要素规定一种科学方法，以替代老的单凭经验的劳动操作方法；（2）对工人进行挑选、训练、教育和培养，发展他们的劳动技能；（3）管理者与工人进行明确、适当的分工，管理者应当担任比工人更能胜任的工作；（4）管理者认真与工人合作，以保证各项工作按制定的科学原则进行。[①]"泰罗制"在美国社会产生了巨大而持久的影响，"效率主义"开始成为美国社会生活的一种基本价值观，[②]并很快盛行于美国教育界。

20 世纪初期，斯尼登成为美国教育界社会效率主义的代表人物。"社会效率"成为斯尼登教育信条的核心。[③]斯尼登认为，教育的终极目标即"效率的最大化"。[④]斯尼登认为，只有在有效率的社会，才能创造一个积极的环境，在这样的社会中个体可以充分发展，并感到满意。公立学校则是社会体系的保证，它们的天生使命是，通过提高社会效率促进社会发展。职业教育成为社会效率保证机制的一部分，因为受过良好训练的、顺从的劳动力是有效社会的必要条件。斯尼登的策略是，依靠心理测量学和社会学理论，学校指导学生进入导向他们"可能命运"的教育轨道。行为主义则提供教学论的理论基础。按照这种教学论，学校使学生形成正确的工作和伦理习惯。这些习惯将使学生按照社会控制理论的要求，自愿地忠于他所属的阶层。这种"忠于"有利于形成一个在社会、经济方面更好的社会，并使社会中的每一个人受益。由于行为主义给教与学提供了一个科学基础，因此该理论被看作社会效率主义教育观的核心。

本书需要明晰的是，职业主义与社会效率主义的关系问题。首先，职业主义受到社会效率主义的影响，并成为职业主义的理论基

---

① 顾明远主编：《教育大辞典（增订合编本下）》，上海教育出版社 1998 年版，第 1518 页。

② 纪晓林：《美国公共教育的管理和政策》，北京师范大学出版社 1992 年版，第 1 页。

③ Ravitch Diane, *Left Back：A Century of Failed School Reforms*, New York：Simon and Schuster, 2000, p. 81.

④ Snedden, D., Education for the Rank and File, *Stanford Alumnus*, Vol. 1, 1990, pp. 185-198.

础之一，职业主义同时成为实现社会效率的工具。但职业主义与效率主义并非等同，除具有效率特征之外，职业主义还包含着丰富的教育学思想，例如职业主义的课程观、教学观等。另外，职业主义还包含职业精神的维度，因此，二者之间既不等同，也没有相互包含的关系。20世纪初期，"普杜之辩"中有关"民主与效率"之争，只是民主主义与职业主义两种职教观之间比较的一个维度而已，并不是全部。除此之外，二者还多有分歧。

（四）自由教育（Liberal Education）

自由教育由古希腊哲学家亚里士多德（Aristoteles）在《政治学》《尼各马可伦理学》等著作中最早提出。① 自由教育，古希腊倡导的一种相对于职业技能训练的教育类型，是针对"自由人"而提出的，亦称"博雅教育"，博雅的拉丁文原意即是"适合自由人"。亚里士多德认为自由民除有政治上的自由外，须具有经济上的自由，以便从事心灵的沉思，研讨真理和进行哲学的思考。自由民须有闲暇时间，最适合自由民的教育即自由教育。"School" 即学校一词来源于希腊文，意思是闲暇（leisure），说明古希腊时学校教育即指自由教育，而职业教育以学徒制或世代相继。与奴性职业训练偏狭相比，自由教育旨在促进个人身体、灵魂和心理的自由发展，培养具有广博知识与优雅气质的文化人，非是没有灵魂的专门家。亚里士多德将职业教育比作奴性教育，而自由人的教育应是自由教育。亚里士多德名言："为父母训练子者，不是因为它有用或必需，而是因为它是自由和高贵的。"② 亚里士多德是自由教育和职业教育"二元论"最早的阐述者。

自由教育通过自由学科而实现。阅读与书写、体育锻炼、音乐与绘画是常设的自由教育科目。西方教育历史中，古希腊"七艺"即语法、修辞学、辩证法、算术、几何、天文及音乐是经典的自由科目。自由学科主要着眼于普遍知识而不是专门技术的传承。文艺复兴时期，人文主义教育家从反对宗教束缚和要求个性解放的目的

---

① 顾明远主编：《教育大辞典（增订合编本上）》，上海教育出版社1998年版，第2151页。

② 张法琨选编：《古希腊教育论著选》，人民教育出版社1994年版，第295页。

出发，提出了以古典语言和文学为主要内容的教育。到 18 世纪末，自由教育一般被理解为以古典著作学习为基础的教育，因而，自由教育与古典教育变成同义词。① 自由教育对于欧洲绅士的培养具有直接的影响。英国绅士与中世纪骑士一脉相承，剔除历史的印记，贵族气质贯穿始终。洛克绅士文化与旧绅士文化区别甚大，洛克在名著《教育漫话》中提出绅士应具备德行、智慧、礼仪和学问四种品质，工业革命赋予绅士掌握实际学问与求得更多资本财富本领的使命。

杜威在《明日之学校》《民主主义与教育》等著作中，对于自由教育皆有评述：自由教育起初是自由人的教育，而一个自由人是上层阶级的一员，他不必为支持自己或他人而从事劳动。由此，自由教育发展到反对一切凡是需要使用手的活动。一个绅士，除了体育活动和战争外，绝不使用他的双手或是训练它们的灵巧。一般来说，身体的运用尤其是手和感官运用得越少，就意味着这种智力活动的级别越高。真知识与真思想的产生完全依靠心的运用，无须运用躯体的任何部位。所以，只有那些极少运用躯体的学科，才属于自由教育的范畴。按顺序排列，第一等学科即哲学、神学、数学、逻辑学，等等，它们是纯粹心智方面的。接下来即文学、语言、文法、修辞，等等。艺术则被贬入下等行列，因为在绘画、雕刻、建筑等方面的成功，需要在技术和手工方面进行训练。只有音乐一门免遭非议，原因是引吭高歌不必经过手的训练。② 与自由教育相比，职业教育向来被人轻视，原因就在于它的目的是为他人服务。在很长一段时间内，医学这门职业特别处于一种中间的和受人怀疑的地位，即因医学要求人对他人身体上的需要予以关注。之所以反对将自然科学列入自由教育范畴，在于这些学科注重物质感官、物质器械的运用以及操作这些器械所需要的手工技能的运用。自然学科不如几何、代数和微积分这类科目优雅，因为这些依托纯粹的心智手

---

① 吴式颖、任钟印主编：《外国教育思想通史》第 8 卷，湖南教育出版社 2002 年版，第 136 页。

② Dewey, J., *Democracy and Education*, New York：Macmillan, 1916, p. 253.

段来研究。①

　　18 世纪法国启蒙思想家卢梭反对封建主义和宗教对人性的压抑和摧残，高呼恢复人的天性，主张实施顺乎天性自由发展的自然教育。卢梭认为自由是人最重要的天性，故自然教育必然是一种自由教育。但卢梭提倡的自由教育不但不排除职业训练，且强调"自然人"必须学习手工艺和农艺劳动。19 世纪后，随着资本主义社会和自然科学的发展，"自由教育"的概念出现新的变化。英国教育家阿诺德（T. Thoms Arnold）、生物学家和教育家赫胥黎（Thoma Henry Huxley）认为自由教育既要学习人文科学，也要重视自然科学；既要发展人的心智，又要使人积极参与和谐的自然生活。美国实用主义教育家杜威批评传统自由教育的偏狭，甚至提出自由教育寓于职业教育之中。启蒙运动以后，伴随科学及人文学科地位的提升，自由教育突破了古典学科而将两者都纳入自身的范畴。但农业、商业、牙医、工程、医学、教育学及药剂学这些专科依然被排除在外。与卢梭、杜威等观点不同，19 世纪英国教育思想家纽曼（John Henry Newman），20 世纪美国教育思想家赫钦斯（R. M. Hutchins）成为承继自由教育思想的典型代表。

　　纽曼的名著《大学的理想》是文艺复兴之后自由教育的经典著作，"几乎任何的人文主义教育家都会引述纽曼《大学的理想》"。② 纽曼认为，自由教育是一种理智的训练，是心灵的普遍培养。"从本质上来讲，自由教育仅仅是理智的训练，因此，它的目的不是别的，恰恰就是培养卓越的智力。"③在纽曼看来，自由教育是一个人的心灵、理性和思考的锻炼。自由教育与"奴隶般工作"是相对立的，"商业和手工劳动不能纯粹地称之为是自由的"。④ 纽曼认为，自由教育不排斥有用性，理由是"自由教育是好的，它必

---

　　① ［美］约翰·杜威：《民主主义与教育》，王承绪译，人民教育出版社 1990 年版，第 277 页。

　　② Sylvie E. Bowman, *John Henry Newman*, New York: Twayne Publishers, Inc., 1972, p. 123.

　　③ John Henry Newman, *The Idea of University*, Yale University Press, New edition, 1996, p. 90.

　　④ Ibid., p. 81.

然是有用的"，①自由教育使人能够从不同的现象中找出普遍规律，能够找出事物的特性，能够按照原则行动，并且能够发现事物的因果关系。总之，它能够进行哲学思辨。② 纽曼认为，自由教育的目的是培养绅士，"作为一位绅士，他具有一种经过训练的理智，一种文雅的举止，一种公正的、公平的和不带偏见的心理，以及一种高尚的和谦恭的生活行为"③，纽曼认为，一个绅士即一个"自由的人"。在纽曼眼中，自由科目即古典语言、文学、历史以及哲学，"阅读荷马很快就成为了一个绅士的教育……色诺芬给我们介绍了一个年轻人应该从心里知道的《伊利亚特》和《奥德赛》两本书……它们是最早放到男孩手中的一些著作……"④

赫钦斯，美国永恒主义代表人物。赫钦斯认为：自由教育是使人本性得到发展的教育，以人为中心，以培养人的优秀性为目的。"凡是人，无论是普通公民，贩夫走卒，还是专家学者都应该接受这种植根于人的理性的自由教育，以便使自己成为一个真正的人"。⑤ 赫钦斯主张自由教育的内容应由两大部分组成：一是那些触及了有关人性、社会和自然本质、具有永恒价值的永恒课程；二是理解基本问题或进行心智训练所必不可少的思维和学习的技能，即自由艺术。⑥ 前者包括从古至今的西方经典著作和文献，共80多位作家的140部作品。后者，主要包括文法、修辞、逻辑、数学等。⑦ 赫钦斯认为，自由教育是全民性质的，这是现代社会自由教育对西方传统自由教育的超越，因为自由教育在赫钦斯看来有两大

---

① John Henry Newman, *The Idea of University*, Yale University Press, New edition, 1996, p. 117.

② Ibid., p. 56.

③ John Henry Newman, *Select Discourses from the Idea of University*, edited by May Yardler, Cambridge: At the University Press, 1955, Introduction. xxvii.

④ John Henry Newman, *The Idea of University*, Yale University Press, New edition. 1996, p. 89.

⑤ R. M. Hutchins, *The University of Utopia*, University of Chicago Press, 1953, pp. 44-45.

⑥ Ibid..

⑦ 吴式颖、任钟印主编:《外国教育思想通史》第9卷，湖南教育出版社2002年版，第448页。

特征，它既是统治者的教育，也是闲暇者的教育。由于强调自由教育的全民性与民主性，因此，赫钦斯常将"自由教育"一词与"普通教育"一词交互使用。20世纪中期，自由教育的概念已经发展到不仅意味着追求纯理性的发展，亦注意对有用知识和技艺的学习；不仅以古典学科为内容，亦教授其他各种科目；不仅强调普遍原理、原则的学习，亦进行专业性的教学。现代欧美国家有的教育家亦从"通识教育"的角度使用"Liberal Education"一词，因此本书对于自由教育与通识教育不做区分。

　　文明更替与民族演绎致使自由教育的称谓发生嬗变，但无论作何变化，自由教育的基本内涵是明晰的：目的不是给学生一种职业训练或专业训练，而是通过"理智"训练，培养一种身心全面发展的理想人格，或者说发展一种丰富的健康的人性。

　　（五）职业教育（Vocational Education）

　　世界各国对于"职业教育"称谓不一。英文表达有四种方式，即"vocational education""vocational and technological training""vocational and technological education"和"technological and vocational education and training"。其中，美国、英国、原西德、法国、日本等国统称职业教育（vocational education），俄罗斯、保加利亚、波兰、原东德等国统称为职业技术教育（vocational and technical education）。① 中国，"职业教育"一词最早出现在1904年山西农林学堂总办姚文栋的公文中："论教育原理，与国民最有关系者，一为普通教育，一为职业教育，二者相成而不相背……本学堂兼授农林两专门，即以职业教育为主义。"② 1994年以后，中国将这一类型的教育统称为"职业教育"，现在已成法定名称。

　　解读"职业教育"，首先须理解"职业"的概念。从词源学视角分析，英语中，"vocation"一词是由拉丁语"Vocare"，即英语"Cali"之意的动词转化而来，意为由神感召而得到神职。德语中的"Beruf"（职业）一词，同样含有天职的意思。在《牛津高级英汉

---

① 王金波：《职业技术教育学导论》，黑龙江教育出版社1989年版，第28页。
② 周洪宇：《谁在近代中国最早使用"职业教育"一词》，《教育与职业》1990年第9期，第11页。

双解词典》中"vocation"指"工作、职业"；"占据某人时间的活动"（认为自己合于做某事的）；"使命感（尤指社会上的或宗教上的）"；"（对某种工作）的天生的爱好或才能""行业、职业"。《辞源》对职业的解释是"泛指所从事的主要工作"。①"职业"一词在《辞海》中被解释为"个人在社会生活中所从事的作为主要生活来源的工作"②。《汉语新词典》关于"职业"的解释为："个人所从事的作为主要生活来源的工作""专业的，非业余的""指分内应当做的事"。③

　　《教育大辞典》将职业技术教育（vocational and technical education）解释为：进行科学、技术学科理论和相关技能学习的教育。培养目标为各层次的技术人员、管理人员、技术工人和其他城乡劳动者。④《教育大辞典》将职业教育定义为：传授某种职业或生产劳动知识和技能的教育。最初采用学徒制形式，19世纪随着工业的发展，欧美诸国开始采用学校教育形式。"二战"以后，由于新技术的发展，世界各国职业教育的实施形式有了很大的变化，除设立单独职业中学或综合中学内设职业科外，还出现了企业内培训和公共职业训练等形式。职业教育内涵有两种理解：（1）仅指培养技术工人类的职业技能教育；（2）泛指为谋取或保持职业而准备、养成或增进从业者的知识、技能、态度的教育和训练，不仅包括技能性的，还包括技术性的，与"职业技术教育"同义。⑤《国际教育辞典》的定义："职业教育是指在学校内或学校外为提高职业熟练程度而进行的全部活动，它包括学徒培训、校内指导、课程培训和全员再培训。当今则包括职业定向、特殊技能训练和就业安置等内容。"

　　联合国教科文组织1974年在巴黎召开第18届大会，通过了

---

　　① 《辞源》，商务印书馆1998年版，第2537页。

　　② 辞海编辑委员会：《辞海》，上海辞书出版社1989年版，第4763页。

　　③ 汉语大词典出版社：《汉语新词典》，香港商务印书馆1996年版，第1092页。

　　④ 顾明远主编：《教育大辞典（增订合编本下）》，上海教育出版社1998年版，第2030页。

　　⑤ 同上书，第2028页。

《关于技术和职业教育的建议》，将"技术和职业教育"（technical and vocational education）作为一个综合性名词使用。即一是普通教育的组成部分；二是为在某一职业领域做准备的手段；三是继续教育的一个方面。① 1999 年 4 月，在韩国首都汉城召开了第二届国际职业技术教育大会，又将这一称谓改为"职业和技术教育与培训"，将职业教育和就业培训、在职培训视为一个统一的连续过程。近年来，联合国教科文组织、国际劳工组织、世界银行、亚洲开发银行等国际机构越来越普遍地采用一个广义的概念，即"技术和职业教育与培训"（TVET）用以替代传统的职业教育。

　　美国教育学者对于职业教育定义有所差别。杜威认为，职业教育即"通过职业而教育"。梅斯（B. Mays）在《职业教育的原理和实践》一书中指出，职业教育是为学生将来从事某种特定职业做准备的教育。② 孟禄在 20 世纪早期就指出，"一切教育都是职业教育，因为其目的皆在准备使人能在人生各种事业上具有格外有效、格外满意的作为。所谓职业教育，即表示和普通教育之间的差别，包括将知识诉诸于实用的训练；一面要积累提升职业效率所需用的工作方法和设备；一面毋忽视陶冶前途有望的工人，一定使他成为公民和人类的一份子。"③斯尼登认为，凡是为生活做准备的教育，皆可称为职业教育。同时，他深刻地指出了人文教育与职业教育的区别，斯尼登说："历史上，人文教育旨在拓宽人的智力和情感的范围，它并不涉及谋生的领域。人文艺术学校总是力求把年轻人的注意力从获得实际生活必需品方面转移开，让他们接触和深入地学习传统、科学和艺术这些人类的遗产。我们通常会把人文教育的理念与休闲结合在一起。人文的目的即是使学生掌握读、写、算和绘画，并且研究历史、文学和科学等，使之能够有可能进入人类知识宝库，并且能够使个体得到启蒙和提升智力。人文教育并不关注人

---

① 王金波：《职业技术教育学导论》，黑龙江教育出版社 1989 年版，第 28 页。
② 同上书，第 29 页。
③ 潘文安：《职业教育 ABC》，世界书局 1929 年版，第 13 页。

的生产能力的问题，当然它也会间接地对社会生产发生影响。"①

　　总体而言，职业教育定义有广义与狭义之分。广义的职业教育泛指一切增进人们的职业知识和技能，培养人们的职业态度，使人们能顺利从事某种职业的教育活动。从形式上看，包括正规教育体系和非正规教育体系两种。狭义的职业教育是指通过学校对学生进行的一种有目的、有计划、有组织的教育活动，它使学生获得一定的职业知识、技能和态度，以便为学生将来从事某种职业做准备。②21世纪以来，国际上对职业教育的研究仍然呈现两个主流模式：一个是美国模式。该模式沿着杜威的传统，试图将"职业教育"（vocational education）概念广义化，努力将职业教育和普通教育相结合，更加关注学生的生涯发展和职业规划。另一个是德国模式。该模式则沿着凯兴斯坦纳的传统，坚持将狭义的职业教育概念带向精致化，试图将职业教育建设成为完全与普通教育学相平行的一级学科。③

　　美国"中等职业教育"为本书研究的对象之一，根据联合国教科文组织1997年《国际教育标准分类（ISCED）》规定，"中等职业教育"属于第二级教育中的高级层次（第二级教育包括初级和高级两个层次即初中阶段的教育和高中阶段的教育）。④目前，美国实施中等职业教育的学校主要有三类，即职业技术中学、磁石学校和综合中学。职业技术中学（vocational technical high school）即具有职业和技术定向的中学，这类中学既提供就业的终结性学习计划又导向高中后技术教育。⑤磁石学校（magnet school），20世纪60年代在美国产生。该类学校一般具有独特的设施和专门化课程，例

---

① David Snedden, *The Problem of Vocational Education*, Houghton Mifflin Company, 1914, pp. 4-5.
② 王金波：《职业技术教育学导论》，黑龙江教育出版社1989年版，第30页。
③ 姜大源：《职业科学：一门新学科的创立及定位——德国职业教育学理论创新追踪与思考》，《教育发展研究》2005年第3期，第19页。
④ 张家祥、钱景舫：《职业技术教育学》，华东师范大学出版社2001年版，第83页。
⑤ 顾明远主编：《教育大辞典（增订合编本下）》，上海教育出版社1998年版，第2032页。

如，利用市政艺术资源开办的艺术学校等，学生则需具备某种特殊兴趣和专长。[①]

与综合中学比较，职业技术中学与磁石学校所占比例甚少，不能代表美国中等职业教育的制度特征，所以不是本书研究的对象。综合中学是美国实施中等职业教育的主体，正是本书所要研究的。

（六）学术教育（Academic Education）

学术教育是与职业教育、自由教育不同的一种教育类型。《教育大辞典》将学术教育范围定义在人文科学、数学、自然科学及其他科学类中的基本理论领域，旨在培养学生从事有关专业学术性工作的教育。[②] 比较而言，自由教育重视古典课程学习，崇尚理智训练，旨在培养绅士；职业教育则重视技能、技术训练，是一种旨在就业的教育。严格意义上来讲，学术教育是自然科学迅猛发展的产物。德国大学与英国科学教育运动对于学术教育影响至深。

本书只探究自由教育与职业教育、学术教育与职业教育之间的冲突，而且局限于中等教育范围，自由教育与学术教育之间的区分不在研究之列。根据史料所记述的实际情况，在教育史上，自由教育与学术教育都是以与职业教育相对立的形式而出现。

（七）普通教育（General Education）

《教育大辞典》定义：与职业教育相对，指实施普通文化科学知识的教育，使学生掌握人文科学、社会科学和自然科学的普通知识，使他们具有基本的文化素养和处理社会问题的能力，其目的是为未来生活而非职业做准备。主要在普通中小学进行，另外许多国家强调在高等教育加强普通教育。[③] 由于与职业教育相对，所以一般经费与管理相对独立。

本书论述"普杜之辩"时出现的普通教育包括自由教育与学术教育两个部分，与职业教育相对。另外，本书出现自由教育与职业

---

① 顾明远主编：《教育大辞典（增订合编本上）》，上海教育出版社 1998 年版，第 195 页。

② 顾明远主编：《教育大辞典（增订合编本下）》，上海教育出版社 1998 年版，第 1811 页。

③ 同上书，第 1196 页。

教育、学术教育与职业教育、普通教育与职业教育三对范畴的比较，是按照美国教育史实际发生的情况予以论述的。

（八）综合中学（Comprehensive High School）

1918 年，美国中等教育改组委员会发表的《中等教育的基本原则》报告首次提出综合中学概念，并提倡将它作为美国标准的学校模式。美国中学（high school），通常包括初级中学（junior high school）、高级中学（senior high school）以及中间学校（middle school），故"综合中学"（comprehensive high school）又被译为"综合高中"。

哥伦比亚大学师范学院教育学教授里格斯（Thomas H. Briggs）说，美国中等教育"包括初级中学（7—9 年级）；中学（9—12 年级），分科的或综合的；高级中学（10—12 年级）；初级学院（13—14 年级）；技术学校或职业学校；继续教育学校。简单说，任何适应青年需要而设置的学校都属于此范围"①。其中，综合中学主要指 9—12 年级的高级中学阶段。

本书当中，美国中等职业教育制度即"单轨"制，而综合中学指其实现形式。

五　研究思路

（一）本书按照两条线索展开

第一条为明线，即"普杜之辩"发生、发展、结局以及历史影响的先后顺序。

第二条为暗线，即"普杜之辩"与职业主义、民主主义职教观生成的内在机理、相互关系。主要分析维度：（1）教育学维度：与自由教育传统、本土教育变革之间的关系；（2）社会学维度：与本土政治、经济与文化的关系，与民主、效率的关系；（3）比较维度：与欧洲模式的关系；（4）理论基础维度：与本土哲学、心理学最新成果之间的关系；（5）普洛瑟与杜威职业教育理论维度：包括职业教育哲学、课程、教学甚至知识论等方面的比较。

---

①　滕大春：《美国教育史》，人民教育出版社 2001 年版，第 364 页。

（二）著作结构

本书主体包括六个部分：导论；第一章"普杜之辩"的历史由来；第二章"普杜之辩"与职业主义确立；第三章"普杜之辩"背后职教观之异；第四章"普杜之辩"的历史影响；结语。

六　研究方法

（一）文献分析法

本书主要采用文献分析法。文献搜集的重点是外文文献、权威文献与专题研究。其中，关于"普杜之辩"的外文学位论文非常典型，另外美国著名学者佛罗斯特、沃斯与贝利等人的观点很有代表性，论辩双方当事人的著述则更为重要，例如，杜威与斯尼登在《新共和》杂志的撰文等。以此为基础，本书还搜集了与"普杜之辩"相关的历史背景、焦点事件等更为宽泛的文献。例如芝加哥计划、库利议案与伊利诺伊州事件等，进而在文献比较、归纳、概括的基础上发现其内在规律性。

为了防止过多受到他人学术观点的左右，并且尽力避免目前研究已经出现的误读，在搜集整理已有研究的同时，重点对于本文涉及的三个核心人物的著述重新予以认真的翻译与透彻的解读，尤其是杜威《民主主义与教育》（1916）、普洛瑟《民主中的职业教育》（1925）以及斯尼登的论文、专著等。其中，前两本是美国职业教育学专业的必读书。普洛瑟与斯尼登的专著、论文中译本甚少，在使用材料时力求翻译准确。对于杜威《民主主义与教育》一书，尽量做到对于外文原著与中译本之间交互解读，力求理解透彻。

（二）个案研究法

本书在文献研究的基础上，尽量选取典型个案加以论述，例如，第一章选取卡拉马祖案、十人委员会报告、手工教育运动的"普遍价值"以说明自由教育对于职业教育的拒斥。其他章节力求如此。

第一章

"普杜之辩"的历史由来

20 世纪初期，围绕"在公立中学实施职业教育还是设置与之并行的职业学校"问题，普洛瑟职业主义阵营与杜威民主主义阵营之间展开了一场历史性论争，① 美国著名学者格雷（Kenneth C. Gray）与赫尔（Edwin L. Herr）以"普杜之辩"为其命名。② 这场论争本来以 1906—1917 年美国中等职业教育运动为直接背景，但在 19 世纪，如果职业学校或公立中学任何一方顺利承担起中等职业教育的使命，"普杜之辩"则可能不会发生。然而，工业革命后，职业学校发展缓滞，公立中学则将职业教育拒之门外。1879 年，伍德沃德（Calvin M. Woodward）创办华盛顿大学手工训练学校所开启的手工教育运动又是基于"心智训练"的"普通"价值。③分析可知，19世纪中期逐步兴起的"职业主义"招致"民主主义"与"自由教育"的双重抵制，④ 并成为 20 世纪初期"普杜之辩"的序曲。

第一节 工业发展至强与职业学校至弱

传统学徒制在机器大工业面前失去了存在的合理性，所以，现

---

① Kenneth C. Gray, Edwin L. Herr, *Workforce Education*: *The Basics*, Boston: Allyn and Bacon, 1998, p. 20.

② Ibid., p. 21.

③ Lawrence A. Cremin, *The Transformation of the School*: *Progressivism in American Education*, 1876-1957, New York: knopf, 1961, pp. 23-34.

④ Grant Venn, *Man*, *Education and Work*: *Post Secondary Vocational and Technical Education*, American Council on Education, 1964, p. 45.

代职业学校的勃兴应该与工业革命紧密相继。然而，美国 1790 年的工业革命没有带来职业学校的迅猛发展，1894 年，经历工业革命百年之后，美国经济已经跃居世界首位，但依然没有与之相适的中等职业教育体系支持。针对 19 世纪美国职业学校发展缓滞的宿命，20 世纪 60 年代曾任美国成人与职业技术教育总署副署长的格兰特·维恩（Grant Venn）所提供的答案显然引人质疑。

一 中等职业教育的消极政策

美国现代职业教育发展不是从零起步的，殖民地以来的传统学徒制构成了它的基础。欧洲移民来美时，早于 1562 年便把传统的学徒制度传至新大陆，以后又由英国移民把都铎王朝和斯图亚特王朝的新制度传来，并成为北美殖民地"学徒法"的典范。1642 年马萨诸塞殖民地"学徒法"与 1643 年弗吉尼亚殖民地"学徒法"开启了北美殖民地职业教育的制度创设。[①] 直到 18 世纪末期，学徒制事实上发挥了初等教育的重要作用。然而，伴随 19 世纪美国工业革命的快速进程，传统学徒制因不适应工业社会生产方式的变革，逐步被学校形式的职业教育所替代。西奥多（Struck F. Theodore）认为，1905 年以前，美国工业专业化程度的发展已经抹杀了几乎所有行业的学徒体系，仅在机械、印刷和建筑行业还存在极为有限的学徒制。[②] 美国著名学者道格拉斯（P. H. Donglas）曾对学徒制崩溃的原因做过深刻的分析：一是产业部门没有必要再配备像过去那么多的熟练工人；二是培养熟练工人的做法对工商业界、学徒及家庭皆无益处。[③] 与欧洲不同的是，学徒制向职业学校的自然转型在美国并不顺畅，即学徒制没落之后，职业学校并未兴起。

18 世纪 20 年代，美国各地已出现中等职业学校萌芽，但将其

---

① ［美］S. 亚历山大·里帕：《自由社会中的教育：美国历程》，於荣译，安徽教育出版社 2009 年版，第 27 页。

② Jarausch, Konrad H., *The Unfree Professions: German Lawyer, Teachers, and Engineers, 1900-1950*, New York: Oxford University Press, 1990, p. 18.

③ ［日］细谷俊夫：《技术教育概论》，肇永和、王利精译，清华大学出版社 1984 年版，第 37 页。

纳入正规中等教育体系，却等到了 20 世纪初，并在整个学校系统中一直维持较小规模。尽管在各州建立了一些农业学校、机工学校，甚至发起过"机工学校运动"，但效果令人沮丧。南北战争之前所建的职业学校绝大部分因生源不足且得不到社会承认而关闭。①1862 年颁布《莫里尔法案》与其后的一系列相关立法，则主要关注高等职业教育，对中等职业教育未曾涉及，而当时能够享受《莫里尔法案》带来高等教育机会的人口不足 2%。② 统计显示，直到 1919 年美国职业学校仍处于落后状态，康纳尔就此揭示道:"只有 1%从事农业和工业的人受过足够的职业训练，而美国各种职业学校之和，少于德国一个巴伐利亚州。"③ 与本国公立中学的发展也无法比拟，联邦教育署公布数据显示，即使到了 1940 年，公立中学在校生为 5928076 人，各类中等职业学校在校生仅为 34472 人，相差依然如此之大。④ 研究表明，整个 19 世纪，在美国尚未发现立法与财政支持中等职业教育的历史记录。菲舍 (Berenice M. Fisher)指出，美国职业学校是一个"骇人的盲点，直到 1917 年《史密斯—休斯法案》颁布之前，联邦政府对职业学校几乎没有提供任何帮助"。⑤

比较而言，英国于 1853 年成立了负责中等教育和技术教育的科学和技术署，向开设技术教育的普通学校、夜校等提供国家资助，并于 1889 年、1890 年相继颁布了《技术教育法》与《地方税收法》。德国仅普鲁士一州，1886 年州财政为补习学校和工艺学校拨款即达至 57 万马克，1893 年达至 230 万马克，1908 年则已至 1200 万马克，同期奥地利、匈牙利对工艺学校的资助也呈不断攀升

---

① Venn, Grant, *Man*, *Education and Work*, Washington D. C.: American Council on Education, 1964, pp. 43-44.

② Hon Carroll S., Page, *Vocational Education*, Washington D. C.: Government Printing office, 1912, p. 63.

③ [澳] W. F. 康纳尔:《二十世纪世界教育史》，孟湘抵等译，湖南教育出版社 1991 年版，第 92 页。

④ 滕大春:《美国教育史》，人民教育出版社 2001 年版，第 358 页。

⑤ Fischer, K. Wanted, "Low-income High Achievers", *Chronicle of Higher Education*, Vol. 21, 2007, p. 53.

之势。① 法国于1878年举办巴黎世界博览会之后,更多地摒弃职业教育是社团职责的传统认识,由此出现了更多国家资助的职业学校,"1880年,得到国家资助的职业类学校有48所,1900年则升至292所"。②

当然,工业革命后美国职业学校也有缓慢的发展,例如,1814年波士顿设置技工学校;1820年纽约机械工和店员协会开办机械工学校;1851年费城创设制造工艺学校;纽约于1859年出现职业夜校;1880年巴尔的摩市首次设立工科中学;等等。③ 只是无论规模或是质量皆无法满足美国工业社会迅猛发展的需求。1790年,美国"制造业之父"塞缪尔·斯莱特(Samuel Slater)将纺纱机引入美国,标志着美国工业革命的开端,并且一开始就呈现出与欧洲母国不同的特征,即美国第一次与第二次工业革命在经济演进的坐标系上呈部分重叠、彼此互动前进的发展态势,"18世纪90年代开始的第一次工业革命在全美达到高潮时,以内燃机和电力应用为标志的第二次工业革命已悄然踏入美国社会的门槛,并有力地推动了工业化进程"。④ 1860年,美国初步完成了工业革命,工业生产居于世界第四位。南北战争后,美国扫除了资本主义发展的障碍,工农业进入迅猛发展的新时期。南北战争胜利之后的国家统一,大规模西进运动的资源拓掘,源源不断的移民之力。凡此种种,促使工业发展呈加速发展态势。1894年,美国经历百年工业革命,资本主义工业化基本实现,先后超越英、法、德等国而跃居世界首位。1900年美国工业产值约占世界工业产值的30%。1913年增至38%,比英(14%)、德(16%)、法(6%)、日(1%)四国工业生产量总和还要多。⑤ 钢铁、煤炭、机械制造等重要工业部门的生产也跃居世

---

① Dr. Georg Kerschensteriner, "The Technical Day Trade Schools in Germany", *American Journal of Education*, Vol. 5, 1911, pp. 295–317.

② Charles Alpheus Bennett, *History of Manual and Industrial Education* 1870 *to* 1917, Peoria: The Manual arts Press, 1937, p. 147.

③ 滕大春:《外国教育通史》第4卷,山东教育出版社1989年版,第319页。

④ 中国美国史研究会编:《美国现代化历史经验》,东方出版社1994年版,第218页。

⑤ 齐世荣:《世界史·现代史编》(上卷),高等教育出版社1994年版,第4页。

界首位。① 1869—1873 年，美国年均国民生产总值为 91.1 亿美元，1912—1916 年，年均国民生产总值则高达 625 亿美元。②

依常理而言，美国势必存有支撑其工业实力的中等职业教育体系与制度，然而 1919 年的统计结果却是"美国职业学校的总数竟然不如德国一个巴伐利亚州"。问题在于，"何以支撑如此强大的工业经济体系？"美国"缘何采取如此消极的中等职业教育政策？"

二　格兰特·维恩答案引发的质疑

20 世纪 60 年代曾任美国成人与职业技术教育总署副署长的格兰特·维恩所提供的答案一直为人们所接受。维恩认为，两个原因导致南北战争之前美国职业学校发展迟滞：其一，美国具有丰富的自然资源，可以大量出口未经加工的原材料以换取稀缺制品，丝毫不会因为缺乏熟练技术工人而受限制；其二，美国独特的人文环境与地理位置吸引了大量欧洲移民到美国谋生，弥补了美国技术人才的不足。"总而言之，美国缺乏对中等职业教育的经济刺激。"③

格兰特·维恩所提供的答案是有根据的。自然资源丰富毋庸置疑，在工业发展初期，美国以移民方式解决技术人才短缺问题也是历史事实。自 1820 年美国开始统计入境移民时起到 1920 年，入境移民接近 3540 万人，其中，专业技术人士（教授、工程师、医生、经理等脑力劳动者）24.7 万人，商人（企业经理、企业家、银行家和商贩等）84.3 万人，熟练工人（工头、技术工人、工艺工人和技术操作员等）近 500 万人，累计占同期入境移民的 16.6%。④但是，格兰特·维恩答案只是回答了一个事实，即中等职业教育落后的境况被掩盖了，但其中因果是值得推敲的。

需要明晰的是，"落后境况被掩盖"与"导致落后现象"之间

---

① 樊亢：《主要资本主义国家经济简史》，人民出版社 1973 年版，第 134—135 页。

② Bureau of the Census, U. S. Department of Commerce, *Historical Statistics of the United States: Colonial Time to 1970*, Washington, D. C. 1975, p. 139.

③ 外国教育丛书编辑组编：《中等职业技术教育》，人民教育出版社 1979 年版，第 3 页。

④ 梁茂信：《美国人力培训与就业政策》，人民出版社 2006 年版，第 12—13 页。

实属两个不同概念。如果说，"由于欧洲技术移民导致职业学校发展迟缓"的解释成立，反过来，"由于职业学校发展迟缓导致引进欧洲技术移民"的命题同样有道理。就实际而言，两种答案可能兼而有之，但不同答案背后所承载的信息截然不同，显然，格兰特·维恩所提供的答案有些表面化，并未揭示出美国中等职业教育落后的根本原因。

分析可知，如果美国政府把技术移民作为补救技术工人短缺作为一项基本政策，政府则会采取同样的方式满足高层次技术人才之需，显然政府不完全是这样选择的，1862 年《莫里尔法案》颁布之后，国家对于高等职业教育的支持已经说明了这一点。与之相比，国家对于中等职业教育的资助却是 1917 年《史密斯—休斯法案》颁布之后的事情，而视职业学校设备昂贵且缺乏师资的理由显然更非主要因素。格兰特·维恩的解释只能说明欧洲技术移民掩盖了职业学校发展迟缓的现象，但不能作为中等职业教育发展迟缓的根本理由。当然，此处不能排除由于欧洲技术移民增加了劳动力供给从而减缓对职业学校需求的事实。

如此看来，格兰特·维恩所提供的答案以外至少还有两种可能的解释。其一，美国中等职业教育延迟立法是由于时下发展高等职业教育更为重要，也更为迫切，中等职业教育尚未进入国家关注的层面；其二，尽管工业经济发展急需中等职业学校支撑，但由于个中原因未能实施，如发展中等职业教育需要更多投入或可能引发不良的社会效应等。美国著名教育史家 R. 佛里曼·巴茨（R. Freeman Butts）的论述为研究提供了重要线索：民主主义已经化作美国本土的文化元素，并成为中等职业教育演进中的重要坐标，这也是 20 世纪初"普杜之辩"发生时杜威民主主义阵营一直坚守与追求的。

第二节　民主主义与职业学校发展缓滞

19 世纪上半期，正当勃兴的工商业界呼吁创办职业学校之时，美国民主主义阵营抵制了职业学校的发展，原因在于，职业学校具有延续等级教育制度之嫌。甚至，著名教育史家 R. 佛里曼·巴茨将该时期的美国教育发展描绘成为"对自由的不懈追求"①。巴茨认为，支配美国教育史的问题是"哪一种教育最适合于培养自由公民和自由的人"②。对共和国开拓者而言，在创建致力于实现平等、民主和自由的共和政体之后，国家需要一种与之相吻合的教育体制。自然，新生美国最终选择了与民主政体相宜的公立学校，具有延续等级制度之嫌的职业学校则归于被抵制的对象。

一　作为等级制度延续的职业学校

北美殖民地沿袭了欧洲等级教育制度——贵族子弟进入拉丁文法学校接受博雅教育，穷困儿童则进入学徒制接受手工艺训练。乔尔·斯普林在《美国学校——教育传统与变革》一书中提出：北美殖民地时期，在新英格兰，贵族子弟在规模较大的接受捐赠的学校中接受教育，富裕的中产阶级在地方性的文法学校学习，大量穷人的孩子则接受学徒制训练，他们所获得的最低限度的读写教育旨在维护宗教顺从和现存当局的权力。③ 柯蒂对此揭示道："学徒被教以尊重其主人及其主人的子弟，那些人谙熟拉丁语并具备其所属阶级特有的文化和高雅的要求。"④ 曾担任弗吉尼亚殖民地总督的柏克莱（Berkeley）甚至直言不讳地反对教育，柏克莱在 1671 年的工作报告中说："感谢上帝，这里既没有免费学校，也没有出版物，但愿再过 100 年也没有这些东西。因为学问会给这个世界带来不服从、左道邪说和宗派，出版物则散布它们，并诽谤最好的政府。上帝使这片土地免受二者之苦。"⑤ 与贵族比较，接受学徒制训练的多为移

---

① ［美］S. 鲍尔斯、H. 金蒂斯：《美国：经济生活与教育改革》，王佩雄等译，上海教育出版社 1990 年版，第 340 页。

② 同上。

③ ［美］乔尔·斯普林：《美国学校——教育传统与变革》，史静寰、张宏等译，人民教育出版社 2010 年版，第 17 页。

④ 同上。

⑤ 吴式颖、任钟印主编：《外国教育思想通史》第 1 卷，湖南教育出版社 2002 年版。

民与黑人子弟，美国建立后，这种等级教育现象并没有立刻消除，有所变化的，只是学徒制更多的被职业学校取代而已。

1781 年，独立战争赢得胜利，美利坚合众国得以创建。但是，杰斐逊在《独立宣言》中所倡言的"人人生而平等"即使在政治领域都未能实现，如蹂躏民权最甚的奴隶制并未消除。恩格斯（Friedrich Engels）在《反杜林论》中对此批判得最为深刻："最先承认人权的美国宪法，同时确认了存在于美国的黑人奴隶制度，阶级特权受到了指斥，而人种特权则为法律所神圣化。"① 建国之初，殖民地时期等级教育文化自然得以延续。直到 19 世纪中期，美国城市还是拉丁文法学校、文实学校和公立学校并存。例如，1840 年，马萨诸塞州卢威尔士还设有 6 所拉丁文法学校。② 拉丁文法学校依然与贫民子弟无缘，而文实学校由于学费昂贵又将贫困阶层拒之门外。就美国而言，"在高层，存在着高度选择性的贵族传统，那里有训练未来领袖人物的尖子大学。在底层，是为旨在社会控制的民众教育。"③ 移民、黑人子弟则接受家庭或职业学校教育，职业学校遂成为等级教育的标志。

19 世纪以前，美国 90% 的黑人生活在南部，其中 80% 生活在南部农村地区。④ 并且大部分黑人缺乏必要的教育经历，教育主要通过家庭、社区和教会来实现，所拥有的只是一些传统手工技艺，居于城市的黑人一般只能进入职业学校。甚至到了 19 世纪末期，美国进步教育改革似乎都很少涉及黑人。伍德沃德在描述南方 19 世纪末到 20 世纪初这段历史之时，给南方教育改革冠上了"进步主义——仅仅是为了白人的标题"。⑤ 黑人接受职业训练，一方面是

---

① ［德］恩格斯：《反杜林论》，吴黎平译，人民出版社 1956 年版，第 108—109 页。

② 滕大春：《美国教育史》，人民教育出版社 2001 年版，第 198 页。

③ ［美］S. 鲍尔斯、H. 金蒂斯：《美国：经济生活与教育改革》，王佩雄等译，上海教育出版社 1990 年版，第 43 页。

④ Theodore Kornweibel, Jr. ed., *In Search of Promised Land: Essays in Black Urban History*, New York: Kennikat Press, 1981, pp. 10–13.

⑤ C. Van Woodward, *Origins of the New South*, 1887–1913, Baton Rouge: Louisiana State University Press, 1951, p. XIV.

沿袭殖民地时期等级教育制度所致，另一方面还在于黑人自身对于职业教育的认可。黑人运动领袖布克·华盛顿（Booker Taliaferro Washington）与其师塞缪尔·C. 阿姆斯特朗（Samuel C. Armstrong）即宣扬职业教育是对黑人适宜的教育。1868 年，阿姆斯特朗创立汉普顿师范工业学校，成为黑人工业学校的典范。[①] 秉承该校教育理念，强调手工劳作对于黑人的道德价值，布克·华盛顿于 1881 年在阿拉巴马创办了塔斯克基师范工业学校。布克·华盛顿赞同老师阿姆斯特朗的观点，即黑人是落后于白人的需要文明开化的孩子般的种族，黑人的进步依赖于给予一种与他们"相宜"的教育——职业教育。[②] 布克·华盛顿曾指出，如果黑人要克服贫困和无知的话，他们必须支持并接受职业教育，通过职业学校使自己在工艺、手艺、节俭习惯等方面受到全方位教育。由此，布克·华盛顿呼吁白人对黑人职业教育提供资助，以便将其培养成为掌握基础知识与劳动技能的劳动力。[③]

　　与黑人命运一样，对于外来移民的歧视并没有因新生美国的建立而消除。沿袭殖民地以来的移民风潮，19 世纪初期，爱尔兰人、德国人、英国人和斯堪的纳维亚人成群结队地来到美国。1818—1845 年，爱尔兰人即有 100 万移民美国；1846—1855 年，有 300 万移民离开欧洲来到美国，不断增大的移民潮扩大了工人队伍。[④] 外来移民有时被描绘成"粗野而危险"的分子。著名的《马萨诸塞教师》编辑、一位教育改革运动的领袖，在 1851 年写道："外国人的大量涌入……成为一个道德和社会问题。"[⑤] 与黑人类似，移民在美国数量大、政治地位低，并习惯于让主流群体——本地出生的白

---

　　① 屈书杰：《美国黑人教育发展研究》，河北大学出版社 2004 年版，第 99 页。

　　② 贺国庆、朱文富等：《外国职业教育通史》（上卷），人民教育出版社 2014 年版，第 202 页。

　　③ Herbert Aptheker, ed., *A Documentary History of the Negro People in the United States：From Colonial Times to* 1910, New York：Citadel Press, 1951, p. 756.

　　④ ［美］S. 亚历山大·里帕：《自由社会中的教育：美国历程》，於荣译，安徽教育出版社 2009 年版，第 89 页。

　　⑤ ［美］S. 鲍尔斯、H. 金蒂斯：《美国：经济生活与教育改革》，王佩雄等译，上海教育出版社 1990 年版，第 41 页。

人为他们制定教育政策。在这种情况下，这些主流群体认为，职业教育将会对"其他群体"有益。[1] 1830 年 7 月 10 日，《费城国家报》（*Philadelphia National Gazette*）社论指出："任何时候，环境、能力、知识和无知都将存在差别……这些乡下人每天必须劳动，这样他富有的邻居才能贡献出思想中抽象的火花。"[2] 所以，19 世纪，移民子女的命运与黑人子弟一样更多地接受职业学校教育，本地白人子弟则主要接受旨在升入大学的教育。

从 19 世纪初期始，传统贵族与平民的对立逐步演变成雇主与雇员之间的对抗，包括黑人与移民在内的雇员阶层不断壮大。这两个利益集团对于教育制度的要求显然不同。就雇主阶层而言，通过越来越多的廉价劳动力而赚取更多的利润是其目标。1842 年，时任马萨诸塞州教育委员会秘书的贺拉斯·曼（Horace Mann）这样描述当时的情况，"资本家及其代理人正在寻找最大量的劳动力，或从他们的投资中赚取最多的货币收入。"[3] 因此，明智的政策即"为穷人设计另外的方案：职业训练、补偿教育"[4]。职业学校开始面向包括黑人、移民在内的更广泛的工人阶层开放。例如，1820 年，纽约机械工人和店员协会开设图书馆和机械工人学校，同年，在波士顿开设工人培训学校的威廉·武德（William Wood）来到纽约，帮助该协会设立工人机械讲习所等。[5] 与之相反，雇员阶层则支持免费公立学校制度，从而获得与富人同样的教育权利。结果是，职业学校由于招致民主主义阵营的激烈批判而发展缓滞。

二 民主主义阵营的"平等教育"诉求

就美国而言，民主主义可以追溯到 1620 年外来移民的"五月

---

① Graham, P. A., *Progressive Education: From Arcady to Academe: A History of the Progressive Education Association*, 1919–1955, New York: Teachers College Press, 1967.

② ［美］S. 亚历山大·里帕:《自由社会中的教育：美国历程》，於荣译，安徽教育出版社 2009 年版，第 98 页。

③ ［美］S. 鲍尔斯、H. 金蒂斯:《美国：经济生活与教育改革》，王佩雄等译，上海教育出版社 1990 年版，第 32 页。

④ 同上书，第 37 页。

⑤ 王川:《西方近代职业教育史稿》，广东教育出版社 2011 年版，第 298 页。

花公约"与 17 世纪殖民地自治议会；1776 年《独立宣言》及其杰斐逊的民主主义理想；1787 年制宪会议大辩论以及 1791 年宪法前 10 条修正案即《人的权利法案》；等等。时至 1832 年，安德鲁·杰克逊总统明确宣布他领导的政党为争取民主主义的民主党，1863 年，林肯总统发布《解放黑人奴隶宣言》，1866 年给黑人以充分民主权利的宪法第 14 条修正案获得通过，并且，林肯总统在葛底斯堡做就职演讲时将"民主主义"阐述为"民有、民治、民享"。这些成为奠定美国民主主义思想体系的经典。

尤为重要的是，除共和国开拓者之外，与创制教育制度相关的 19 世纪民主主义阵营还包括如爱默生（Ralph Waldo Emerson）、贺拉斯·曼等杰出的民主主义思想家、教育家。再有，与雇主阶层对抗的雇员阶层成长为不可忽视的民主力量，这个群体在 19 世纪成功抵制了职业学校的发展。在 20 世纪，作为雇员阶层的代表，美国劳动联盟与杜威民主主义阵营共同抵制了普洛瑟职业主义阵营企图单设职业学校及其管理机构的设想。

工人赢得利益需要自己的组织。1827 年，美国第一个城市工人工会在费城建立，7 年后全国工会（National Trades Union）成立，到杰斐逊当选总统时，美国几乎每个行业的工匠都成立了工会。例如，1837 年，波士顿设有 16 个劳工工会，而费城有 53 个。[1] 威廉·麦克卢尔（William Maclure）与罗伯特·欧文（Robert D. Owen）成为 19 世纪前期对于工人组织赢得教育平等权利有所影响的人物。威廉·麦克卢尔作为费城一所学校的校长，提醒教育需使工人树立与包括雇主阶层在内的消费者斗争的价值观，欧文则在印第安纳购得一块地产并推行新和谐社区计划，成为平等教育实践的范例。[2] 1830 年 4 月，欧文在《公共教育》杂志上撰文，明确表达了这样的观点："最适合民众的教育即公立教育，它不仅提供给全体

---

① ［美］S. 亚历山大·里帕：《自由社会中的教育：美国历程》，於荣译，安徽教育出版社 2009 年版，第 90 页。

② Charles Burgess, Merle L. Borrowman, *What Doctrines to Embrace: Studies in the History of American Education*, Glenview: Scott Foresman, 1969.

人民，而且对全体人民平等。"①

早在 1799 年，罗得岛州普罗维登斯机械和制造工人协会就向该州议会递交请愿书，提出："一种公立教育将使他们有效地根据民众利益和他们自己的声誉去参与生活，并恳请州制定法律，为所有的儿童建立公立学校。"② 1827—1835 年，工人组织对于争取教育平等权利愈加自觉。③ 1829 年，费城制造业贸易联盟委员会成立，基于对本州教育状况的调查，该协会提出对慈善学校、职业学校的批判。在《教育和工人阶级：资本主义转型时期公立教育的发展》这部杰作中，史学家威廉·拉塞尔（William Russell）引用委员会的话："慈善学校（多为职业学校）往往是由个人设立的，这些人仅仅是出于私人投机或者赢利目的，缺乏品格，缺乏必要的知识和能力，因而是不负责任的教育机构。"④ 委员会认为，假如这种情况持续下去，知识将会主要掌握于少数特权阶层手中，将会"造成群众相对无知，使知识的天平向富人和统治者一边倾斜"⑤。纽约工人党认为，在工业社会中，"知识即权力"⑥。1830 年《工人宣言》对于教育提出期望："自我管理的权力意指实践自我管理所必要的知识的权力。假如所有人拥有前者的权利，进而所有人就必须拥有对后者平等的权利。因此，所有人有权利接受平等教育。"⑦

民主主义阵营自然包括黑人民主主义者。比布克·华盛顿更具革命性的另一位黑人运动领袖，杜波依斯（William Edward Burghart Du Bois）认为，黑人子弟不仅应接受职业教育，对于少数有天分的

---

① 吴式颖、任钟印主编：《外国教育思想通史》第 8 卷，湖南教育出版社 2002 年版，第 2—4 页。

② E. P. Cubberley, *Readings in the History of Education*, Boston: Houghton Mifflin Company, 1920, pp. 546-547.

③ ［美］S. 亚历山大·里帕：《自由社会中的教育：美国历程》，於荣译，安徽教育出版社 2009 年版，第 90 页。

④ ［美］乔尔·斯普林：《美国学校——教育传统与变革》，史静寰等译，人民教育出版社 2010 年版，第 118 页。

⑤ 同上。

⑥ 同上书，第 119 页。

⑦ 同上。

黑人应接受高等教育，并提出与白人教育平等的立场。① 杜波依斯反对布克·华盛顿所提倡的黑人适合职业教育的思想。杜波依斯说："假如黑人将金钱当作人力培训的目标，这种教育在制造挣钱的机器而不是人；假如黑人将技术当作教育的目标，这种教育只会培养出工匠而不是人，教育必须将人作为目标——教给人以智慧，教给人以博爱，教给人关于世界过去和现在的知识。"② 杜波依斯坚信，"黑人不可能全部成为大学生，但也不应该全部成为工匠"。③ 1905 年，杜波依斯领导了旨在赢得黑人教育平等权利的"尼亚加拉运动"，向世人昭告了黑人的民主主义教育诉求。

实践证明，工会组织的教育主张最终引起了政治家的关注，菲利普·R. V. 科罗（Philip R. V. Curoe）指出，劳工支持免费公立教育的事实是重要的。④ 结果是，基于民主主义的公立学校运动使职业学校失去了发展的政治基础。

三　与民主政体相宜的公立学校

对于工会组织关于建立免费公立学校的主张，美国开国元勋们并不感到陌生，因为他们皆是殖民地教育制度的感受者。教育史学者古德在《美国教育史》一书中提到："当时很清楚地看出扩展和改进教育的必要性，因为在领导独立运动的政治家中仅有四分之一曾受过被人视为完备的教育，其中四分之三则进过很短期的学校。"⑤ 政治领袖群体成为民主主义教育思想的积极倡导者。

作为《独立宣言》的起草者，杰斐逊对于美国民主主义教育制度的创设似乎比别人表现出更敏锐的自觉意识。他在《独立宣言》中所倡言的"人人生而平等"的信仰，同样反映在其教育思想上，

---

① Rena L. Vassar, ed., *Social History of American Education*: *Colonial Times to* 1860 (*Vol.* 1), Rand McNally, 1965, p. 72.

② W. E. B. Du Bois, *The Souls of Black Folk*: *Essays and Sketches*, A. C. McClurg & Company, 1903.

③ Ibid., pp. 116-117.

④ Philip R. V. Curoe, *Educational Attitudes Policies of Organized Labor in the United States*, New York: Bureau of Publications, Teachers College, Columbia University, 1926, p. 33.

⑤ H. G. Good, Teller J. D., *A History of American Education*, MacMillan, 1973, p. 104.

杰斐逊主张教育全体公民，不论贫富、性别、种族、阶级都应接受教育。杰斐逊认为，"教育是启迪人们心智的最好工具"，① 杰斐逊深刻指出教育与自由之间的关系，他于 1786 年曾经提醒华盛顿（George Washington）："我相信这样一条规律，自由若不掌握在人民手中，尤其是受过一定教育的人民手中，它就永远不可能得到保证。对此，国家有义务制定一项全面的规划来实现它。"② 华盛顿、拉什等人的思想无不如此。正如巴茨所说：他们首先关心的是设计一种能够建立自由制度和培养自由公民的普及的、免费的公立学校。因为在共和政体的头一百年里，培养对自由社会的共同义务和忠诚的需要是至高无上的。③

在 19 世纪美国公立学校运动中，有一批杰出的教育家践行了民主主义的教育理想，其中，在运动兴起时，最突出的是贺拉斯·曼和亨利·巴纳德（Henry Barnard）；在公立学校运动发展时期是哈里斯（Willam Torret Harris）。在贺拉斯·曼领导下，马萨诸塞州成为全国普及教育的典范，贺拉斯·曼的教育思想和实践为 19 世纪美国公立学校运动指明了方向，确定了基本原则，初步奠定了公立学校制度的基础。"进步教育之父"帕克（F. W. Parker）曾指出："贺拉斯·曼可以与开国元勋华盛顿和颁布《解放黑人奴隶宣言》的林肯（A. Lincoln）并列为美国最伟大的缔造者。"④ 尽管贺拉斯·曼、林肯、华盛顿三者之间所做之事各不相同，但有一点是一致的，即对于"民主主义"的守护。巴纳德与贺拉斯·曼并称为"伟大的美国公立学校制度的两位缔造者"。⑤ 哈里斯的重要贡献在于对民

---

① 吴式颖、任钟印主编：《外国教育思想通史》第 6 卷，湖南教育出版社 2002 年版，第 572 页。

② ［美］佛罗斯特：《西方教育的历史和哲学基础》，吴元训等译，华夏出版社 1987 年版，第 379 页。

③ ［美］S. 鲍尔斯、H. 金蒂斯：《美国：经济生活与教育改革》，王佩雄等译，上海教育出版社 1990 年版，第 340 页。

④ J. E. Morgan, *Horace Mann*: *His Ideas and Ideals*, Washington D. C.: National Home Library Foundation, 1936, p. 3.

⑤ W. P . Lannie（ed.）, *Henry Barnard*: *American Educator*, Foreword（by L. A. Cremin）, New York: Teachers College Press, 1974.

主主义教育制度的继续推进，克雷明对其评价道，"哈里斯终于巩固了贺拉斯·曼发起的革命。"① 单就公立中学而言，1827 年《马萨诸塞州法案》在中等教育史上具有里程碑的意义，它所建立的公立中学范例不久被缅因州、新罕布什尔州和佛蒙特州等仿效，到 19 世纪中叶，单在马萨诸塞州即设有 100 所公立中学，到 1860 年，公立学校运动已在美国全面展开。②

　　公立学校运动最显著的特征即在共同的学校教室里教育所有的儿童。消除不同宗教、阶级、种族之间的冲突进而实现平等。贺拉斯·曼认为："只有普及的公立学校教育才能防止劳动向着资本统治和奴役劳动的方向发展。如果某个阶级占有所有的财富和教育，其余人却无知和贫困，那么，后者即将成为前者奴隶般的依附者和从属者。"③ 这也正是 20 世纪初期杜威所担心的，杜威认为，普通教育与职业教育的"双轨"制将导致职业教育成为工业社会的附属物，并复制等级社会。

　　美国公立学校运动因承载民主主义而赢得了国际上的赞誉。俄国教育家乌申斯基在《论公共教育的民族性》一文中称："现代公立教育是在美国一种崭新的思想影响下出现的。"④ 波兰革命者格鲁斯基（A. G. De Gurowski）在《美国与欧洲》（America and Europe）一书中赞赏道："公立学校是真正的美国社会和人民的精神、意志以及特征的最高尚和最光辉的表现形式。在欧洲这个文雅的社会里，民众教育并没有超出个人技能训练的范围，唯有美国这个自由的国家在新英格兰地区、马萨诸塞州的倡导和率领下，拥有明智的和受过普通知识教育的民众。"⑤

　　由此可知，1790 年以来，当工业社会开始呼唤职业教育发展之

---

① ［美］劳伦斯·阿瑟·克雷明：《学校的变革》，单中惠、马晓斌译，山东教育出版社 2009 年版，第 23 页。

② ［美］S. 亚历山大·里帕：《自由社会中的教育：美国历程》，於荣译，安徽教育出版社 2009 年版，第 114 页。

③ ［美］S. 鲍尔斯、H. 金蒂斯：《美国：经济生活与教育改革》，王佩雄等译，上海教育出版社 1990 年版，第 33 页。

④ 郑文樾编选：《乌申斯基教育文选》，人民教育出版社 1991 年版，第 33 页。

⑤ L. A. Cremin, *The Transformation of the School*, New York：Knopf, 1961, p. 16.

时，新生美国为了捍卫与民主政体相宜的教育制度最终偏向了体现民主主义的公立学校。职业学校由于存有等级教育之嫌，只得以私立的形式缓慢地发展。这即是 19 世纪美国联邦与各州没有对中等职业教育提供支持的重要原因。对于美国民众而言，他们不愿意自身刚刚从学徒制中解放出来，其子弟又进入到似乎是专为穷人准备的职业学校。由于民主主义阵营的巨大力量，职业学校几近缓滞，公立学校越发勃兴。统计表明，经过半个多世纪的发展，1912 年公立学校的入学人数达至 1105360 名，而且这个数字在继续快速膨胀。在 5—17 岁人口中，70%以上均在公立学校注册学习。①

由此看来，格兰特·维恩将南北战争之前美国职业学校发展缓慢的因素归结为自然资源的丰富与欧洲技术移民的答案显然是片面的，他完全规避了其中的重要因素——民主。当然，对于公立学校的性质还有许多不同的声音。美国历史学界激进修正主义的代表人物迈克尔·卡茨（Michael Katz）认为，公立学校并非如贺拉斯·曼所说，是启蒙自由的结果，它只是马萨诸塞州富人们实现对下层人民控制的工具而已。② 无论对激进派修正主义的思想作何理解，公立学校至少在形式上达到了民主。

南北战争之后，依靠自然资源的丰富和欧洲技术移民已经无法适应美国工业的迅猛发展。伴随着职业主义兴起，工商业界被迫将目光由职业学校转向公立中学，然而公立中学同样将职业主义拒之门外。自由教育的巨大力量开始凸显。

第三节　自由教育传统与职业主义困境

1964 年，格兰特·维恩在一篇论及《莫里尔法案》历史意义的文章中指出，1862 年《莫里尔法案》的颁布使职业科目与古典课

---

① ［美］乔尔·斯普林：《美国学校——教育传统与变革》，史静寰等译，人民教育出版社 2010 年版，第 325 页。
② ［美］韦恩·厄本、杰宁斯·瓦格纳：《美国教育：一部历史档案》，周晟、谢爱磊译，中国人民大学出版社 2007 年版，第 154 页。

程处于同等重要的位置，"职业主义在大学站稳了脚跟"①。事实上，南北战争之后，职业主义已经跨越大学之门，并在努力地叩开公立中学之门。换句话说，职业学校发展缓滞的宿命迫使公立中学进入到美国现代职业教育的洪流之中。然而，职业主义于公立中学又招致自由教育传统的顽强抵制。只是，自由教育传统是与本土功利主义思想作为两股彼此相反的文化力量，共同影响着职业主义的命运。然而，自由教育传统似乎有着更大的向心力，卡拉马祖案"经典的教育元素"与十人委员会报告"课程标准化"对于职业主义的拒斥都是很好的例证。当然，对于19世纪美国而言，自由教育已经不是欧洲古典意义上的自由教育，学术教育、升学准备等概念从不同侧面揭示了自由教育新的特征。

一　中等学校演进的张力与"自由教育的向心力"

就美国中等教育而言，殖民地时期盛行拉丁文法学校，建国初期盛行文实学校，南北战争以后则盛行公立中学。②移民国家的特殊性使得功利主义教育思想在美国破土而出，而自由教育传统已融化于"盎格鲁—美国文化"之中，从"文法学校—文实学校—公立中学"的演进中证实了这一点。然而，自由教育传统似乎具有更加顽强的力量。所以，19世纪，文实学校逐渐背离了富兰克林（Benjamin Franklin）的办学精神而倾向于为升学做准备，同样可惜的是，适应工业社会需要而产生的公立中学逐步脱离现实的世界。传统自由教育与本土功利教育之间的张力一直伴随着公立中学的演进，自由教育的贵族气质似乎总有着一种向心力牵引着中等学校的回归，只是这种自由教育在富兰克林时期表现为古典课程，在贺拉斯·曼时期则表现为学术课程。

1635年，英国殖民者在波士顿首先创设贵族文法学校，文法学校多以古典语言学习为主，如西塞罗（Marcus Tullius Cioero）的

---

① Grant Venn, *Man, Education and Work: Post Secondary Vocational and Technical Education*, American Council on Education, 1964, p. 45.

② 滕大春：《美国教育史》，人民教育出版社2001年版，第191页。

《书札选》、伊拉斯谟（Desiderius Erasmus）的《对话集》和希腊名家的作品为主要读物。由于文法学校与工业社会的现实需求相去甚远，所以招致了越来越多的批判。北美早期教育思想家威廉·宾（William Penn）甚至提出："儿童宁愿玩儿制造工具和仪器的游戏，宁愿造型、绘画、建造和建筑，而不愿背诵得体语言的规则。"① 与本杰明·富兰克林同时代的理查德断言："大多数现行学问的用处都不大。"② 然而，即使在招致众多批判的境况之下，这样一种多具"装饰性"的教育却使学校对此眷恋不舍。富兰克林本来认为：严格的古典主义课程已经退化成了知识阶层的一种陈词滥调，已经不符合时代发展的需要了。然而，1751 年富兰克林所创办的费城文实中学，在主张给青年实用知识之时，并未废除古典语言课程。在有关文实学校的建议中，有一句名言很典型地表达出富兰克林的真实思想，即"关于学习，如果能够教给他们各种有用的东西和各种装饰性的东西那就好了"。③ 与之相继，菲利普斯（Samuel Philips）于 1778 年在麻州的安都佛（Andover）市，又于 1781 年在新罕布什尔州的艾克斯特（Exeter）市，成立两所文实学校，既不废弃升学准备，又在大学要求之外设置广泛科目，走崇实而不废文的道路。④ 即便如此，文实中学出现之后，文与实之间的矛盾一直没有停止过。

1755 年，费城学院成立后，重文轻实的倾向逐渐抬头。费城文实学校以为费城学院培养新生为任务，以古典科主任为校长，古典语文教师工资为英语教师工资的两倍，不但文科胜过实科，古典科目胜过现代语科，不久实科更降格为教授儿童的初级学校，这场斗争在美国建国初期形势略缓，然而，保守派的反对从来都没有停

---

① Sol Cohen, *Education in United States*: *A Documentary History*, Greenwood Publishing Group, 1977.

② 劳伦斯·阿瑟·克雷明：《美国教育史（一）——殖民地时期的历程（1607—1783）》，周玉军等译，北京师范大学出版社 2003 年版，第 348 页。

③ Benjamin Franklin, *Proposals Relating to the Education of Youth in Pennsylvania* (*Philadelphia*, 1749), New Haven, Conn.: Yale University Press, 1961, pp. 395-421.

④ Bell, Cited in Cubberley, E. p., *Readings in public education in the United States*, New York: Houghton Mifflin, 1934, pp. 223-224.

止，例如，1817 年纽约州教育委员会曾强令文实学校向拉丁文法学校看齐，必须传授古典学科，为升入大学做准备，违反者一律取消任何补助。① 本来，美国社会教育史学家柯蒂认为，富兰克林的教育思想偏向实用主义和功利主义。② 然而，事与愿违。1789 年，富兰克林考察了费城文实中学董事会的备忘录，发现文实中学并没有按照他的计划发展，在他长期离开美洲从国外回来，令他感到失望的是"英语部"已经隶属于其他中学的古典文学系。富兰克林在一封措辞严厉的批评信中评论道："最初的英语部计划已被违反，其捐赠人感到失望和受到了欺骗。"③ 拉丁文法学校的古典计划和大学预科（college-preparatory）功能仍然占据主导和非常牢固的地位。乔尔·斯普林对此评论道："美国文实学校是反映科学新精神和工业发展的教育机构，移植新世界后，它们演变成教授有用知识和提供社会流动的教育机构。历史的真正讽刺在于，到 19 世纪末，美国文实学校的主要功能是固化精英成员的社会地位。"④

　　19 世纪初期，主要因为古典化取向与对工业社会的偏离，文实中学最终被公立学校所取代。1830—1860 年，史称"美国公立学校运动"时期。公立学校成立的初衷之一即适应美国工业社会的需要，1824 年，波士顿英语中学成为公立中学的肇端。波士顿学校委员会曾明确指出，他们希望建立一个能够替代拉丁文法学校的机构，并且因地制宜地设计"一种能让学生为积极生活做好准备的教育，并为其在职业生涯中——无论是在商业贸易领域，还是在机械制造领域取得成功奠定基础"。⑤ 这是职业主义影响中等教育最早的表述。可惜的是，从 19 世纪末期开始，公立学校似乎与文实学校

---

　　① 滕大春：《美国教育史》，人民教育出版社 2001 年版，第 193 页。

　　② Curti, Merle Eugene, *The Social Ideas of American Educators*, *with New Chapter*, *on the Last Twenty-five Years*, N. J. Littlefield, 1959, p. 35.

　　③ ［美］S. 亚历山大·里帕：《自由社会中的教育：美国历程》，於荣译，安徽教育出版社 2009 年版，第 57 页。

　　④ ［美］乔尔·斯普林：《美国学校——教育传统与变革》，史静寰、张宏等译，人民教育出版社 2010 年版，第 52 页。

　　⑤ Binder, F. M., *The Age of the Common School*, 1830-1865, New York: John Wiley & Sons, 1974, p. 174.

走上了同样的道路，只是与文实学校回归古典课程不同，公立学校回归至学术性课程，但皆是远离现实世界。贺拉斯·曼就此提出批评："一千个人没有一个人偶尔用得到的代数，却要叫2300多学生去学习，而人人即使做工都要懂得的簿记反而出席听讲的只有一半学生。"① 更为严重的是，从19世纪后期起，美国公立学校更加趋向于"自由教育"，升学成为核心目标。这种教育被公众指责为面向小众、指向大学、没有为绝大多数青年就业做好必要准备的教育。② 然而，回归自由教育的向心力一直没有停止，直到20世纪初期这种现象依然十分突出。

1912年3月《星期六邮政晚报》上刊登了一篇由威廉·米恩斯（William Hughes Mearns）撰写的文章，反对高中古典教育传统，文章取名为"我们中世纪式的高中学校：我们在为12世纪还是20世纪教育孩子？"作者认为，绅士文化已经控制了那些刻板的高中。在此，随处可见"干净的双手和洁净的衣服……传授的是黑格尔哲学、希腊语、拉丁语、书架都是五角的，每年学费两万，这里是真理的世界，也是抑制智慧生长的地方，到处是双排扣礼服和珍珠手套"。③ 职业主义受到排挤。米恩斯对于中学过于重视"文化"以及"绅士教育"方式提出批评，米恩斯认为绅士教育不应该出现在现实的商业社会，尤其平民百姓不适合这种教育。在米恩斯眼中，现代高中应该是一个民主的教育机构，学校提供的课程应该能够"提高周边社会的效能"。④

中等学校演进中表现出对于自由教育的回归，关键是亚里士多德以来传统等级教育观念作祟的结果，即自由教育与自由民相对应，职业教育则更多地属于奴隶阶层。传统官能心理学强化了自由教育的崇高地位，这直接导致了公立中学对于职业主义的拒斥态

---

① ［美］格莱夫斯：《近代教育史》，吴康译，商务印书馆1923年版，第240页。

② Wonacott M. E., *History Evolution of Vocational and Career –Technical Education*, Ohio State University, 2003, p. 2.

③ William Hughes Mearns, *Saturday Evening Post*, CLXXXIV（March 2），1912, pp. 18-19.

④ ［美］乔尔·斯普林：《美国学校——教育传统与变革》，史静寰、张宏等译，人民教育出版社2010年版，第331页。

度。尽管职业主义伴随美国实用主义本土文化于 19 世纪获得了长足的发展，但与之相对的另一种力量——自由教育，已经化作美国文化根深蒂固的底色，直到今天依然或明或暗地发挥着不可低估的作用。如果说，19 世纪美国民主主义成为导致职业学校发展缓滞的根本原因，自由教育则是职业主义恒久的宿敌，这在卡拉马祖案与十人委员会报告当中皆有清晰的表达。并由此看出，20 世纪普洛瑟职业主义阵营因何极端警示自由教育之故。

二　卡拉马祖案与"经典的教育元素"

公立学校的普及一方面是民主主义的成果，另一方面则是为适应新型工业社会的人才需求而设。贺拉斯·曼推崇公立学校制度，他同样认为这种制度会促进经济的发展。实际上，公立学校的确出现了沿着工业界的愿望而变革的迹象。尤其是 19 世纪末期以来，有些高中开始设置各种能够满足学生未来不同职业期望的课程，例如为那些希望进入高等学校深造的学生，开设了特殊的高校预备课程；为希望毕业后立即就业的学生，则开设了更为实用的课程。并且，少量高中开始实施专门的职业教育。然而，由于自由教育传统根深蒂固，公立学校的职业主义转向不会轻易地成功。1874 年，卡拉马祖案的判决为高中作为免费学校教育提供了普适性的法律解释，同时表达出公立高中对于升学目标与"经典的教育元素"的固守，这些显然是与职业主义相反的力量。

卡拉马祖案的发生源于密歇根州 1859 年的一项法案。该法案规定，在超过 100 名学生的学区内，只有当地居民投票认可后，才能开办高中学校。卡拉马祖案是 1874 年查利·斯图尔特等人与卡拉马祖第一学区之间的诉讼。原告认为该学区中的高中为非法，因为当地居民从未进行任何投票，而且该州也无任何允许用纳税人的钱举办免费高中的规定。当然，该案件的关键在于：这所高中的经费是纳税人的钱。因此，查利·斯图尔特提出的这个理由随即引发了关于公共税收是否应该支持高中教育的讨论。库利法官在讨论过程中强调："我们以为本州的人们已经理解了这个观点，即教育不仅在其原始意义上，还是从更广泛的意义上，都会为富人或穷人获取实际的好处而提供选择。"①　库利认为该州的宪法中，暗含着免费学校包括高中学校的规定。他指出：从 1817 年至接受该宪法以前，该州政策已经明显地转向支持提供免费的学校教育，而且政府希望让本州所有的孩子接受包含经典教育元素的教育。这个解释表明该州宪法中规定的免费学校包括高中，而且明确了免费公立高中的合法地位。在密歇根州的带领下，其他各州纷纷仿效，从此免费公立高中获得了越来越多的公众支持。

与此同时，卡拉马祖案引发了另外意义的理解，即爱德华·克鲁格（Edward Krug）所认为的：该判决最重大的意义在于，高中教育应包括"经典的教育元素"。②实际情况是，19 世纪末期以来学校中的"经典的教育元素"有逐渐减少的迹象。由于职业主义的不断渗透，学生要求学校提供对他们日后就业有帮助的教育，企业要求学校提供能提高劳动力素质的教育，高中有时不得不改变课程，以适应劳动力市场的需要。这些因素的综合作用使得有些高中传统的经典课程最终消亡。戴维·F. 拉巴里（David Labaree）在其著作《费城中央高中》研究了该校 1838—1939 年的历史，发现该校迫于来自家长和学生的巨大压力，最后转变为一所帮助学生谋职、颁发文凭的教育机构。其实，该校开办的初衷在于兼顾道德教育、公民教育和实用技能教育，但是家长和学生的压力使它的教学只能聚焦于如何训练学生在未来职场上获得成功。③ 然而，自由教育的向心力绝不会任由高中教育职业化，卡拉马祖案对于"经典的教育元素"的提出与固守就表明了该取向。

公立高中创设之初即以"经典的教育元素"为基础，卡拉马祖案只是重提此事。在有关美国高中教育早期历史研究的文献中，《美国高中的起源》是较为权威的一部著作。该书作者威廉·瑞斯

① ［美］乔尔·斯普林：《美国学校——教育传统与变革》，史静寰、张宏等译，人民教育出版社 2010 年版，第 326 页。
② 同上。
③ 同上。

（William Reiss）认为，19世纪30年代对于高中还没有明确的界定。① 但是，威廉·瑞斯发现，关于高中教育一直存有争论，即教育的重点是为生活和职业进行实践的准备，还是强调形式的教育，养成有条理的思维和智慧，思考大量有关生活和幸福意义的问题。争论结果是对于职业主义的远离，高中课程则集中于高级科学、数学、英语研究、历史和政治经济学的教学。这些课程实际上都是由选用的统一的教科书所决定的，威廉·瑞斯断言："教科书在19世纪发挥着极为重要的作用。它们为高层次的学生设定了学术期望……以及有助于创设一种共同的课程。"②

卡拉马祖案"经典的教育元素"与公立高中升学职能是相一致的。诚如密歇根州最高法院对于卡拉马祖案最终判决中所陈述的："只要说明一点就够了，无论是在本州的政策还是在本州的宪法中，都没有限定初等学校学区只能教授本地官员所要求的学科，或限定只能办某一等级的学校，只要该学区的投票人正式同意负担费用并为此目的而征税。"③ 这个说法意味着公立中学应当遵循纳税人的意愿办学，不能仅以满足雇主需求的就业为目的，通过公立高中升入大学的完满教育也是必要的。美国教育史家由此指出：卡拉马祖判决有时被称为美国公立中学的"大宪章"（magnacarta），它为公立中学的升学职能提供了法律根据。④ 库利法官则视高中为通往大学的阶梯，此处"经典的教育元素"是指为进入高校的预备教育。

就内容而言，"经典的教育元素"包括传统自由教育学科与斯宾塞所言的科学知识。事实上，美国教育界对于职业主义的抵制首先来自于大学，1828年《耶鲁报告》是捍卫古典课程的标志。布鲁贝克（John Brubacher）和鲁迪（Willis Rudy）在谈到《耶鲁报告》

---

① ［美］乔尔·斯普林：《美国学校——教育传统与变革》，史静寰、张宏等译，人民教育出版社2010年版，第128页。

② 同上。

③ ［美］克伯雷选编：《外国教育史料》，任宝祥、任钟印主译，华中师范大学出版社1990年版，第658页。

④ Jurgen Herbst, *The Once and Future School*, *Three Hundred and Fifty Years of American Secondary Education*, New York：Routledge，1996，p. 63.

时指出，这份报告或许是自美国革命到内战之间高等教育中最有影响力的出版物。① 《耶鲁报告》认为学院教育的主要目的在于为更高的专业教育奠定基础。为完成此项目标，学院的主要工作是对学生进行"头脑的训练（discipline）和装备（furniture）"②。报告认为，如果要完成一种全面的教育（a thorough education），就需要依据学生的心智官能（mental faculties）来调配课程。《耶鲁报告》明确提倡设置古典课程并阐述了它的重要性："每一项古典学科都具有心灵训练和教养的独特功能，相反，职业技术科目没有这种功能。"③ 卡拉马祖案对于"经典的教育元素"的重视凸显出官能心理学对于传统教育影响的力量之大，而官能心理学作为自由教育的基础，自然是排斥职业主义的。

赫伯特·斯宾塞（Herbert Spencer）之后，"经典的教育元素"主要指向科学知识。美国公立中学对于科学知识的传播与科学教育思潮息息相关。在 1882 年访问美国之前，斯宾塞的教育著作已在美国受到了最广泛的阅读。④ 美国著名教育史家克雷明（Lawren Arthur Cremin）甚至将 19 世纪后半叶开始的教育变革的发轫归结于接受斯宾塞教育观的影响。他说："如果这场变革有个开端的话，那它肯定始于斯宾塞的影响。"⑤ 卡拉马祖案所固守的高中升学功能也意味着通过科学知识的学习而进入大学，这是美国对于西方传统的沿袭，即技艺的地位向来就无法与知识相提并论。诚如柏拉图曾指出的，一个国家不能因为掌握制造木器的知识而被称为有智慧。"一个按照自然建立起来的国家，之所以整个被说成是有智慧的，乃是由于它的人数最少的那个部分和这个部分中的最小的一部分，这些领导着和统治着它的人们所具有的知识。并且，如所知道的，

---

① John Brubacher, Willis Rudy, *Higher Education in Transition: An American History*, 1636-1956, New York: Harper, 1958, p. 101.

② Arthur Levine, *Handbook on Undergraduate Curriculum*, San Francisco: Jossey-Bass Publishers, 1978, p. 545.

③ Brooks Kelley, *Yale: A History*, New Haven: Yale University Press, 1974, pp. 156-162.

④ ［美］劳伦斯·阿瑟·克雷明：《学校的变革》，单中惠、马晓斌译，山东教育出版社 2009 年版，第 81 页。

⑤ 同上。

唯有这种知识才配称为智慧的。"① 卡拉马祖案"经典的教育元素"被美国 20 世纪初期要素主义与永恒主义思想所继承。就如受到要素主义影响的一家保守杂志《全国评论》(*The National Review*)所建议的,取消一切点缀性课程,"泥塑、编织、做布娃娃、吹笛子、打排球、性教育、对种族主义的担忧以及其他重大问题应利用课外时间进行",取消学校的社会服务项目,因为它们占去基础课程的时间。② 他们认为学校是理智与人性的养育之所,而应将人力的教育交给职业学校或培训机构。

卡拉马祖案"经典的教育元素"尽管将职业主义拒斥于公立高中之外,但该项判决为高中作为免费学校教育提供了普遍性法律解释,这极大地推动了公立高中的迅猛发展。玛丽斯·A. 维诺夫斯基(Maris A. Vinovskis)研究发现,19 世纪 60 年代,马萨诸塞州一个村庄中约有 1/5 孩子在附近的高中接受教育,一个中型城镇则有 1/3 的适龄青年接受过各种形式的高中教育。③ 30 年之后,1891 年教育杂志(*Journal of Education*)写道:"美国教育界一个越来越明显的问题就是,城市的学校如何容得下数量翻了几番的孩子们。"④ 1892 年高中开始急速膨胀成为现实,但是人们对高中教育目标及其与大学关系并不清晰,尤其是工商业界对于公立中学设立职业教育的呼声日益强烈。基于此,全国教育协会组织了一个中等教育研究十人委员会,试图澄清并解决这个问题。

三　十人委员会报告与"标准化课程"

卡拉马祖案"经典的教育元素"导致公立高中将职业主义拒之门外,根本原因在于自由教育或升学教育对于中学"职业准备"功能的鄙视,而两种取向之间的差异即标志着美国社会中两个阶层之

---

① ［古希腊］柏拉图:《理想国》,郭斌和、张竹明译,商务印书馆 1986 年版,第 147 页。

② 陆有铨:《现代西方教育哲学》,北京大学出版社 2012 年版,第 57 页。

③ ［美］乔尔·斯普林:《美国学校——教育传统与变革》,史静寰、张宏等译,人民教育出版社 2010 年版,第 324 页。

④ Marvin Lazerson, *Origin of the urban school Public Education in the Massachusetts*: 1870-1915 , Massachusetts/ Cambridge: Harvard University Press, 1971, p. 11.

间的差异，这也就是杜威后来一直坚持自由教育与职业教育融合的根本原因。与此相比，全国教育协会领导下的1894年十人委员会报告所强调的"标准化课程"排斥职业主义则是反对等级差异的结果。"标准化课程"一方面表现出对于学生民主权利的尊重，另一方面依然蕴含着对职业主义的鄙视。

19世纪中期以后，美国公立中学办学越来越远离工业世界，中等职业教育的落后局面则越发凸显，所以，从1865年起，商家与教育家们无数次表达出开设工业课程和设立职业学校的愿望。[①] 但是，自由教育传统与美国民众强烈的民主意识等因素，使公立中学只得不停地在服务升学和就业之间摇摆。19世纪晚期，为使学生掌握一些应对现代生活现实的能力，一场在中学引入更多技术和商业科目的运动开始出现。[②] 基于中学课程与大学入学要求的标准化问题，1892年全国教育协会（National Education Association，NEA）组织了一个中等教育研究十人委员会，哈佛大学校长查尔斯·埃里奥特（Charles Eliot）任委员会主席，开始着手研究此事。全国教育协会在美国教育界享有极大的权威，其委员会报告所提建议虽非政府法令，却被众多学校奉为圭臬。[③]

十人委员会面临的一个核心问题，即美国高中教育正处于十字路口，因此必须做出抉择：是给所有人提供相同的教育，还是基于每一个人未来职业发展定位提供相应的专门教育。这个看似无伤大雅的问题，却暗示了民主社会中教育的重要性，因为家境富裕的孩子比起家境贫寒的孩子，往往更有可能升入大学。依照学生是否上大学而提供不同的课程，可能会造成教育内部的阶层分化。然而，对于这个问题却有着两种截然不同的看法。比如马萨诸塞州的公立中学所采用的课程强调的是共同的道德要素。批判者认为，共同课程，具有将学生平等化地培养为道德和政治实践者的目的，使之成

---

① ［美］雷蒙德·E.卡拉汉：《教育与效率崇拜》，马焕灵译，教育科学出版社2010年版，第11页。

② Edward A. Krug, *The Shaping of the American High School*, 1890−1920, New York: Harper & Row, 1964.

③ 滕大春：《美国教育史》，人民教育出版社2001年版，第365页。

为具有美国价值观的良好公民。课程分化则在很大程度上是基于经济为出发点的新的教育目的。①

十人委员会提出的解决方案没有让任何一个相互竞争的利益集团感到完全满意。委员会为四年制中学制定了四组可供选择的课程,每组课程都被认为是同样恰当合理地根据学生不同的需要来设置的。四组课程分别是古典课程、拉丁语与科学课程、现代语言课程和英语课程,而各组之间主要差别在于外语的种类和程度。委员会同时提出了一个原则,即升学取向和非升学取向的学生在学习科目上不应有所差异。四组课程使查尔斯·埃里奥特招致了许多古典主义者的批判,他们认为古典语言是取得智力和文化成就的关键,但其中有三组都是非古典课程。然而,十人委员会报告作为一份保守的文件被人们所铭记的并不是因为古典主义的敌意,而是因为它拒绝职业主义者将实用的且与工商有关的科目纳入到课程中的想法。

其实,十人委员会报告坚持了19世纪以来美国自由派改革者的观点,该派认为中学已不能继续作为少数人的学习机构而存在,统一课程需面向所有就读的学生。全国教育协会十人委员会在1893年宣言中对此进行了反思:"这个国家的所有儿童只有一小部分为履行生活职责做准备,他们证明自己能够通过长至18年的教育而获益,而且当他们花这么长的时间呆在学校里时,他们的父母有能力资助他们。"②反思的结果是,公立中学面对的学生范围扩大了,但"统一课程"的理念没有变。但是,发展中等职业教育的呼声导致了1894年报告出台的难度。该报告第一次公开时,弗朗西斯·帕克就声称:"撰写这份报告所付出的和忍受的痛苦都是有价值的,因为大家对一个结论众口一词,那即是阶级化的教育不应存在。"帕克认为,人们正在努力减少将城市学校变成为贫穷子弟提供职业教育的慈善学校的做法。基于反阶级化教育的观点,帕克指出:

---

① [美]韦恩·厄本、杰宁斯·瓦格纳:《美国教育:一部历史档案》,周晟、谢爱磊译,中国人民大学出版社2007年版,第284页。

② [美]S. 鲍尔斯、H. 金蒂斯:《美国:经济生活与教育改革》,王佩雄等译,上海教育出版社1990年版,第287页。

"没有任何理由，一个孩子应该学习拉丁语，而另一个孩子只能学习读、写、算基本知识。"① 当该报告受到批评时，埃里奥特为此辩护说："欧洲把孩子分为未来的农民、机械师、商人、零售商和专业人士的教育制度，对于一个民主社会是不能接受的。"②

十人委员会报告中无差别的"标准化课程"与委员们的身份不无关系，因为多数委员都是高等院校的教授学者，1894 年提出的报告则强化了中学应面向大学的色彩。但是仅仅做这样的理解是远远不够的。19 世纪末期的美国，商家对开设工业课程的强烈兴趣已经传递给全国教育协会，即便如此，十人委员会依然只是基于古典主义去拓展课程，并没有理会职业主义论者提及的工业课程。他们认为这种需求可以通过劳动力输入达到部分的满足。③ 1894 年十人委员会报告最终遵循了与《耶鲁报告》的制定者相同的理性主义原则，认为大学预备课程对所有学生都是有益的，因为这些课程可以训练人的推理、观察、记忆和表达能力，而职业培训则是学校以外的事情。显然，十人报告委员会轻视当时中学面向生活而设置的职业科目，坚持中学面向大学，强调学术科目，并且在报告中明确主张，中学课程应是官能训练性质的，理由是能升入大学的学生即具有适应生活和职业的能力。

具有讽刺意味的是，一方面是固守古典主义的保守派对报告提出反对，另一方面是被工商业界批评为一份精英主义的设计方案，因为方案中没有为不准备升大学者设计职业的课程。这场讨论凸显了教育与民主社会之间的复杂关系，例如，人们可以认为旨在提供满足个人需求和兴趣的教育是民主的，因为它将个人作为教育活动的中心；但是人们还可以反过来论证这种教育是反民主的，因为它将人们束缚在自己的社会阶层中。20 世纪初期，普洛瑟职业主义阵

---

① ［美］乔尔·斯普林：《美国学校——教育传统与变革》，史静寰、张宏等译，人民教育出版社 2010 年版，第 328 页。

② ［美］丹尼尔·坦纳、劳雷尔·坦纳：《学校课程史》，崔允漷等译，教育科学出版社 2006 年版。

③ ［美］雷蒙德·E. 卡拉汉：《教育与效率崇拜》，马焕灵译，教育科学出版社 2010 年版，第 11 页。

营与杜威民主主义阵营之间的论争依然是围绕这个主题展开的。有些人认为，穷人需要实践性较强的教育，这样能帮助他们为日后的现实生活做好准备，该建议可以看作是一种满足个人需求和兴趣的设计。当然，这样的设计也限制了穷人的受教育机会，因为富人接受的教育是社会认可的所谓更高级的教育。① 无论怎样，1894 年十人委员会报告有着重要的意义，它确立了普通中等教育的目标框架。继十人委员会报告之后，1895 年全国教育协会组织的大学入学标准委员会（Committee on College Entrance Requirements）于 1899 年提出报告，同样规定大学新生在中学应修习的科目和各科目应修习的学分。这两项报告基本精神是相同的，即中学的目的是升学。②

如果说，卡拉马祖案"经典的教育元素"是美国官方对于传统教育的认可与保护，那么 1894 年全国教育协会领导下发布的十人委员会报告"标准化课程"则代表着教育领袖们的基本态度。由此看出，自由教育传统拥有着官方与民间众多力量的关照。相比而言，19 世纪工商业界的力量由于分散而显得薄弱一些，这即是 19 世纪美国职业学校与中等职业教育所处的实际境况。19 世纪后期美国手工教育运动标志着公立中学变革的开始，可惜的是，这次变革依然固守着手工课程的"普通价值"——心智训练，职业主义再次陷入尴尬的境地。

第四节　手工教育运动与职业主义的尴尬命运

公立中学对于自由教育传统的回归，违背了适应现实工业社会需要的办学初衷，因此招致与日俱增的批评。1876 年费城博览会俄国工艺水平之高刺激了美国手工教育运动的到来。可惜的是，以美国劳动联盟代表的民主主义力量极力抵制手工学校的创设，又加之自由教育传统对于职业教育的鄙视，使得这场运动只得以心智训练

---

① ［美］乔尔·斯普林：《美国学校——教育传统与变革》，史静寰、张宏等译，人民教育出版社 2010 年版，第 328 页。

② 滕大春：《美国教育史》，人民教育出版社 2001 年版，第 366 页。

为核心目标，手工训练的职业价值在教育界招致激烈的抨击，最终使美国中等职业教育发展再一次错过了发展的重要时机。然而，卡尔文·伍德沃德所开启的美国手工教育运动毕竟是公立学校变革的开端，并且为20世纪初期美国中等职业教育运动的兴起奠定了基础。民主主义与自由教育传统对于职业主义的阻滞再一次在美国手工教育运动中发生。

一 公立学校批判

自19世纪后期开始，公立学校开始招致与日俱增的批判，批判的角度是多方面的。例如，由于工业化与城市化初期的不适应，公立学校，特别是城市的公立学校普遍存在着管理混乱与教育保守主义。然而，公立中学招致批评最多的还是对于工业社会的远离。同样是基于公立学校脱离工业社会的现实，批判者一开始即存在两种不同的取向。其一是以伍德沃德为代表的职业主义；其二，比伍德沃德稍晚，即以杜威为代表的民主主义，后来成为进步主义教育思想的组成部分，因为民主主义是进步主义教育运动的核心元素。

（一）来自职业主义者的批判

1879年，伍德沃德开启美国手工运动之后，美国手工学校分为两类：一类始终强调手工训练的教育性、普遍性，如杜威在《明日之学校》（*School of Tomorrow*）中分析的帕克的昆西学校、约翰逊的有机学校、沃特的葛雷学校等；另一类即如奥克姆蒂手工学校，或像1903年后的伍德沃德一样，将手工训练与职业、技工等功利主义联系在一起。杜威、博德、克雷明等人认为，只有前一类手工训练学校和手工训练运动才属于进步主义教育，而后一类手工训练学校和手工训练运动实质上是在全国制造商协会的鼓动下，打着"工业进步"和"教育进步"的旗号发起的一场职业教育运动。[①]

作为19世纪职业主义的代表人物，伍德沃德自70年代始已经成为一名公立学校的批评家，他认为"旧的教育是无用的，对一个

---

① 吴式颖、任钟印主编：《外国教育思想通史》第9卷，湖南教育出版社2002年版，第211页。

人谋生来说，经常碰到的是'不适应'而不是'适应'"。① 针对公立学校浓重的绅士文化色彩，他在 1873 年写道："在一些需要学问的传统职业被占满以后，它们除了培养出弥尔顿（John Milton）绅士阶级的候选人之外，没有其他什么结果。"② 伍德沃德认为，现存学校是片面的并且不切实际。它为"所谓需要学问的职业"培养少数年轻人，但很少关心"有生产力的劳动阶级"的大多数人的教育问题。它教年轻人去想，而不教他们去做，实际上使他们形成了"厌恶做"的习惯。它不顾现实生活的艰难，只专注于无目标的、折磨人的和有损于真正教育的书本学习。③ 为此，伍德沃德提出手工训练课程的补救措施。他主张，"把全部少年送进学校"并教他们同等对待"实用的各个领域"。只有如此，呆板乏味的学术课程方可被赋予新的活力和意义，而没有上流阶层错误概念影响的年轻人会做出更明智的职业选择。

伍德沃德之外，在斯尼登与普洛瑟之前，职业主义阵营之中还包括朗克尔（John D. Runkle）、西奥多·塞奇（Theodore Search）等人。基于职业主义的思想，朗克尔与伍德沃德共同启动了美国手工教育运动，为 20 世纪初期职业教育运动奠定了基础，塞奇则在职业主义的道路上走得更远，其直接成为 20 世纪初期美国职业教育运动的重要推动者。与职业主义者比较，进步主义教育家主要从 19 世纪 90 年代开始关注公立学校的改革。

（二）来自进步主义者的批判

20 世纪 50 年代美国进步主义教育运动趋于衰落，但"进步主义时代"一般指 19 世纪 90 年代至 20 世纪 20 年代这一历史时段。实际上，除了进步主义时代的进步主义以外，美国还存在一种"早期的进步主义"，克雷明则视贺拉斯·曼和他的公立学校运动为早期进步主义的代表。并且，进步主义教育的源头甚至可以追溯到杰

---

① Calvin M. Woodward, *Manual training in Education*, New York: Scribner and Welford, 1890, p. 145.

② ［美］劳伦斯·阿瑟·克雷明：《学校的变革》，单中惠、马晓斌译，山东教育出版社 2009 年版，第 24 页。

③ 同上书，第 25 页。

斐逊、爱默生的民主主义教育思想。① 19 世纪 90 年代之后，帕克
（Francis W. Parker）、约翰逊（Marietta Pierce Johnson）、沃特
（William Wirt）等皆是进步主义教育的杰出代表，但就公立学校批
判而言，赖斯（Joseph Rice）、简·亚当斯（Jane Adams）与约翰·
杜威的观点最为经典。

作为进步教育的先驱者，赖斯于 1892 年 10 月起在《论坛》
（The Forum）杂志上连续撰文，抨击学校本身普遍存在的形式主
义、机械训练、成人权威、忽视儿童的个性差异等弊端。②《波士顿
每日广告》（Boston Daily Adverser）对此发表感想："改革势在必行，
泛滥在现存教育领域中的机械主义和无目的的忙碌，与其说是在教
育孩子还不如说是在坑害孩子。"③

美国著名社会改良家、和平主义者简·亚当斯于 1889 年建立
芝加哥贫民福利与教育中心——赫尔会所。相对于杜威偏重于学校
教育的变革而言，简·亚当斯更加注重社区教育的实践。简·亚当
斯谴责当时的教育太过呆板，范围太过狭窄。针对与生活脱节的教
育，简·亚当斯提醒教育者：就青少年教育来说，如果打算就业，
需让他们了解现代都市的历史及性质，认识工业社会。④ 针对"以
书为媒介"的教育传统，简·亚当斯在《民主和社会伦理》（De-
mocracy and Social Ethics）一书中写道：不能容忍那些把所有重点都
放在阅读和书写的学校，它们实际上依赖于一个臆说，即"带给儿
童的所有知识和兴趣必须以书为媒介"，这种臆说不能给儿童任何
有关生活的线索，或有益而明智地把自己同生活联系起来的力量。⑤
作为杜威教育理论的支持者与实践者，简·亚当斯提出：学校要成
为维护社会利益的一种力量，就应该像社会服务所做的一样，即与

① 吴式颖、任钟印主编：《外国教育思想通史》第 9 卷，湖南教育出版社 2002 年
版，第 221 页。
② 张斌贤：《社会转型与教育变革——美国进步主义教育运动研究》，博士学位论
文，北京师范大学，1995 年，第 17 页。
③ 吴式颖、任钟印主编：《外国教育思想通史》第 9 卷，湖南教育出版社 2002 年
版，第 226 页。
④ 林玉体：《美国教育思想史》，台湾九州出版社 2006 年版，第 341 页。
⑤ Jane Adams, *Democracy and social morality*, New York, 1902, pp. 180–181.

现实世界联系起来，并对生产制度最终变得仁慈产生影响。简·亚当斯通过赫尔会所为美国"贫民安置运动"所做之事即在实践自己的教育理想。简·亚当斯认为，教育家应该学会利用和征服工业。由此，除手工训练和家政学之外，简·亚当斯鼓励那些准备去工厂的学生了解工业史和各种劳动之间的关系，以便领会"他正在参与的那部分社区生活的历史意义"。[1] 这样，人们就可能不会受到失去人性的、单调乏味的工业劳动的伤害。一种通过学校培育起来的艺术精神，最终能够注入整个生产过程，使生产过程从最狭隘的机器支配人变成一种真正的人类事业，而受过教育的工人受到了丰富的想象力训练，最终会使机器服从于一些更高尚的目的。包括赫尔会所在内的美国"贫民安置运动"成为进步主义运动的组成部分。并且，简·亚当斯在批判以书为媒介、与生活脱节的教育，倡导民主教育的过程中，逐步由改良主义立场转向更为激进的社会改造主义。[2]

作为简·亚当斯的好友，杜威曾多次造访赫尔会所，尤其在担任芝加哥大学哲学教授期间曾定时到赫尔会所演讲。对于比自己年轻一岁的简·亚当斯的教育信仰多有赞誉。杜威在给她的信中说道："我实在想不出有更特殊的理念可以奉献给你。你的精神与做法，使我留在贵处的每一天，都增强一种信念，即你走对了路!"[3] 显然，杜威赞同简·亚当斯教育与生活结合的观点。与同时代的教育家相比，杜威一直以哲学家的高度来看待教育问题，也因此成为美国进步教育运动的领袖，尽管杜威并非认同这个称誉，但杜威之外，似乎没有人比他更具代表性。基于 1896 年创立的芝加哥实验学校教育改革的实践，杜威于 1897 年发表的《我的教育信条》，1899 年发表的《学校和社会》等 19 世纪末期的教育论著已经指出当时美国公立学校存在的两大弊端，即教育脱离社会、教育脱离儿童。杜威严厉批评了学校脱离社会的现象，并由此提出：应使"代

---

① Jane Adams, *Democracy and social morality*, New York, 1902, p. 192.

② 吴式颖、任钟印主编：《外国教育思想通史》第 9 卷，湖南教育出版社 2002 年版，第 214 页。

③ 林玉体：《美国教育思想史》，台湾九州出版社 2006 年版，第 341 页。

表社会活动基本形态的烹调、缝纫、手工等科目占据重要位置",而"把单纯的符号和形式的课程降低到次要地位"。① 基于对传统教育的批判,杜威旨在促成一种新的教育变革,即革除教育与现实分离、劳动与闲暇对立的传统弊处,试图创建融合学校与生活、个人与社会、经验与思维的教育"一元论"哲学。② 针对公立学校对于儿童的桎梏,杜威扬弃了卢梭浪漫主义的进步主义学说,提出实用主义的进步主义思想体系。③ 杜威主张学校需发挥统合社会、平等化与个体人发展三项职能,由此,杜威被视为自由派即"民主学派"的教育改革家。④ 杜威主张以儿童为中心,强调学校中的民主关系,但同时反对绝对的儿童中心主义,而主张儿童中心主义与社会改良主义的统一。由于更侧重于学校教育的变革,与"管理进步主义"比较,杜威常被归于"教学进步主义"之列。⑤

教育界的自觉最终成为学校变革的直接力量,1876年费城博览会成为美国手工教育运动的导火索。当然,对于公立学校批判最为激烈的是学校之外的工商业界的声音,1896年全国制造商协会成立之后,分散的力量得以聚合,并最终成为美国中等职业教育运动最重要的助力。而在这之前,公立学校变革的力量显然没有超越自由教育传统,职业主义也未能突破民主主义的抵制,遂使美国手工教育运动偏离了职业取向而指向了"普通"的教育价值——心智训练。

二 手工教育运动

(一) 引发手工教育运动的三个事件

19世纪末期,美国经历百年产业革命之后已成为世界头号工业

---

① 吕达、刘立德等主编:《杜威教育文集》第1卷,人民教育出版社2008年版,第10页。

② [美] 劳伦斯·阿瑟·克雷明:《美国教育史——城市化时期的历程(1876—1980)》,朱旭东、王保星等译,北京师范大学出版社2002年版,第184页。

③ 陈友松主编:《当代西方教育哲学》,教育科学出版社1982年版,第181页。

④ [美] S. 鲍尔斯、H. 金蒂斯:《美国:经济生活与教育改革》,王佩雄等译,上海教育出版社1990年版,第28页。

⑤ David B. Tyack, *The One Best System: A History of American Urban Education*, Cambridge, MA: Harvard University Press, 1974.

强国。然而,中等职业教育之弱直接制约了工艺水平的提升。1876
年费城博览会上俄罗斯工艺之精美足以使美国蒙羞,但以朗克尔、
伍德沃德为代表的教育界名士敏锐地意识到美国工业教育薄弱的问
题。1879 年 6 月 6 日,有"美国手工教育运动之父"美誉的伍德沃
德在借鉴"俄罗斯制"基础之上,创立了美国第一所手工训练学
校——华盛顿大学手工训练学校,从而开启了美国手工教育运动。①
事实上,这场运动的先声可以追溯到 18 世纪中期,一批摩拉维亚
兄弟会信徒在宾夕法尼亚州费城定居点实施儿童手工教育活动;
1787 年,卫理工会(Methodist)在马里兰的阿宾顿(Abingdon)建
立库克斯勃利学院(Cokesbury College),学院设有供学生学习园艺
和木工技艺的菜园与工作间。费城著名医生、《独立宣言》签署者
拉什在 1790 年《学校中适当的娱乐和惩罚》一文中肯定库克斯勃
利学院做法不仅愉悦身心,并能为家庭与社会创造价值。② 裴斯泰
洛齐(Johan Heinrich Pestalozzi)以及萨洛蒙(Salomon)手工教育
思想在美传播则为这场运动奠定了思想基础。

　　19 世纪中期,在美国形成了"裴斯泰洛齐运动",学习与推广
裴斯泰洛齐教育理论一度蔚然成风,包括贺拉斯·曼在内的许多教
育界人士深受其影响。裴斯泰洛齐主张教育与劳动相结合。他在名
著《林哈德与葛笃德》中描写的坡那镇学校,重视对学生进行全面
的劳动训练,并将此置于职业训练之上,让学生学会各种形式的劳
动,包括农业、加工工业、家务等,以便适应劳动条件的变化。
1809 年,曾在布格多夫学校担任裴斯泰洛齐助手的约瑟夫·尼夫
(Joseph Neef)在费城开办了"裴斯泰洛齐式"学校。③ 1868 年,
在波士顿的少数中、小学校,开始出现有关工程制图的内容。④ 裴
斯泰洛齐尤其影响了瑞士教育家费伦伯格(Fellenberg),他成功创

---

　　① [美]劳伦斯·阿瑟·克雷明:《学校的变革》,单中惠、马晓斌译,山东教育
出版社 2009 年版,第 25 页。

　　② Charles Alpheus Bennett, *History of Manual and Industrial Education up to* 1870, Peo-
ria: The Manual Arts Press, 1926, pp. 92–93.

　　③ 贺国庆、朱文富等:《外国职业教育通史》(上卷),人民教育出版社 2014 年
版,第 183 页。

　　④ 吴式颖:《外国教育史教程》,人民教育出版社 1999 年版,第 310 页。

设了"贫民工业学校",并传至美国。1807 年,费伦伯格在霍夫维尔创制学园,将手工训练引至课程之中,并指出:"手工课程能激发学生对于劳动的热爱或至少乐于体力和肌肉活动,通过使用工具可以锻炼他们的智巧,为情感扩展和慷慨的同情心奠定基础,最终使人性得以提升。"[①] 作为首倡者,全国教育协会通过其机关杂志《专利注册季刊》宣传费伦伯格的教育经验。受此影响,美国文实学校与文法学校相继设置手工教育课程,约于 1825—1830 年间始,1835 年发展至顶点。[②]其中,缅因威斯利恩学院、马萨诸塞州的安多瓦神学院等堪称典范。[③]

继裴斯泰洛齐、约瑟夫·尼夫及费伦伯格之后,瑞典教育家萨洛蒙对于美国手工训练进入课堂有直接影响。19 世纪上半期,瑞典发起了一场手工教育运动,称为斯诺依托运动(activity of sloyd)。19 世纪 40 年代,瑞典将北欧各国家庭手工业技术吸收到学校教育中,并在纳斯等地创建一批最初的"斯诺依托"学校,传授木工、纺纱、织布、裁缝等家庭手工业技术,另讲授制图、机械学、物理等基础理论。[④]1875 年,萨洛蒙在纳斯创办第一所"斯诺依托"教师培训所,为本国且为欧洲及日、美等国培训专门教师,以取代原来的工匠。萨洛蒙认为手工教育不同于职业教育,譬如木工手工教育与木匠教育不同,后者是为就业的学生做准备,而前者则通过眼与手的协调,通过模型的使用,促进儿童的智力发展,更多强调教育性。[⑤] 萨洛蒙手工教育思想通过出版物迅速传播到包括美国在内的许多国家,当时麻省理工学院奥德维(Ordway)专门到瑞典师从萨洛蒙学习,随后,萨洛蒙的学生拉尔松(Larsson)也来到波士

---

① Charles Alpheus Bennett, *History of Manual and Industrial Education up to* 1870, Peoria: The Manual Arts Press, 1926, pp. 134-135.

② 王川:《西方近代职业教育史稿》,广东教育出版社 2011 年版,第 301 页。

③ Charles Alpheus Bennett, *History of Manual and Industrial Education up to* 1870, Peoria: The Manual Arts Press, 1926, p. 185.

④ 顾明远主编:《教育大辞典(增订合编本下)》,上海教育出版社 1998 年版,第 1468 页。

⑤ June E. Eyeston, " The Influence of Swedish Sloyd and Its Interpreters on American Art Education ", *Studies in Art Education*, Vol. 1, 1992, p. 29.

顿，创立手工艺学校。萨洛蒙（Salomon）手工教育思想伴随其美国弟子奥德维回国而影响了美国手工教育的价值取向。

"裴斯泰洛齐运动"与萨洛蒙思想为伍德沃德手工教育理念奠定了基础，1876 年费城博览会则为美国手工教育运动提供了理由。自 1851 年伦敦博览会以来，世界工业博览会先后在纽约（1853）、巴黎（1867）、维也纳（1873）、费城（1876）等地举办。世界工业博览会作为各国竞技经济和技术的重要场所，同时成为职业教育发展的"推进器"。1851 年伦敦第一届世界博览会上，本是英国为了向世界炫耀本国产品的优越性而举办的，但结果适得其反，法国以其技术和设计的先进性超过英国，其他欧洲国家不少优秀的工业产品令英国人大吃一惊。在 90 个展览门类中，英国只获得 10 个优胜奖，其陈列品被描绘成"一堆滥竽充数的废铁和原材料的混合物"①。与英国相似，费城博览会本是作为头号工业强国的美国的炫耀之举，然而俄国人的精湛技术足以使东道主美国人蒙羞。可喜的是，1876 年费城博览会开启了美国教育界对于公立学校的反思。朗克尔、伍德沃德等对于"俄罗斯制"即俄罗斯技术教学方法的引进，为美国职业教育课程改革奠定了基础。

世界工业博览会实际上相当于制造业、农业，尤其是技艺方面服务于东道主的"一所十分优秀的学校"。由于美国工业本身获得了令人难忘的成就，费城 100 周年纪念博览会充分激起了人们的一种民族自豪感，犹如时人所记述的"用事实表明了：在对工业霸权的世界性竞争中，美国是一股需要认真对付的力量"。② 然而，来自莫斯科和圣彼得堡的绘图、模型和工具展品吸引了众人的关注。③ 这些工具第一次向西方显示了俄国在如何组织有意义的和具有指导性的工艺训练（作为技术教育的必要手段）这个难题上最终取得的

---

① 翟海魂：《发达国家职业技术教育历史演进》，上海教育出版社 2008 年版，第 34 页。

② ［美］劳伦斯·阿瑟·克雷明：《学校的变革》，单中惠、马晓斌译，山东教育出版社 2009 年版，第 21 页。

③ Lawrence A. Cremin, *The Transformation of the School*: *Progressivism in American Education*, 1878-1957, New York: Knopf, 1961, pp. 23-34.

惊人进展。① 俄国展出的精湛工艺与工艺教育模式"俄罗斯制"深深震撼了美国人，麻省理工学院院长朗克尔（John D. Runkle）在参观机械展览厅，偶然发现了俄国展品陈列架，感叹地说美国教育以后绝不应再是老样子。② 最终，于 1879 年 6 月，圣路易斯市华盛顿大学的伍德沃德在借鉴"俄罗斯制"基础上直接创办了美国第一所手工训练学校——华盛顿大学手工训练学校。朗克尔于 1876 年 8 月在波士顿创办了"机械技术学校"，并且成为美国手工训练热情的宣传者和推动者。在向马萨诸塞州教育委员会提交名为《教育中的手工元素》的报告中，朗克尔提出："如果教育界打算对工业主义给予足够重视的话，那么，在普通学校开展手工教育是必要的。"③ 甚至建议："在每个大城市建立一所机械艺术中学，每个村镇中学建立一组教学车间，每个学区学校建立一个木工车间。"④ 二者将美国现代职业教育推向了手工教育时代。

（二）手工教育运动及其局限

伍德沃德创立的华盛顿大学手工训练学校，1880 年 9 月公开招收 50 名学生，到 1883 年 6 月，入学人数已增加到 176 名。作为一所提供包括手工训练在内的三年制中等学校，伍德沃德为学校设置的目标是：既强调脑力劳动，也强调体力劳动；侧重普通的而不是职业的；重点在教育上而不是在生产上，在原理上而不是在狭隘的技能上，在技术上而不是在手艺人的能力上。基于此，伍德沃德构建了一个多样化的课程，课程包括数学、科学、语言、绘图、车间工作五个方面。⑤ 试图将学术课程同木工、车工、制模、切削、钳

①　［美］劳伦斯·阿瑟·克雷明：《学校的变革》，单中惠、马晓斌译，山东教育出版社 2009 年版，第 21—22 页。

②　同上书，第 32 页。

③　Marvin Lazerson, Norton Grubb, *American Education and Vocationalism*：*A Documentary History*, 1870-1970, New York : Teacher College Press, Columbia University, 1974, p. 4.

④　贺国庆、朱文富等：《外国职业教育通史》（上卷），人民教育出版社 2014 年版，第 192 页。

⑤　Charles Alpheus Bennett, *History of Manual and Industrial Education up to* 1870, Peoria：The Manual Arts Press, 1926, p. 353.

工、锻工、铜焊、锡焊、冶炼和机械工作等方面的教学结合起来。[①]
伍德沃德的示范作用，推进了其他城市类似学校的建立，该运动还
得到了政府及民间组织的支持。纽约工业教育促进会（Industrial
Education Association of New York）对此提出三点宗旨：其一，保证
在普通教育中引入手工训练并促进男女两性在工业领域中得到有效
培训；其二，设计工业训练的方法和系统并使其能在各种学校中得
以实施；其三，培训相关教师。[②] 1884 年，芝加哥商业俱乐部筹资
开办了芝加哥手工训练学校，首批学生 60 人。[③] 同年，首个公立手
工训练中学在巴尔的摩建立，次年，费城也创建了由公共资金扶持
的手工训练中学。之后，衣阿华等州相继设立与圣路易斯手工训练
学校相似的中学。

与手工学校创制相伴随，手工训练、工艺劳作课程逐渐成为美
国普通学校中的一门学科。1884 年，伊利诺伊州工业小城珀鲁
（Peru）教育局长约瑟夫·卡特（Joseph Carter）将手工训练课程引
入普通学校。19 世纪末期，俄勒冈州发起 4H 运动，指导学生通过
学农来发展手（Hand）、头脑（Head）、心灵（Heart）和健康
（Health），并引起其他州的注意。俄亥俄、伊利诺伊、明尼苏达等
州 4H 运动随即蓬勃展开。[④] 据统计，从 19 世纪 80 年代起，陆续有
马萨诸塞、纽约、宾夕法尼亚、伊利诺伊、纽黑文、康涅狄格、内
布拉斯加等州及哥伦比亚特区均在公立初等学校开展了手工教育实
践。[⑤] 1893 年，美国已有 50 个城市的公立高中开设手工教育课程，
到 1900 年，在公立高中开设手工教育的城市数量翻了一番，超过
4000 居民的城市中有 169 个城市的公立学校开设手工训练课程。[⑥]

① ［美］劳伦斯·阿瑟·克雷明：《学校的变革》，单中惠、马晓斌译，山东教育
出版社 2009 年版，第 25 页。

② Hamilton Ross Smith, *Development of Manual Training in the United States*, Charleston：
Biblio Bazaar, 2009, pp. 19-20.

③ Ibid., p. 19.

④ 王川：《西方近代职业教育史稿》，广东教育出版社 2011 年版，第 311 页。

⑤ Charles Alpheus Bennett, *History of Manual and Industrial Education* 1870 to 1917, Pe-
oria：The Manual arts Press, 1937, pp. 402-454.

⑥ Ibid., p. 397.

至 1905 年，这样的城市增至 420 个。[①] 20 世纪早期，美国几乎所有高中生在毕业时都接受了手工训练。[②]

但是，手工课程进入公立学校以后的效果并不理想。例如，1905 年麻州贝德福德市学监就曾抱怨：尽管麻州法律要求城市高中开设手工教育课程，但是本地高中 10 年来一直对此置若罔闻。1904—1905 年麻州超过 2 万人口的 27 个市镇，其中 5 个市镇的文法学校根本没有开设手工教育，一个市镇文法学校一周仅有 2 个多小时的手工课程，大部分市镇文法学校每周手工教育则不足一个小时。[③] 尤其是，手工教育与工业社会的不协调之处初显端倪。据统计，1900 年，美国城市人口已经占据总人口的 40%，[④] 机器大工业、生产线、公司的合并与重组、科学管理原则等工业社会特征于美国日益凸显，当工业效率、生产能力、守时、纪律、接受工业秩序中的位置等新观念需要构建之时，手工教育倡导者希望借助于木工、金工、绘图、家政、缝纫、烹调等手艺训练，使学生获得尊重劳动、自信、秩序、精确和整洁等习惯，以期重建由于传统社会变迁而丢失的文化价值和道德观念，显然已经无法满足工业社会价值体系的需要。十分可惜的是，美国手工教育运动一直排斥职业主义，因此在效率时代来临的时候，这场运动越来越显得有点学究气。

就中等职业教育与手工教育运动的关系而言，美国学者西奥多·刘易斯（Theodore Lewis）在《美国学校改革：杜威的理念能否拯救高中职业教育》一文开篇中写道：美国综合中学职业教育源于包括工具练习和机械制图在内的手工技能训练，这一理念在 1876 年费城博览会上作为俄罗斯展会的一部分首次引入美国。作为手工教育最初的倡导者，卡尔文·伍德沃德在圣路易斯为男性青少年建

---

① Hamilton Ross Smith, *Development of Manual Training in the United States*, Charleston: Biblio Bazaar, 2009, p. 24.

② Marvin Lazerson, Norton Grubb, *American Education and Vocationalism*, *A Documentary History* 1870-1970, New York: Teacher College Press, Columbia University, 1974, p. 14.

③ Ibid., pp. 132-133.

④ I. L. Kandel, *Twenty-five Years of American Education*: *Collected Essays*, New York: The Macmillan Company, 1924, p. 275.

立了一所示范学校并负责职业教育在小学至高中的广泛普及。① 事实上，关于二者之间的关系，还存有诸多不同的理解。有的说，手工训练与工业所需技能之间不存在相关性；另外由于手工训练向来与印第安人和黑人学校教育联系在一起，因此，杜波依斯质疑手工训练限制了少数族裔的职业和经济地位的提升。② 当然，争论的焦点是手工教育的价值取向问题，这在一个侧面凸显了公立学校对于职业主义的拒斥态度。

三　基于"普通"教育价值的手工课程

1879 年，伍德沃德开启美国手工教育运动是一件十分尴尬的事情。"手工训练"一词对支持者而言意味着所有好的东西，对反对者而言则相反。③ 如果当时伍德沃德坚持手工课程的职业价值，或许华盛顿大学手工训练学校根本就不会成立。自由教育的巨大力量再一次借美国手工教育运动得以凸显。职业主义进入公立中学的艰难也再一次得以证明。不幸的是，手工课程的职业取向在教育理论界招致批判的同时，其理智训练的教育价值同样受到质疑。有幸的是，尽管自身还存在着诸多的局限性，手工教育运动毕竟在实践维度上取得了胜利。

1877 年，全国教育协会年会主要讨论技术训练、技术学院和公立学校三者的关系。朗克尔在会上介绍了俄国人的观点。大多数与会者都同意创办更多的手工学校，但反对把技术训练、教学车间引入公立学校。全国教育协会珀杜分社主席怀特（Emerson White）建议说："我并不期望车间在公立学校中将永远占重要的地位。"④ 怀

---

① Woodward, C. M., *The Function of American Training School*, Proceedings of the National Education Association, Session of the year 1882 at Saratoga, Boston: Alfred Mudge Printers, 1882, pp. 140-157.

② ［美］L. 迪安·韦布:《美国教育史：一场伟大的美国实验》，陈露茜等译，安徽教育出版社 2009 年版，第 211 页。

③ Patrick N. Foster, *A Century of Technology Education*, ERIC Document Reproduction Service No. ED 393 991, 1996.

④ Lawence A. Cremin, *Transformation of the School: Progressive in American Education* (1876-1957), New York: Knopf, 1961, p. 29.

特认为，公立学校应该为一切人提供一般的共同的文化教育。手工学校创立之初，朗克尔和伍德沃德是心智训练与职业准备双重价值的倡导者。但是，手工学校或者手工课程在公立学校中得以立足，强调心智训练的教育价值成为一个有效的策略。因此，伍德沃德强调，车间工作即机械方面的技艺与其他学科一样具有教育和道德价值，手工训练可以由手及心，它不但可以使人的思维得到锻炼，而且通过手工训练所习得的精确、逻辑性、勤奋和经济还可以使学生得到价值观的教育。[1] 美国教育史家赫布斯特对此总结道："与职业培训或机械技艺相反，手工训练的主要目标是发展感知、灵巧、手眼协调以及视觉的精确性，而不是具体针对某一项贸易、职业或者某一产品制造"。[2]

在给马萨诸塞州教育委员会和麻省理工学院董事们所做的报告中，朗克尔详尽阐述了一种建立在"手工训练观念"基础之上的更普通的教育理论。朗克尔认为，在共和国早期，学徒训练本身即是智育与体育的结合，但由于出现了过于专门化的工业制度和过于强调智力训练的公立学校制度，这种理想的教育被撕得粉碎。如果注重学生均衡发展，关键在于手工教学，并将使人们对工业社会的生活有实际的准备。[3] 与朗克尔一样，伍德沃德的手工课程观建立在批评"狭隘的功利主义"与认可"必要的实用主义"的观点之间。最终，伍德沃德的陈述赢得了华盛顿大学行政管理人员的支持。一方面，他追求一种广泛和普通的课程，而不愿使普通学校的教育目标只局限于一门具体的手艺。但同时警告说，期望排除狭隘功利主义的动机"有时会走到另一个极端，使得手工训练被排除在学校重要的学科之外，因为人们怀疑它们究竟是否有用"。[4] 伍德沃德保证："我提倡的学校制度不制定不恰当的标准……它的目的在于去

① 贺国庆、朱文富等：《外国职业教育通史》（上卷），人民教育出版社 2014 年版，第 193 页。

② Herbst, J., *The Once and Future School: Three Hundred and Fifty Years of American Secondary Education*, New York: Routledge, 1996.

③ ［美］劳伦斯·阿瑟·克雷明：《学校的变革》，单中惠、马晓斌译，山东教育出版社 2009 年版，第 23 页。

④ 同上书，第 24 页。

扩展、重视和丰富社会所有基本的要素；尽可能使每一个高尚的职业变成培养人和发展人的快乐之家。"①

即便如此，朗克尔和伍德沃德手工教育思想还是受到了时人猛烈的批评，糟糕的是，手工课程职业取向受到指责之时，心智训练取向同样招致质疑。其实，怀特并不反对某些"普通技术知识"，但他认为：普及手工课程就是破坏正当的和重要的公共教育。② 马萨诸塞州伍斯特市市长马布尔（Albert P. Marble）与怀特持有相同的观点。在 1882 年的一次全国教育协会面对面的辩论中，主张"我们必须引导学校按照一种共同的目标来训练学生，使他们在学校里学会如何从书本上获得知识。犁、锄头或者蒸汽机里没有贮藏知识，但书本里贮藏着知识……"③ 为了能够获得进入公立教育系统的资格，手工教育的支持者片面强调了它的普通教育价值，认为手工教育对所有的学校和学生都适用，而几乎忽略了其本身所固有的专业教育价值和经济功能。甚至有支持者宣称道："手工教育仅仅是手段，而不是目的……它是借助于手的训练达到智力训练的目标……手工教育在训练孩子的观察能力方面是无与伦比的。"④ 然而，这种理论使伍德沃德迎来了一个最强有力的对手。

1868—1880 年期间任圣路易斯市教育局督学，之后又于 1889 年担任美国联邦教育部部长的哈里斯成为手工训练最猛烈的抨击者。哈里斯批评伍德沃德的思想是"卢梭主义的遗物"⑤。针对"工具劳动具有教育意义"的观点，哈里斯认为，这样的劳动只不过像打弹子游戏、掷圈游戏、棒球运动和抽杆游戏一样，不应在学校中占有一席之地。作为传统教育的捍卫者，哈里斯认为，公立学

---

① Calvin M. Woodward, *Manual Training in Education*, New York：Scribner and Welford, 1890, p. 239.

② ［美］劳伦斯·阿瑟·克雷明：《学校的变革》，单中惠、马晓斌译，山东教育出版社 2009 年版，第 26 页。

③ 同上书，第 27 页。

④ Charles Alpheus Bennett, *History of Manual and Industrial Education* 1870 to 1917, Peoria：The Manual arts Press, 1937, p. 369.

⑤ ［美］劳伦斯·阿瑟·克雷明：《学校的变革》，单中惠、马晓斌译，山东教育出版社 2009 年版，第 27 页。

校的目的在于给学生提供获得智力和交流智力的重要科目。在哈里斯眼中，归纳、领会、联想和形成观念等与动物具有本质差异的能力培养方是学校的根本任务。在他看来，"适宜的学习即书本学习"。① 基于此，哈里斯告诫人们说：教授儿童木工，是给他有限的关于自我和自然的知识。而教他阅读，就是给他一把开启人类所有智慧的钥匙。"准备一天的烘面包和可能得到很大收成的玉米种子之间，是有差别的。对于学校来说，培养儿童自学能力的教育，就是教他们学会选择性地接受人类所积累的经验。"② 哈里斯认为为工作准备是必要的，但不是以手工训练的形式。对此，伍德沃德据理力争，并在 1890 年发表了《教育中的手工训练》。在该书中，伍德沃德系统提出了手工训练的 14 项教育成果。作为伍德沃德的同盟者，朗克尔不仅撰写了大量文章强调职业教育应对学生心智训练和手工训练并重的观点，并在出席全国教育协会时极力强调手工训练的教育价值。结果是，哈里斯在思想上赢过了伍德沃德，而在实践上输给了对手，手工教育运动并没有被阻止。③

就手工课程而言，无论怎样强调心智训练的教育价值，它的职业准备功用也是无法忽略的。随着手工课程在美国基础教育体系中占一席之地，手工教育开始出现一种尴尬的境地。一方面，手工课程的职业性质和职业目的被否认，另一方面，在现实中，手工训练却越来越带有浓厚的职业教育色彩。1879 年伍德沃德创立手工训练学校的本意并非教给学生一项谋生的技能，而是将其作为普通教育的补充。诚如伍德沃德在 1883 年全国教师协会的发言中所说的，手工培训是"给所有学生提供的普通教育的一部分"，包括孩子的心智和体能准备。但他也指出，这项培训能够帮助孩子更好地选择未来职业，提高工作质量以及解决社会劳动力问题。解决劳动力的

① 吴式颖、任钟印主编：《外国教育思想通史》第 8 卷，湖南教育出版社 2002 年版，第 50—51 页。
② Calvin M. Woodward, *Manual Training in Education*, New York: Scribner and Welford, 1890, p. 146.
③ Troen, Selwyn, *The Public and the Schools: Shaping the St. Louis System*, 1838-1920, University of Missouri Press, 1975, pp. 159-166.

办法是,教会未来劳动者适应工业社会变化的技能。手工劳动能够使学生了解各种必须受过教育的人才能从事的职业种类。用伍德沃德的话来说就是:它"带给手工职业一个新元素,一个受过良好教育的阶级,从而极大地提高他们的价值感和新的尊严感"。① 伍德沃德自己的系统阐述最终体现了一种两难推理。一方面,为了使他的观点能被整个教育界所接受,他被迫鼓吹手工训练的"普通"教育价值;另一方面,伍德沃德开启的手工教育运动事实上转向了职业教育运动的洪流。然而,美国社会不断增长的工业经济对技术工人的极大需求,终究比解决这个两难推理重要得多。因此,同一个伍德沃德,1890 年否认手工训练学校与职业有任何关系;13 年后又不无骄傲地说:"由于手工训练学校的成倍增加,我们解决了国家所需要的所有技工的培养问题"。②

美国手工教育运动并不顺畅,这不仅表现为因职业主义招致教育界的批判,更为严峻之处在于,手工学校的创制直接招致美国劳动联盟的激烈抵制,19 世纪公立学校运动以来的民主主义力量在手工教育运动中再一次得以凸显。

四   奥克姆蒂观念与来自劳动联盟的抵制

奥克姆蒂(R. T. Auchmuty),美国 19 世纪后期的实业家与教育家,手工课程的倡导者和手工学校的积极创办者。作为美国手工教育运动的核心人物,1881 年,即华盛顿手工训练学校开办一年之后,为了培养砌砖工、泥工、管子工、木工等社会需要的手工艺人才,奥克姆蒂成功建立了多所手工艺学校。其中,成立于 1881 年的纽约手工艺学校,旨在职业训练,因此被誉为美国第一所私立职业学校。③ 该学校招收 17 岁以上男生,既提供职前教育也为在岗工人提供职后教育。学校提供的专业课程包括制砖、管道安装修理、

---

① [美] 劳伦斯·阿瑟·克雷明:《学校的变革》,单中惠、马晓斌译,山东教育出版社 2009 年版,第 25 页。

② 同上书,第 30 页。

③ Paul H. Douglas, "American Apprenticeship and Industrial Education", *Studies in History, Economics, and Public Law*, Vol. 2, 1921.

房屋粉刷、泥灰工程、蒸汽管道装配、电工、铁器制作、广告绘制、壁画绘制、裁剪、金属加工以及绘图等。其中，制砖和裁剪是两个办得最好的专业。① 尤为宝贵的是，在工业化进程中，奥克姆蒂能够深刻体认到传统学徒制与现代工业之间的矛盾，并敏锐意识到学徒制的没落与学校形式职业教育的兴起，为此被美国著名教育史家劳伦斯·阿瑟·克雷明在《学校的变革》中记上了浓重的一笔。② 奥克姆蒂所创制的纽约手工艺学校，不仅设置了由教育界和工商界人士所组成的校董会，还建立了行业咨询委员会。③ 事实上，奥克姆蒂搭建了美国现代职业学校的管理框架。可惜的是，奥克姆蒂在倡导手工学校之时，只考虑了工业社会的效率之需，而没有意识到劳动联盟所代表的民主之声如此强大。

在一篇名为《一种美国学徒制》的文章中，奥克姆蒂描述道：在现代工厂制度下，学徒训练已退化成一种杂乱无章的安排。师傅不愿再教，男孩不愿再延长契约期。美国著名教育史家布鲁贝克（John S. Brubacher）在《教育问题史》（*A History of the Problems of Education*）中对此剖析道：在商业经济状况下，学徒是在他的直接监督下学习生意的，教育一般是在主人的家里进行。这种人身依附的管理教育既要让学徒养成工作和道德习惯，又要让他们增长从事生产和经商的技术。当这些技术被机器化而体现在机器上之后，这种要经过长时间训练的学徒教育就变得不必要了。再者，雇佣者和受雇佣者之间的关系也不再是人身依附和局限于一定范围之内的关系。④ 对此，奥克姆蒂早已找到了明确的答案：由于现代劳动分工过细，车间不再是学习一门手工艺的最佳场所，现代学校就不得不

---

① 贺国庆、朱文富等：《外国职业教育通史》（上卷），人民教育出版社 2014 年版，第 197 页。

② ［美］劳伦斯·阿瑟·克雷明：《学校的变革》，单中惠、马晓斌译，山东教育出版社 2009 年版，第 31 页。

③ 贺国庆、朱文富等：《外国职业教育通史》（上卷），人民教育出版社 2014 年版，第 197 页。

④ ［美］约翰·S. 布鲁贝克：《教育问题史》，吴元训主译，安徽教育出版社 1991 年版，第 90 页。

承担起学徒训练的传统职责。①

19 世纪 90 年代，由于劳动雇佣关系的变化，儿童劳动被认为是剥削而不再是有教育意义的事情。因此，在制造商眼里由"外人"即劳动联盟绝对控制的工会就试图严格限制学徒训练的人数。再有，熟练劳动者在企业内仍然行使着相当大的权力。在许多产业中，他们共同控制着车间，还常常雇佣自己的助手。最重要的是，他们通过对学徒制的控制，大大影响了新熟练劳动者的招募。② 这样即局限了美国青少年流入到各种职业中去的途径。1900 年，劳动联盟对工厂中的学徒制培训活动进行了限制，这对于熟练技术工人不足的状况更是火上浇油。1907 年，制造商协会的一位成员问道："如果制造商们不重视劳动联盟限制学徒培训的问题，十年后他们到哪里去找熟练的技术工人呢？"时任全国制造商协会（National Association of Manufactures，NAM）主席的詹姆斯·克里夫（James Van Cleave）同情制造商们的这种忧虑，他认为：在劳动限制、排斥企业培训学徒的政策下，旧时代的学徒制在美国几乎已经消失了。因为这种政策，制造商们被迫寻求其他途径来培训熟练劳动力。③

在全国制造商协会与美国劳动联盟的对抗中，奥克姆蒂自然转向了支持他的全国制造商协会的观点。他在创办手工学校的过程中清醒地认识到这些学校并不以提供一种有更大的文化价值的教育自居，显然是欲用一种培养合格熟练工人的技术教学和手工艺教学的结合来代替情况恶化的、过于专门化的和范围狭窄的学徒训练。为此，奥克姆蒂手工学校课程简短但很实用，课程安排既有日间班又有夜间班，学费非常低廉。每个人学习结束时经过一次严格的资格考试即可。④ 奥克姆蒂很快受到美国《世纪》新丛书的关注，该书

---

① ［美］劳伦斯·阿瑟·克雷明：《学校的变革》，单中惠、马晓斌译，山东教育出版社 2009 年版，第 23 页。

② ［美］S. 鲍尔斯、H. 金蒂斯：《美国：经济生活与教育改革》，王佩雄等译，上海教育出版社 1990 年版，第 289 页。

③ S. Alexander Rippa, *Education in a Free Society：In American History*, New York：Longman, 1984, p. 160.

④ ［美］劳伦斯·阿瑟·克雷明：《学校的变革》，单中惠、马晓斌译，山东教育出版社 2009 年版，第 23 页。

完全被奥克姆蒂的论点所吸引，并于第 15 期（1888—1889）第401—405 页登录了奥克姆蒂的文章——《一种美国学徒制度》。①并且，奥克姆蒂曾对全国制造商协会保证：他的毕业生不但能从事低工资级别的工作，还能相对地摆脱工会的控制。1892 年一笔由摩根（J. P. Morgan）向纽约市手工艺学校提供的 50 万美元赠款，表明商业社团已经开始基本上同意这种观点。

奥克姆蒂的观念与做法自然惹恼了工会组织与劳动联盟，他们很快成为奥克姆蒂的激烈的批判者。无疑，手工学校将促使技术工人的数量骤增，并由此可能带来工人工资降低甚至失业的严峻问题。基于这样的恐惧，雪茄烟工人工会干事在第 144 号文件中写道："迄今存在的手工艺学校不过是培育无赖或工贼的学校。"编织花边的工人协会干事则预言：手工艺教育"将不是一种赐福，而是一个灾祸"。② 关于工会对于奥克姆蒂论点的反驳，贝米斯（E. W. Beimis）在《劳工组织与美国少年和手工艺教学的关系》一文中有所记述。

基于美国现实工业社会的人才之需，19 世纪 90 年代，奥克姆蒂观念还是得到了传播，而且他所创建的学校具有很好的示范作用。纽约市布鲁克林区普拉特学院建院之初，即参照奥克姆蒂教学大纲的内容，提供了砖砌工、石雕工、管子工的正式训练。同样，这所学院不久即遭到地方工会的敌视。建立于 1891 年纽约市的赫希学校，旨在让少年在尽可能短的时间内适于担任机械工人和建筑工人的助手，美国劳动联盟第一任主席冈珀斯（Samuel Gompers）把赫希学校同所有手工学校放到一起加以反对，他尤为担心手工学校毕业生替代现有工人之后，会使这个群体本已困顿的生活更是雪上加霜。基于此，冈珀斯在 19 世纪 90 年代初对此指斥道："这种做法不仅荒谬，而且着实错误。这些劳苦大众实际上有一半人在失

---

① ［美］劳伦斯·阿瑟·克雷明：《学校的变革》，单中惠、马晓斌译，山东教育出版社 2009 年版，第 32 页。
② 同上。

业，因此，这种持续的做法即等于犯罪。"①

由此看来，19 世纪前期，由共和国的开拓者、教育家以及工人组织组成的民主主义阵营成功避免了工人阶层自身接受职业学校教育的命运；19 世纪后期，美国劳动联盟作为民主主义阵营的一支强有力的组织，出于对工人阶层自身利益的保护，再一次猛烈抵制了手工教育运动，19 世纪职业学校发展缓滞的宿命则再次得以凸显。

本章小结

对于美国而言，19 世纪是民主至上的时代。民主主义最终导致了 19 世纪职业学校发展迟滞的宿命，职业主义在公立中学又招致自由教育传统的顽强抵制。1876 年费城博览会引发的手工教育运动同时招致民主主义与自由教育两股力量的反对，手工课程则只得拘囿于"普通"心智训练价值的宣扬。最终，职业主义招致挫败，美国中等职业教育的落后局面铸成。19 世纪末期，依靠欧洲技术移民与自然资源之丰富已经无法弥补技术工人的不足，民主主义与职业主义之间的力量对比悄然变化，美国中等职业教育即将迎来一个新的时代——20 世纪效率时代。19 世纪以来美国中等职业教育困境背后多维冲突的积聚，终于引发出对于 1917 年《史密斯—休斯法案》颁布具有决定意义的"普杜之辩"。

---

① ［美］劳伦斯·阿瑟·克雷明：《学校的变革》，单中惠、马晓斌译，山东教育出版社 2009 年版，第 32 页。

第二章

"普杜之辩"与职业主义确立

20世纪初期，德国工业经济的崛起与职业教育之发达引发美国朝野震动，联邦与各州政府的支持使美国中等职业教育最终化作一场运动全面展开，1906年马萨诸塞州《道格拉斯报告》的出台成为这场运动的起点。19世纪以来职业主义困境所积聚的冲突，由1913年伊利诺伊州事件集中催生出在美国中等职业教育史上具有重要意义的"普杜之辩"。正如沃斯（Wirth, A.）所指出的，围绕公立学校是否应该服务于工业问题，教育界产生了两种截然相反的观点：以大卫·斯尼登和弟子查尔斯·普洛瑟为代表的"职业主义"，强调就业导向的专门化职业训练，即"为职业而教育"；以约翰·杜威为代表的"民主主义"，则主张"通过职业而教育"。① 一时间，被誉为"美国职业教育之父"的普洛瑟成为与杜威相提并论的人物。1917年《史密斯—休斯法案》的颁布标志着普洛瑟职业主义阵营的不完全胜利，该法案在综合中学框架内实现了以工作为导向的高中职业教育课程的合法化。

第一节　职业教育运动兴起与德国影响

1896年，全国制造商协会成立，并成为美国中等职业教育运动的重要推力。20世纪效率时代的到来致使美国中等职业教育迟缓之

---

① Wonacott, M. E., *History and Evolution of Vocational and Career-Technical Education*, Ohio State University, 2003.

势荡然无存，1900 年之后，中等职业教育发展问题成为全国教育协会持续多年的年会主题。1906 年马萨诸塞州《道格拉斯报告》的发布，标志着美国中等职业教育运动与职业学校公立化的开端，国家最终成为中等职业教育发展的核心力量，继 1879 年手工教育运动之后中等职业教育开始勃兴。然而，德国工业的崛起与格奥贝格·凯兴斯坦纳（Georg Kerschensteiner）访美影响了美国中等职业教育运动初期的模式选择，1907 年、1911 年相继颁布的《戴维斯法案》（Davis Act）和《佩奇法案》（Page Act）都表达出同样的思路。但是，美国国情使之终究无法全盘接受他国模式，中等职业教育运动进程中的德国模式成为"普杜之辩"的直接原因。

一　全国制造商协会的批判策略

20 世纪初期，居于世界工业强国之首的美国依然保持着强劲的发展势头，密西西比河以东、梅森（Mason）、德克逊（Dixon）以北等工业发展较快的各州，已经出现严重的技术工人短缺现象，美国中等职业教育软弱无力的问题越发暴露出来。显然，手工教育已经无法适应技术进步的社会现实。道格拉斯（Paul Douglas）深刻剖析了这种现象："由于着重手工艺教学，美国已经在技术进步的急流中掉在后面了。那些脱离工业而专门作为职业科目教师的手工艺人，把自己从工业革新的主流中孤立出来，而为学校购买的机器不久即因工艺改进而过时报废。"[1] 道格拉斯认为，面对第一次世界大战后的一场新的学徒危机，美国工业在不到 40 年的时间内又要求恢复它的教育职责，这种职责在 20 世纪初的几十年间已经如此轻易地被放弃了。道格拉斯言外之意即当前公立学校手工课程无法承担职业教育的使命。伴随着社会各界对手工教育全方位的批判，"在独立的工业学校，为特殊阶层的孩子未来能够拥有特定的职业提供特定训练"[2] 的思想日益被人们所接受。

---

① ［美］劳伦斯·阿瑟·克雷明：《学校的变革》，单中惠、马晓斌译，山东教育出版社 2009 年版，第 50 页。

② Marvin Lazerson，Norton Grubb，*American Education and Vocationalism*，*A Documentary History* 1870-1970，New York：Teacher College Press，Columbia University，1974，p. 155.

1900 年之后，公立中学变革与中等职业教育发展问题迫在眉睫，而工商业现代管理方式的变革迫使国家承担技术工人教育之责。19 世纪末期，公司开始成为工业组织的支配形式。到 1899 年，公司已生产出全部制造产品的 66%。10 年后，增加到 79%。① 公司与传统私人企业的相异之处在于所有权与经营权之间的分离。大公司职业经理阶层出现，而工人成为名副其实的"自由人"。企业引进优质员工的方式远比培育员工更有效率，职业培训遂成为社会与政府之责，进而借助政府之力培养技术工人成为工商业界的基本策略。基于此，全国金属贸易协会（National Metal Trades Association）、全国制造商协会（National Association of Manufacturers）作为雇主代表自然成为呼吁职业教育发展的激进派，而昔日与之对抗的美国劳动联盟（American Federation of Labor）、全国童工委员会（National Childl Labor Committee）、全国监狱劳工委员会（National Committee on Prison Labor）等也开始成为职业教育发展的支持者。这种情况很快引起了美国联邦的关注，全国工业教育促进协会（National Society for Promotion of Industrial Education）得以成立，并与全国教育协会（National Education Association）等组织受命研究中等职业教育问题。需要指出的是，1896 年全国制造商协会成立，遂成为推进美国中等职业教育的重要角色，并足以与美国劳动联盟相抗衡。该协会举全国工商之力扭转 19 世纪以来工商企业分散无力的现状，而且成为公立学校变革最重要的推动者以及中等职业教育"德国模式"最有力的鼓吹者。

全国制造商协会以市场主体的独特身份敏锐意识到公立中学制度"效能严重低下"。该协会认为，学生被打发到企业界"没有前途的职业或行当"，而他们并没有为这些职业做好真正的准备。1898 年，全国制造商协会发言人 S. 帕克斯·卡德曼（S. Parks Cadman）表示："教给孩子们人道主义是重要的，但是教给他们开

① ［美］阿瑟·林克·卡顿：《1900 年以来的美国史》（上），刘绪贻等译，中国社会科学出版社 1983 年版，第 35 页。

挖沟渠、犁耕土地或旋动车床同样重要。"① 全国制造商协会的一位商人甚至提出，工厂应该是学校，那样将能得到一些对工业化美国有益的东西。20 世纪初，美国公立学校教育依然远离工业社会，时任全国制造商协会主席的詹姆斯·克里夫（James Van Cleave）指责这些消耗教育税款而建立的学校仅仅致力于装饰性知识的传授。② 全国制造商协会工业教育委员会主席迈尔斯（H. E. Miles）于 1911 年批评道："美国每年将巨款用于公立中学，而这种学校是植根于理论而远离实际的，是以梦想为基础而远离现实的，是建立在人们对于未来的主观臆想之上的。"③ 工商界人士认为公立学校在严重浪费纳税人的血汗之钱。迈尔斯时代，美国公立学校每年将 10 亿美元用于校舍开支，另需 5 亿美元维持费用支出。这宗浩繁的经费绝大部分却仅为半数儿童办学之用。④ 显然，这些学校效益微小而浪费巨大，而这种浪费为纳税人所不能容忍。直到 1920 年，在全国制造商协会第 25 届年会上，该会的财务管理员威廉·怀特（William P. White）仍在批判："我所在的一个工业发达的市镇，正在一所中学里花费 100 万美元教授本镇劳动人民子弟怎样成为白领，拙劣地模仿白领的工作……为这所学校开支的大量经费和为支付这些经费而制定的法律，都是绝对的浪费。"⑤

　　工商业界贬低公立中学效率低下，一方面确有其事，另一方面是出于利益集团的策略考虑，旨在催促政府承担培养技工之责。实际上，工商业界放弃了培养熟练工人的学徒制之后，他们发现获取足够数量的熟练技工如此困难，除非花大本钱从欧洲雇佣工人。面对进退两难的局面，制造商们的出路是明显的——说服政府去背起这个包袱。1913 年，纽约市督学威廉·H. 马克斯威尔（William H.

---

① S. Alexander Rippa, *Education in a Free Society*: *In American History*, New York: Longman, 1984, p. 162.

② 王川：《西方近代职业教育史稿》，广东教育出版社 2011 年版，第 432 页。

③ ［美］S. 亚历山大·里帕：《自由社会中的教育：美国历程》，於荣译，安徽教育出版社 2009 年版，第 142 页。

④ S. Alexander Rippa, *Education in a Free Society*: *In American History*, New York: Longman, 1984, p. 163.

⑤ Ibid..

Maxwell)在一篇讽刺文章中揭示出这个秘密。他认为,全国制造商协会彻底将学校推上了被告席,接着即兜售自己的解救方法,"为了实现他们的企图,他们采取的第一个步骤是自己及其代理人无限夸大其词的贬低公立教育,说什么公立教育落后于时代发展,效率低下……"① 全国制造商的这种策略是有效的。与来自教育界的批判显然不同,一方面该协会对于人才需求的感知比学校本身要敏感、深刻得多,另外,纳税人代表的身份足以引起美国联邦的重视,这是于 20 世纪初期能推进中等职业教育运动发生的核心因素。与 19 世纪比较,美国联邦与各州开始从支持民主主义阵营偏向职业主义阵营。

二 德国模式与凯兴斯坦纳访美

19 世纪末期,德国工业的崛起引起世界瞩目。与英、法等国比较,德国属于后起的西方发达国家。18 世纪甚至 19 世纪前半期,德国还属于分散的封建农业国,1870 年统一后,由农业国一跃成为工业大国。1834 年,关税同盟的建立标志着德国工业革命的准备阶段刚刚结束,但自 40 年代起,特别是 50—70 年代早期,由于资本的大量投入、股份公司的建立和机器生产的扩大,工业发展经历了"爆发式"的过程,这一迹象显示了工业革命的来临,德国工业经济开始获得更为迅猛的发展。从 1873—1913 年,德国 GDP 每年平均净增长 2.9%,而同期英国为 2.2%,法国为 1.6%。1913 年,德国 GNP 为 1807 年的 4.6 倍。德国工业占世界工业总产值的比重,由 1870 年的 13% 跃升到 1913 年的 16%,超过了英国的 4% 和法国的 6%。1900 年,德国工业产量居世界第三位,1910 年进一步跃升至世界第二位,仅次于美国(占 38%)。② 德国工业崛起与中等职业教育之间的关系很快被美国工商业界所察觉。

全国制造商协会在批判公立学校的同时,也在不断探索职业人

---

① William H. Maxwell, "On a Certain Arrogance in Educationl Theorists", *Education Review*. XLV (February), 1914, pp. 175-176.

② Hans-Ulrich Wehler, *Das Deutsche Kaiserreich*, 1871-1918, Göttingen: Göttingen Presse, 1988, p. 49.

才培养的变革之路。很快，他们从德国经济起飞中看到了中等职业教育的重要作用，从劳动分工和大工业生产中感到学徒制的局限性以及培养工人良好职业道德和态度的重要性。尤为重要的是，基于工会组织通过控制业内学徒培训以确保自身权益的做法，工商业界意识到通过设置不受其控制的职业学校培养技工是摆脱与瓦解工会力量的唯一途径。因此，全国制造商协会成为美国最早支持发展中等职业教育的社会团体。① 1906 年中等职业教育运动偏向德国模式，曾任该协会主席的西奥多·塞奇（Theodore Search）起到重要的作用。

　　1897 年，在塞奇校长（时任校长）的邀请下，全国制造商协会参观了宾夕法尼亚州博物馆开办的手工艺学校，并留下了深刻的印象。随后，大会通过了一项支持"实用工艺学校、工业学校、手工训练学校或其他技术学校的决议"②。翌年，塞奇又在他的校长年度讲演中，着重宣讲了更广泛的工业教育问题。他敏锐地意识到德国新兴的工业力量与卓越的技术学校制度之间的依存关系，他告诫说，英国正在迅速地学习德国的经验，美国应引起警觉。塞奇反对公立中学对于人文学科的过度重视，如果那样，"对于一个国家的巨大物质利益来说，是不恰当的和不合理的，因为这将使国家忽略工商业的明显需要"。塞奇建议，在任何可能的地方，"应该把相当多的金额从教育的主渠道转向商业和技术学校"。塞奇的观点被1898 年全国制造商协会全国性大会所采纳。③ 同年，已经成为全国制造商协会第二任主席的西奥多·塞奇对于公立中学的批判意识更为强烈，作为工商界的代表，塞奇自然对于雇主的纳税去向十分在乎。对此，他批评道："这些钱大部分都白扔了，因为学校几乎没有传授任何实用的东西。"④ 塞奇的建议对全国制造商协会的影响，

---

①　Kantor, Harvey, "Work, Education, and Vocational Reform: The Ideological Origins of Vocational Education, 1890-1920", *American Journal of Education*, 1986, p. 402.

②　[美]劳伦斯·阿瑟·克雷明：《学校的变革》，单中惠、马晓斌译，山东教育出版社 2009 年版，第 34 页。

③　同上。

④　S. Alexander Rippa, *Education in a Free Society: In American History*, New York: Longman, 1984, pp. 159-162.

至少有 10 年的时间。

自 1905 年起，当商家们开始表达对德国工业竞争的恐惧时，美国加速了勃兴职业培训的步伐。受塞奇影响，这些人将德国工业经济的崛起归功于优秀的中等职业教育，而将美国的失利归结为这样的教育供给不足。全国制造商协会工业教育委员会 1905 年发布的一份年度报告指出：向青年提供技术和商贸培训是国家的需求，国家必须确保青年一代掌握制造和销售的技能。当时，人们既担心德国在国际市场上的活跃动作，又羡慕德国包括职业和商贸培训在内的教育体系。大多数人认为，非常有必要复制德国的职业教育体系，如此，将能够提高美国在国际贸易市场上的地位。就像该报告所指出的："所有国家既羡慕又恐惧德国的技术和商贸学校。在争夺世界霸权的竞赛中，我们必须复制德国的教育模式，并在此基础上提高和完善。"[1]1907 年，全国制造商协会工业教育委员会指派执行委员会进行调查，为联邦教育政策的制定提出议案。该委员会在 1912 年的报告中，直率地表现出对发展人力资本问题的重视以及对美国在与外国竞争时的担心。该报告指出：世界上现存两种资本，一种是包括土地、机械以及金钱类的资本，另一种是人力资本——人的性格、头脑和肌肉等，而美国过去并没有重视完整有效地对人力资本进行开发。该报告指出，人力资本开发的失败造成大量的工业浪费，"鉴于国外竞争的压力，我们应该立即行动起来，因为已经比对手落后 25 年。我们必须追赶至能够与国际竞争的水平。"[2]

全国教育协会年会也在 1900 年以后将中等职业教育当作重要议题，德国经济崛起与职业教育之间的关系引起了教育家的兴趣与关注。曾任 1892 年全国教育协会中等教育研究十人委员会主席，哈佛大学校长查尔斯·埃里奥特（Charles Eliot）虽一直反对公立中学中的职业主义，但也支持独立设置职业学校的德国模式，他指出："应该并且只能是职业学校，也就是明确地针对各种行业对年

---

① ［美］乔尔·斯普林：《美国学校——教育传统与变革》，史静寰、张宏等译，人民教育出版社 2010 年版，第 344 页。

② 同上，第 44 页。

轻人进行培养的学校。"① 1905 年，纽约国家城市银行副总裁法兰克·A. 范德利普（Frank A. Vanderlip）的发言提醒了参加美国教育协会的教育家。他认为，近几年，在这群伟大的工业国家里，德国在竞争中跑到了前列。范德利普敏锐地揭示了德国经济崛起的职业教育原因，他说，"我坚信，这一进步紧紧围绕一个词汇——校长。他是德国工商业取得显著成就的基石。从经济的观点看，德国的学校制度是无与伦比的。"② 1907 年，同样的观点再次出现，教育界内部开始有人提醒需研究学习德国的教育制度，威斯康星州米诺莫尼市督学 L. D. 哈威（L. D. Harvey）说："制造家和商人们提及近年德国之崛起，而且研究了其根源，他们发现这并非是德国原材料丰富或者交通发达，也不是其他物质方面的原因，在物质方面我们比世界上其他一些国家要丰富得多，而是因为德国的教育制度在沿着机械工业的线路前进，他们在催促我们将教育制度按照同样的路子进行变革。"③

美国教育史学家佛罗斯特（S. E. Frost）在《西方教育的历史和哲学基础》一书中介绍道：到 1830 年，德国基本上"形成了一个严格的'双轨'制学校体系，百分之九十的人民只能受到初等教育和高等小学教育，为他们在社会中的低级职业受些训练。中等教育则服务于百分之十的上层阶级公民，培养他们日后进入社会上层和领导人的地位。"④ 佛罗斯特对于德国职业教育更多是一种政治维度的描述，而对于具有更广泛意义的德国悠久的职业文化并未深入探究，所以，如此描述无法解释即便进入 21 世纪后德国职业教育模式依然盛行之故。

德国自 12 世纪即开始形成发达的行会学徒制度，且直到 18 世纪该种技术传承模式并未显示出衰落的迹象，最重要的是，行会学

---

① 贺国庆、朱文富等：《外国职业教育通史》（上卷），人民教育出版社 2014 年版，第 199 页。

② ［美］雷蒙德·E. 卡拉汉：《教育与效率崇拜》，马焕灵译，教育科学出版社 2010 年版，第 11、20 页。

③ 同上书，第 12、20 页。

④ ［美］S. E. 佛罗斯特：《西方教育的历史和哲学基础》，吴元训、张俊洪等译，华夏出版社 2004 年版，第 399 页。

徒制度为后来企业参与职业教育的传统奠定了基础。17 世纪出现部分时间制职业学校如教会星期日学校等。[①] 18 世纪上半期，综合性的实科学校与诸如商业学校等专门学校诞生。[②] 伴随工业革命的步伐，德国于 19 世纪初期基本形成了比较完善的中等教育制度，基本特色可概括为"双轨"制与"双元"制。前者是针对普通教育与职业教育关系而言的，后者则指中等职业学校办学的"校企合作"制度。"双元"制即学校与企业各为"一元"，合作培养中等层次的职业人才。尽管皆以"校企合作"为原则，但德国"双元"制度与美国"合作职业教育"制度差别甚大。主要差别有三点：其一，德国崇尚职业文化，产业界视人才培养为天职，所以企业参与职业学校办学积极性甚高。美国则不同，功利主义盛行而职业文化淡薄，所以工商企业缺失参与职业教育办学的意识，这即是威廉·H.马克斯威尔对于全国制造商协会的深刻揭露，即贬低公立学校旨在将技术工人培训的包袱推给政府。其二，德国进入"双元"制的学生，学习之前首先与企业签订用工合同，然后以该企业员工的身份在企业与学校之间交替学习，所以，在一定意义上，是职业学校在帮助企业培养人才，而不是如美国、英国等国家需以政府的奖励政策去督促企业参与办学。其三，德国"双元"制课程由校企双方共同研究设置，具有统一的培养方案与合作的培养方式。而美国"校企合作"是相对松散的。德国"双元"制是世界中等职业教育之中甚为成功的模式，但因制度背后以悠久的职业文化支撑，也是其他国家很难效仿的原因。德国工业经济的崛起与"双元"制培养的优质技术工人紧密相关，但是"双元"制不是本书研究的对象，本书主要涉及"双轨"制即针对普通教育与职业教育关系的制度设计。德国"双轨"制于 19 世纪后期得到巩固，20 世纪逐步走向制度化。另外，从 1820 年始，德国职业教育和手工业学校主管权从内务部教育司转给商务部，[③] 标志着普通教育与职业教育管理机构各

---

① 孙祖复、金锵：《德国职业技术教育史》，浙江教育出版社 2000 年版，第 8—9 页。

② 同上书，第 50 页。

③ 王川：《西方近代职业教育史稿》，广东教育出版社 2011 年版，第 257 页。

自分设。德国“双轨”制所蕴含的等级性也是后来“普杜之辩”中的焦点问题。

1910 年，德国教育家格奥贝格·凯兴斯坦纳访美强化了德国模式在美国的影响。凯兴斯坦纳是德国劳作教育的倡导者，他对美国职业教育影响较大的是对于补习学校即进修学校的倡导。进修学校源于宗教改革时期的教会星期日学校，19 世纪初，教会星期日学校开始转变为与谋生求职有关的职业进修学校。1876 年 6 月 5 日，《关于受国家援助的工业进修学校的德语、算术教学计划的规定》颁布之后，进修学校被纳入义务教育范畴。1900 年，德国工业进修学校共有 1070 所，在校生 15.29 万人。①

凯兴斯坦纳在美国全国工业教育促进协会的赞助下，于 1910 年来到美国。② 针对德美职业学校之差异，凯兴斯坦纳指出：“在美国找不到与我们数量众多的低级职业学校相类似的机构……美国的职业学校总的来说是要替代学徒制。相反，德国的学校除非极个别的之外是要弥补学徒制的不足。”③ 凯兴斯坦纳在美演讲的显著作用是手工教育在美国的重要地位彻底消失。自此，全国制造商协会不再提倡手工学校，而全力拥护业余补习教育。往昔的手工学校被宣判为不实用、花钱过多并且不适应工业社会的需要。由工商业界管理的注重实际的业余补习学校成为未来变革的焦点。1913 年，全国制造商协会工业教育委员会主张：让教育家关怀那些偏重字词学习的儿童，但让主要由雇主和雇员组成的独立的职业教育委员会管理另一些偏重“手”的训练的儿童。当时，威斯康星州独立的职业学校制度由独立的工业教育委员会管理，成为各州模仿的典范。④ 从 1912 年起，普洛瑟开始出任全国工业教育促进协会秘书长一职，自

---

① ［日］日本世界教育史研究会编：《六国技术教育史》，李永连、赵秀琴等译，教育科学出版社 1984 年版，第 240 页。

② ［美］劳伦斯·阿瑟·克雷明：《学校的变革》，单中惠、马晓斌译，山东教育出版社 2009 年版，第 46 页。

③ Paul H. Douglas, "American Apprenticeship and Industrial Education", *Studies in History, Economics, and Public Law*, Vol. 2, 1921.

④ ［美］劳伦斯·阿瑟·克雷明：《学校的变革》，单中惠、马晓斌译，山东教育出版社 2009 年版，第 47 页。

然，普洛瑟职业主义受到德国模式与凯兴斯坦纳职业教育思想的重要影响。

如果说，全国制造商协会的鼓吹与凯兴斯坦纳访美只是一种舆论的宣传与思想的准备，全国教育协会年会报告仅是教育界参照的话，1906 年，马萨诸塞州《道格拉斯报告》则标志美国中等职业教育效仿"德国模式"在州层面获得认可。而且，这个报告的示范效应使美国中等职业教育沿着德国"双轨"制越走越远。

三 《道格拉斯报告》

全国制造商协会与全国教育协会对于德国模式的推介，生发出真正的效果，即 1906 年马萨诸塞州《道格拉斯报告》发布与同年全国工业教育促进协会的成立，分别标志着美国州政府与联邦积极支持职业教育的开端。并且，1906 年成为美国中等职业教育运动的起点，经历百年之久的悠长岁月，美国中等职业教育终于跨入公立教育系统的大门。

事实上，伍德沃德开启的手工教育运动与职业教育运动之间是不能截然分开的。例如，手工教育运动时期，奥克姆蒂 1881 年所创建的纽约手工艺学校即被称为美国第一所职业学校，1883 年成立的希伯来技术学院（Hebrew Technical Institute）则体现了普通教育与专业技术培训的结合。只是由于工商界的呼吁，尤其是全国制造商协会的成立，手工学校职业准备功能愈加凸显，普通教育功能日益招致批判。并且，完全以职业培训为宗旨的私立、专门职业学校如巴兰德希尔施职业学校、威尔摩丁工艺职业学校等于 1900 年以前相继建成。① 进入 20 世纪之后，中等职业教育开始引起政府层面的高度关注，公立职业学校开始出现，手工教育运动转入职业教育运动阶段。

1905 年，马萨诸塞州议会委派州长道格拉斯（William L. Douglas）组建该州工艺教育委员会（Commission on Industrial and Techni-

---

① 贺国庆、朱文富等：《外国职业教育通史》（上卷），人民教育出版社 2014 年版，第 198 页。

cal Education），其主要任务是：对当前教育系统能在多大程度上满足工农业生产的需要进行调查，同时考虑能够促进本州工艺教育的新方法。另外，委员会需拿出切实可行的方案，并以专家对国内或国外政府相同做法的实地考察作为依据。① 经道格拉斯举荐，留学德国的保罗·汉纳斯（Paul H. Hanus）出任该州工艺教育委员会主席，汉纳斯曾在德国慕尼黑研究凯兴斯坦纳的职业教育理论与实践。1906 年，该委员会提交了调研报告即《道格拉斯报告》，指出了马萨诸塞州职业教育所面临的情况，主要包括：（1）多数人对职业训练持关心态度；（2）产业部门技术劳动力短缺；（3）公立学校仍以传授知识为主；（4）工会对发展职业学校持敌对态度等。报告提出积极兴办满足本州行业需要的职业教育方略。时隔一年，马萨诸塞州工艺教育委员会提出由公立中学或职业学校承担职业教育的"双重"建议②：第一，修改普通中学数学、科学和制图等课程，使其从学术性目标转向服务现实社会生活；第二，在本州组建新的委员会，独立设置职业学校，并最终形成与公立教育平行的职业学校系统。③

　　1906 年，马萨诸塞州《道格拉斯报告》成为美国中等职业教育运动的起点。研究发现，1910 年，这场运动已经开始从各州转向联邦政府层面。早在 1910 年之前，由于《道格拉斯报告》的示范作用，美国约半数以上的州都建立了一批技术中学、农业中学等；已经有 4 个州，即马萨诸塞（1906）、新泽西（1906）、纽约（1909）、康涅狄格（1909）颁布职业教育立法并形成了由州资助或管理的职业教育系统。④ 美国著名教育史家克雷明在《学校的变革》一书中，将 1906 年《道格拉斯报告》作为中等职业教育运动

---

　　① Layton S. Hawkins, Charles A. Prosser, Johne C. Wriht, *Development of Vocational Education*, Chicago：American Technical Society, 1951, p. 32.

　　② Ibid..

　　③ 贺国庆、朱文富等：《外国职业教育通史》（上卷），人民教育出版社 2014 年版，第 317 页。

　　④ Layton S. Hawkins, Charles A. Prosser, Johne C. Wriht, *Development of Vocationanl Education*, Chicago：American Technical Society, 1951, p. 43.

的开端,可能蕴含着类似的意义。①

　　另外,1906 年,马萨诸塞州《道格拉斯报告》同时成为政府支持中等职业教育的开端。美国 19 世纪职业学校宿命与中等职业教育发展迟缓,根本原因是国家偏向了民主主义取向的公立学校,而冷落了有等级教育之嫌的职业学校。恰恰此时,德国已经将中等职业教育纳入强迫教育范畴,从而对铸就德国在工业世界的位置起到了重要作用。1906 年,马萨诸塞州立法的示范效应很快延及美国各州,到 1913 年,拥有专为立法而设的各种各样委员会的州包括:康涅狄格、马萨诸塞、马里兰、新泽西、缅因、密歇根、威斯康星、印地安纳、伊利诺伊等州。②

　　1906 年《道格拉斯报告》只是提出中等职业教育的"双重"模式,全国工业教育促进协会(National Society for the Promotion of Industrial Education)则将美国中等职业教育运动完全引向德国"双轨"制。1906 年,全国工业教育促进协会(NSPIE)成立,这是联邦政府主导美国职业教育进程的开始。该协会成员由职业教育家、企业主、劳工领袖和农场主联合组成,由麻省理工学院院长普里切特(H. S. Pritchete)担任第一任主席,其主要目的是推动制定一项能为职业教育提供财政补助的法律。该协会在题为"职业训练与普通教育体制的关系"的报告中触及了美国职业教育体制的核心问题,报告指出普通中小学课程缺乏实用性,学徒制无法适应工业革命的要求,手工训练无法满足大众的需要。

　　作为一个"在政治上联合全国促进工业教育的各种力量"③的重要机构,鉴于职业学校在德国经济崛起中的战略作用,全国工业教育促进协会很早即通过了"支持实用工艺学校、工业学校、手工

---

　　① 〔美〕劳伦斯·阿瑟·克雷明:《学校的变革》,单中惠、马晓斌译,山东教育出版社 2009 年版,第 48 页。

　　② Layton S. Hawkins, Charles A. Prosser, Johne C. Wriht, *Development of Vocationanl Education*, Chicago: American Technical Society, 1951, p. 39.

　　③ 〔美〕劳伦斯·阿瑟·克雷明:《学校的变革》,单中惠、马晓斌译,山东教育出版社 2009 年版,第 43 页。

训练学校和其它职业技术学校的决议"①。并指出，"摆在美国人民面前的最重要的问题是认可、建立和组织职业学校，让我们的青少年在这些学校中学习某个行业的实用知识和技能"②。报告在公立中学之外另设公立职业学校的意见获得广泛支持。

1907 年，国会通过《戴维斯法案》（*Davis Act*），要求在公立中学之外成立职业学校。受其影响，1911 年，威斯康星州制定公立中学与职业学校并列的方案。1910 年，在全国工业教育促进协会倡导之下，全国教育协会、全国制造商协会、美国劳动联盟等组织合作组建"进步联盟"，参与全国各州的教育事务。该组织呼吁振兴工业教育和职业教育。波士顿工业教育特殊视导员阿蒂斯·迪安（Arthus D. Dean）说道："在美国，对于 200 万学术人才给予了特殊培养，而对于 3000 万各业劳动者却不予以恰合其行业的培训，乃是对手工劳动的轻蔑。"③ 在《工人与国家》（*The Worker and the State*）这本著作中，迪安提出职业学校应成为工业教育的基础。他声称："教育领域的下一步显然就是建立公立职业学校的伟大制度。"④ 1912 年，继《戴维斯法案》（*Davis Act*）之后，美国国会通过《佩奇法案》（*Page Act*），支持在公立中学之外成立专门职业学校。在美国职业教育运动的高潮尚未到来之时，德国模式在工商业界与国家层面首先获得了认同。

美国中等职业教育运动初期效仿德国模式，一方面是由于 19 世纪职业教育迟缓发展并未有经验的累积，另一方面主要由于全国制造商协会对于德国经济崛起的鼓吹之功。然而，没有思想家参与的运动总是缺乏深度的。19 世纪以来职业主义困境所积聚的冲突，加之 1906 年中等职业教育运动以来效仿德国模式所酝酿的矛盾最终

---

① ［美］劳伦斯·阿瑟·克雷明：《学校的变革》，单中惠、马晓斌译，山东教育出版社 2009 年版，第 42 页。

② 贺国庆、朱文富等：《外国职业教育通史》（上卷），人民教育出版社 2014 年版，第 199 页。

③ S. Alexander Rippa, *Education in a Free Society: In American History*, New York: Longman, 1984, p. 161.

④ Paul H. Douglas, "American Apprenticeship and Industrial Education", *Studies in History, Economics, and Public Law*, Vol. 2, 1921.

聚合并由 1913 年库利议案引发开来,"普杜之辩"中的思想交锋最终影响了美国中等职业教育运动的方向,1917 年《史密斯—休斯法案》的颁布标志着美国中等职业教育本土模式的生成。

第二节 库利议案与"普杜之辩"引发

1906 年马萨诸塞州发布《道格拉斯报告》以来,美国职业教育运动一直在沿着德国模式推进。已经进入效率时代的美国完全忽视了导致 19 世纪职业主义困境背后的民主主义巨力。库利议案对于德国"双轨"制的照搬集中引发了 1913 年伊利诺伊州事件,即围绕"在公立中学实施职业教育还是设置与之并行的职业学校"问题,在 20 世纪初美国教育史上展开的一场激烈持久的论辩。作为职业主义的典型文献,库利议案是芝加哥计划发展的结果。

一 芝加哥计划

1910 年是美国职业教育运动的转折点。1910 年初,联邦公开支持职业教育,指出目前已不再是讨论公立中学是否提供职业训练的时候,而应该研究如何实施的问题。早在 1906 年,根据马萨诸塞州工艺教育委员会的建议,该州已经成立了与公立中学独立并行的公立中等职业教育管理机构,1911 年,威斯康星州也颁布了类似法律,建立了类似的独立管理机构,另外,一些学区也出现了与公立高中相分离的职业技术高中。美国中等职业教育运动越来越趋向于德国的"双轨"制。

德国"双轨"制伴随本国工业经济的崛起而扬名,从 19 世纪末期开始,欧洲国家包括具有悠久自由教育传统的英国都开始创制与德国一样的制度模式。英国比较教育家埃德蒙·金(Edmund J. King)形象地用两条相互隔离的柱子来代表这种学校制度。一条是代表大多数人的低级的教育柱子(职业教育),另一条是代表少数的选拔出来的高级的（学术或普通）教育柱子。① 但是，"双轨"
制在欧洲国家并未发生如此激烈的论辩，工业革命之后，欧洲传统
学徒制逐渐被职业学校所取代并获得发展，普通教育与职业教育
"双轨"制自然形成。然而，这场积聚已久的论争最终还是在美国
发生了。19 世纪以来影响美国中等职业教育发展迟缓的多维冲突在
伊利诺伊州事件中重演，有所不同的是，20 世纪美国已经步入效率
时代，并且这些冲突通过思想家理智洗练之后得以充分表达。

　　"普杜之辩"由伊利诺伊州事件引发不足为奇，因为该州向来
以推崇职业主义而闻名，无论是在 1917 年《史密斯—休斯法案》
颁布前后，或是在 20 世纪 40 年代美国"生活适应教育"（Life Ad-
justment Education）运动中皆有积极的表现。1906 年《道格拉斯报
告》之后，伊利诺伊州紧随其后，在 1913 年成立职业教育立法委
员会并着手准备工作，同年，该州多所公立中学将职业指导作为必
修的内容，其中，迪卡布镇中学校长引用的一句经济界格言很有效
率时代的味道。该校长说："你晚上做什么与我无关，但是如果因
为晚上的狂欢影响到第二天的工作，只能完成我布置的任务一半，
那么你也只能拥有一半的工作机会。"② 伊利诺伊州农业学院的院长
甚至将职业主义思想与道德联系在一起。1909 年，在全国教育协会
的会议上，该校长断定职业教育高于公民教育。他告诫听众：一般
来讲，热爱学习值得赞赏。但如果学习的热望和快乐变得过于强烈
和专注，从而使得赚取欲和赚取力毁减的话，那就极为有害了。这
位院长强调，刺激人们热爱实用行为的教育不是简单的悦人心意，
它是最高的伦理。最后，这位院长演讲的结论是：宁可培养出发展
不平衡但有用的人，也不想培养出表面上发展均衡但实际无用的
人。一个"无业的人"要比一个"无国的人"可悲得多，而且他所

---

① ［英］埃德蒙·金：《别国的学校和我们的学校——今日比较教育》，王承绪等
译，人民教育出版社 2001 年版，第 118 页。
② ［美］乔尔·斯普林：《美国学校——教育传统与变革》，史静寰、张宏等译，人
民教育出版社 2010 年版，第 348 页。

属的国度也是值得怜悯与同情的。①

1913 年，库利议案与库利在伊利诺伊州芝加哥市所推行的职业教育政策一脉相承。早在 19 世纪末期，美国工商界人士即提议职业学校独立并将其置于私人委员会管理之下，使它们能够合乎雇主而非学生之需。② 20 世纪前 10 年，这种为职业学校独立设置的管理委员会在伊利诺伊州芝加哥市受到欢迎，并且将这种体制称为芝加哥计划或称库利计划，这是因担任芝加哥市教育局长的库利（Edwin G. Cooley）而得名。关于是否应该成立由雇主控制的职业学校独立委员会问题，库利是主要的支持者。但是，教育界与工会领袖反对此项计划，因为这将使公立学校被个别集团利益所主导，从而有悖于学生、劳动阶层或整个社会的利益。③ 芝加哥计划的反对派认为，这样的政策将完全把接受职业教育的学生孤立起来，使他们回到学术性教育的希望变得十分渺茫。但是，库利的主张还是对芝加哥所在的伊利诺伊州的职业教育政策产生了影响。

二 库利议案

以芝加哥计划为基础，1912 年，在芝加哥商业协会的鼓动下，库利为伊利诺伊州拟定了一份有关公立学校六年级以上学生职业科和学术科分流的草案，即库利议案（Cooley Bill）。草案拟定之后，库利在随后对商业协会的讲话中明确地表达了自己的思想：一个分离的学校系统是必需的。它的配备、师资、管理机构必须尽可能密切地与具体职业相联系。在这样的学校中，普通知识只有借助于掌握职业技能的人才能被应用到具体的职业实践中。库利强调，这样的学校应该是分离的、独立的、强迫的，应该采用全日制形式，由地方特种税支持，在特定的建筑物里，由掌握实践技能的特定人员

---

① ［美］雷蒙德·E. 卡拉汉：《教育与效率崇拜》，马焕灵译，教育科学出版社 2010 年版，第 9 期。

② ［美］韦恩·厄本、杰宁斯·瓦格纳：《美国教育：一部历史档案》，周晟、谢爱磊译，中国人民大学出版社 2007 年版，第 289 页。

③ Julia Wrigley, *Class Politics and Public School：Chicago*, 1900–1950, NJ: Rutgers University Press, 1982, p. 262.

管理和教学，并确保学校与工厂、农场、会计室或者家庭之间尽可能密切地合作。①

　　按照立法程序，1913 年，库利议案被提交给伊利诺伊州立法机关。由于德国工业崛起的作用，明显效仿德国模式的库利议案在随后的一年中几乎得到本州所有工商业团体的支持。为使库利议案获得通过，一个激进的团体"芝加哥商业协会"（The Chicago's Association of Commerce）在本州大公司雇主支持下，将库利议案进行少许修订，并提出"公共教育系统应成为能够为本州提供足量的、驯良的、有技能的工人的机构"，同时，库利议案的支持者还声称应该"在教育中创造一个种姓系统，使劳动阶层的孩子在早年首先学习职业类课程，然后进入工厂系统"②。显然，代表雇主阶层的芝加哥商业协会的教育观念具有等级色彩。并且，该协会支持库利将六年级作为职业科与学术科分流的起点，这样过早地将学生进行划分是基于工业社会对于中等职业人才的一种需求，而非考虑学生全面的成长。

　　从 19 世纪末期始，赞成与反对教育分轨的各派斗争已经开始影响中等职业教育的发展进程。③ 自然，雇主阶层成为库利议案的同盟者。1906 年以来，美国职业教育运动已经得到了部分教育家的声援，并获得 J. P. 摩根和约翰·D. 洛克菲勒等资本家的财政支持。来自雇主的支持不能单纯理解为对于技术工人的需求，背后还包括雇主与雇员阶层双方权利的一种较量。S. 鲍尔斯等在《美国：经济生活与教育改革》一书中揭示道，"1896 年全国制造商协会的成立，一个职业教育的支持联盟得以成立，同时形成了一股巨大的反工会的力量"④。雇主们想利用职业教育作为削弱劳动者掌握技能训练控制权的一种手段。1906 年，全国制造商协会工业教育委员会的

---

① Marvin Lazerson, Norton Grubb, *American Education and Vocationalism: A Documentary History* 1870–1970, New York: Teacher College Press, Columbia University, 1974, p. 36.

② Ibid., p. 37.

③ ［美］S. 鲍尔斯、H. 金蒂斯:《美国：经济生活与教育改革》，王佩雄等译，上海教育出版社 1990 年版，第 291 页。

④ 同上书，第 289 页。

报告说："人们很容易看清，不受有组织的劳工控制和毁损的职工学校（trade school）是唯一的一种治愈现在这种令人难以容忍的状况的方法。"①

库利议案在得到雇主支持的同时，自然受到了劳动联盟的激烈反对。实践证明，在阻止"双轨"学校体制的发展问题上，劳动联盟总是成功的。在库利议案之前，马萨诸塞州职业学校的用房建筑计划部分实施独立管理，即与麻州教育委员会并立的工业教育委员会对于部分职业学校的用房建筑具有独立管理权。这项计划随即招致劳动联盟与教育工作者的强烈反对，最终被迫放弃。库利议案关于学术性教育与职业性教育"双轨"制的议案同样招致了劳动联盟的反对，而且劳动联盟在伊利诺伊州大多数教师和最著名的教育家杜威的支持下，对于包括芝加哥商业协会在内的伊利诺伊州所有的实业组织联盟进行了激烈的批判。②

但是，劳动联盟在职业教育运动中的态度逐渐在发生变化。起初，劳动联盟对职业学校采取抵制的态度，主要担心三件事情：其一，学校无限制地培养未来工人，导致工人数量增多，将不可避免地导致从业工人福利受损；其二，劳工组织将无法获得足够的力量对抗工商业组织对未来工人的控制；其三，担心职业教育将导致一个分层的学校系统，而这一系统势必妨碍工人阶层向上的社会流动。然而，20世纪初期以后，劳动联盟对于职业学校的态度转变是一个不争的事实。这种转变一方面是因为劳动联盟接受了职业教育"利大于弊"的事实，认为它能够延长学生在校学习时间，并培养劳工子弟将来从事高收入工作所需的技能。另一方面，因为联邦资助的职业教育计划既成事实，所以试图通过有组织的参与进而影响这场运动的方向。正如美国劳动联盟在1908年召开的第二十五届年会上所宣布的：有组织的工人对职业教育问题具有最大的兴趣。1910年以后，全国制造商协会与美国劳动联盟在支持职业教育发展问题上趋于统一，但是，劳动联盟始终坚定不移地坚持一点，即职

---

① ［美］S. 鲍尔斯、H. 金蒂斯：《美国：经济生活与教育改革》，王佩雄等译，上海教育出版社1990年版，第290页。

② 同上书，第291页。

业学校管理将与公立中学一致，绝不允许将职业学校的控制权交予私人机构。

　　库利议案尽管获得了工商界甚至一些著名的社会改革家、州内许多城市部分教师的支持，但是由于多种原因，该议案在伊利诺伊州并没有获得通过。德国"双轨"制在美国开始受阻。库利更多考虑的是美国工业社会的需要，而忽视了美国文化中的民主元素，同时忽视了固守教育民主的教育家群体。

第三节　中等职业教育模式之争

　　1913 年，库利议案出台之时，普洛瑟正在出任全国工业教育促进协会秘书长一职，就美国中等职业教育模式问题，由 1910 年全国工业教育促进协会邀请德国教育家凯兴斯坦纳访美即可看出普洛瑟职业主义阵营的选择取向。最终，斯尼登、普洛瑟与杜威等核心人物的加盟，将美国中等职业教育模式之辩推向了高潮，并深深触及职业教育的理论层面。普洛瑟职业主义阵营与杜威民主主义阵营皆承认职业教育的重要作用，但基于各自不同的职教观，对库利议案表现出不同的态度。

一　"普杜之辩"相关说明

　　"普杜之辩"即 20 世纪初期发生于普洛瑟职业主义阵营与杜威民主主义阵营之间的一场论辩。论辩的起因即库利议案，主题是"在公立中学实施职业教育还是设置与之并行的职业学校"。1913 年库利议案引发伊利诺伊州事件之时，由于在哲学、心理学和教育学等方面的卓越贡献，杜威业已成为美国学术界诸多领域的权威人物。普洛瑟尽管较之年轻 12 岁，但是已经有了 1902 年出任印第安纳教师联合会主席的经历，又加之 1910 年担任马萨诸塞州工艺教育局副督学以来知名度的不断提升，而且具有 1912 年后全国工业教育促进协会秘书长的特殊身份。所以，普洛瑟和杜威在实业界与教育界都有众多的追随者与同盟者。

普洛瑟与杜威是论辩双方的灵魂人物。就哥伦比亚大学而言，杜威与普洛瑟是师生关系。普洛瑟 1871 年出生，他于哥伦比亚大学读取博士期间，杜威已闻名全美。普洛瑟在哥伦比亚大学直接师从斯尼登与桑代克（Edward Thorndike）两位导师，虽然没有直接受教于杜威门下，但显然受到了杜威的影响。普洛瑟在《我们都坚守信念了吗：在教育十字路口的美国》一书中，对于杜威《学校与社会》观点的大量引用与阐释，即说明了这一点。① 并且，普洛瑟称杜威是"美国最伟大的思想家"②。但是，普洛瑟的思想最终还是偏离了杜威，而偏向了斯尼登，终成职业主义阵营的领军人物。

美国著名学者格雷与赫尔对于这场论辩做了如下记述："20 世纪初期，最著名的一场争论发生在最杰出的教育家普洛瑟和杜威之间……普杜之辩（Dewey-Prosser debates）至今尚未结束。"③ 赫尔等人对于这场论争以"普杜之辩"称谓，不仅仅出于普洛瑟后来"美国职业教育之父"的美誉与杜威在美国教育界的领袖地位，主要在于普洛瑟与杜威作为双方阵营的灵魂人物，对于 1917 年《史密斯—休斯法案》颁布所起到的无可替代的作用。更为重要的是，普洛瑟与杜威分别构建出职业主义与民主主义的职业教育思想体系，至今仍为该领域的经典之作。就职业教育的学术水平与实际成就而言，普洛瑟之外，职业主义阵营之中无人可与杜威相提并论，包括其师斯尼登。斯尼登是普洛瑟阵营之中一名十分尴尬的人物，作为美国现代职业教育理论的先行者，由于其职业教育思想建立在极端的社会效率主义基础之上，斯尼登学说最终未被美国社会全盘接受，甚至渐被美国理论界所遗忘，比较而言，弟子普洛瑟的名字在职业教育史上被记上了浓重的一笔。遗憾的是，斯尼登极端社会效率主义教育思想即使连自己的导师与弟子都并未完全认同。斯尼

---

① John Gadell, *Charles Allen Prosser: His Work in Vocational and General Education*, Washington University, 1972, pp. 132-135.

② Silver, Roberta, *An Analysis of Charles Allen Prosser's Conception of Secondary Education in the United States*, Chicago: University of Chicago, 1991, p. 41.

③ Kenneth C. Gray, Edwin L. Herr, *Workforce Education: The Basics*, Boston: Allyn and Bacon, 1998, pp. 20-21.

登硕士阶段导师达顿（Dutton）认为，学校"不是一个工厂，校长也不是一个工头"，学校应该成为促进整个社区生活提高的"精神源泉"。因此，达顿拒绝参与抨击拉丁文的大众化的商业效率活动，但他却赞成科学、艺术以及职业学科等多种新学科的引入。① 普洛瑟则扬弃了导师斯尼登的思想，终成美国中等职业教育领域的一面旗帜，并终生护卫着职业主义的理想，就如终生守护民主主义理想的杜威一样。

　　普洛瑟与杜威两个阵营自然包括彼此的支持者——全国制造商协会与美国劳动联盟。只是，伴随职业教育运动的全面展开，在确保与公立中学具有相同的管理机构条件之下，美国劳动联盟对于职业学校的态度从抵制转向支持，不过杜威始终同情美国劳动联盟所代表的工人阶层。除此之外，普洛瑟阵营的核心人物包括库利以及将自己推向美国职业教育前台的恩师斯尼登。杜威阵营则包括教育界众多的同盟者，如内布拉斯加州立大学校长阿威立（Samuel Avery）和科罗拉多州立大学校长贝克尔（James H. Baker），并且包括许多进步主义者如博德和约翰逊等。核心人物是曾出任全国教育协会第一位女性主席的著名教育家埃拉·弗拉格·扬（Ella Flagg Young），只是杜威的思想光芒掩盖了周围的同盟者。

　　杜威与库利、斯尼登的前期交锋多是正面的，主要阵地是《新共和》与《职业教育》杂志。美国劳动联盟在1912年《活动记录》第269—276页对这场论争记述道：按照阶级分析的方法，就公立学校制度分裂的可能性，在专业和公共报刊上引起了一场激烈的争论。例如，杜威博士同库利的争论。其间，杜威在1913年《职业教育》杂志第2期第374—377页发表了一篇反对文章《一个不民主的建议》，库利在1914年《职业教育》杂志第3期第24—29页发表了一篇回应文章，即《杜威教授对芝加哥商业协会及其职业教育议案的批评》，② 论争就此展开。杜威与斯尼登之间的论辩主

---

① Dutton, S. T. & Snedden, D., *The Administration of Public Education in the United States*, New York, NY: Macmillan, 1908, p. 50.

② ［美］劳伦斯·阿瑟·克雷明：《学校的变革》，单中惠、马晓斌译，山东教育出版社2009年版，第47页。

要以《新共和》杂志为阵地展开，例如，杜威在 1915 年《新共和》杂志第 2 期第 283—284 页发表了一篇批判斯尼登职业主义论的文章——《学校制度的分裂》等。①

由于年轻或出于对杜威的崇敬，普洛瑟没有采取与杜威正面交锋的论辩方式，但是，普洛瑟 1910 年在马萨诸塞州担任工艺教育局副督学、1912 年在全国工业教育促进协会担任秘书长期间所为与杜威背道而驰。1914 年，在由普洛瑟主笔起草的对于 1917 年《史密斯—休斯法案》有重大影响的职业教育国家资助委员会报告，以及之后所著《民主中的职业教育》一书，与杜威《民主主义与教育》之间的思想冲突更加明晰，这种论辩方式更加系统与深邃。并由此成就了普洛瑟《民主中的职业教育》在职业教育理论体系中的经典位置，使其成为至今美国职业教育学科师生必读的两部著作之一，另一本则是杜威的《民主主义与教育》。普洛瑟对于杜威的尊敬并没有妨碍他实现自己的职业主义理想，并且最终成为职业主义论的集大成者，基于普洛瑟的行政身份，他一生似乎更多在以"行动"与杜威的观点较量。

当然，普洛瑟与杜威职业教育思想并非完全没有交融之处，除中等教育"双轨"制与"单轨"制选择上二者意见截然相左之外，对于传统教育的批判，对于民主文化的承继方面都存有相似的元素，尤其是普洛瑟受到了杜威教育变革思想的诸多影响。只是，二者之间在教育观、民主观等方面差距较大而已。

二　普洛瑟职业主义阵营与"双轨"制计划

库利议案虽然没有在本州获得通过，但就全国而言，库利议案的主导思想却部分被美国中等职业教育立法所接受。原因在于，马萨诸塞州教育委员大卫·斯尼登、全国工业教育促进协会秘书长查尔斯·普洛瑟及处于显要地位的联邦立法人士与库利的观点大同小异。基于社会效率和科学管理的视角，斯尼登与普洛瑟极力主张创

---

① ［美］劳伦斯·阿瑟·克雷明：《学校的变革》，单中惠、马晓斌译，山东教育出版社 2009 年版，第 47 页。

建普通教育与职业教育分离的"双轨"制体系。

斯尼登是早期普洛瑟阵营中的重要人物，作为激进的社会效率主义者，斯尼登在《新共和》上撰文道：教育需努力适应社会变化，所以，是否科学、实用与有效成为衡量职业教育的重要标准。基于社会需要与个人能力之差异，教育应分为：培养更理智的商品和文化消费者的自由教育；培养具有专门生产知识和技能的劳动者的职业教育。这样更有利于个人社会价值的实现和社会效率的提高。[①] 基于此，斯尼登建议为工人阶层子弟设立独立的职业学校，为中产阶级和更高社会阶层的子弟设立学术性的普通学校。显然，无论是传统社会的惯性所致，或是受霍尔与桑代克儿童差异学说的影响，斯尼登依然在固守一种等级观念。但斯尼登本人并不认可这种评价，而是认为，只有在特定的职业工作中训练学生，并培养其工作伦理观念，使其成为工业生产所需的特定角色，才能使工人从熟练的工作中得到工资提升、拥有更多闲暇和更自由地参与民主生活。斯尼登坚信，两种学习课程不能并存于一所学校，"职业教育的主要目的与普通的或自由教育具有本质上的不同，因而在教育方法和手段方面也必然存在根本的分歧。迄今为止，如果在一个给定的学生群体中，采取一种使这两种不相类似的教育相融合的方式进行教育，那么职业教育和自由教育都不能有效地实施。这种尝试的结果只能是自由教育和职业训练二者的目标双双落空。"[②] 1904 年，斯尼登开始出任马萨诸塞州教育委员，之后，弟子普洛瑟成为最好的同盟者。

由于斯尼登举荐，1910 年，普洛瑟从哥伦比亚大学博士毕业后即出任马萨诸塞州工业教育局副督学一职。[③] 普洛瑟接受这项任命对其具有重要的意义，职业教育开始成为他的终身事业。这项任命

---

① David F. Labaree, *How Dewey Lost: The Victory of David and Social Efficiency in the Reform of Amrican Education*, Stanford University, 2008.

② Snedden, D., "Fundamental Distinctions Between Liberal and Vocational Education, National Education Association", *Journal of Proceedings and Addresses of the Fifty-Second Annual Meeting*, 1914, p. 152.

③ Silver, Roberta, *An Analysis of Charles Allen Prosser's Conception of Secondary Education in the United States*, Chicago: University of Chicago, 1991, p. 12.

很好地说明了斯尼登对于弟子普洛瑟能力的信赖。正如他之后所评价的，"作为我的一个最忠实的同事，普洛瑟是推动马萨诸塞州立法过程中的领军人物"①。其实，普洛瑟对马萨诸塞州工艺教育委员会提出最重要的建议即是建立"双轨"制中等教育系统：一个用于职业教育，一个用于普通教育。两个学校系统彼此独立运行，但同样都在州教育委员会之内。② 并且普洛瑟在 1911 年致全国工业教育促进协会的一份报告中宣称：工业社会需要与公立高中平行的职业学校，对那些超过 14 岁男孩和女孩给予一至四年的职业教育，让他们首先学会服务的技能，进而掌握职业领域的领导技巧。③ 由于观点相同，库利议案自然得到了普洛瑟的支持。

普洛瑟热忱地支持在教学与管理两个方面实现普通教育与职业教育的分轨，声称基于功利主义的职业教育将因持有传统信仰的普通教育的混入而被污染。④ 普洛瑟"普职"分离的思想还存在着一个心理学的背景。20 世纪初期，官能心理学依然盛行于教育界，普洛瑟发现教育界误将公立中学手工教育的"心智训练"当作职业教育，从而使职业教育变成了教师指导学生手工操作的把戏，却放弃了对工业生产中新概念与新技术的学习，普洛瑟更担心的是手工培训一味强调"心智训练"而重蹈手工教育运动的覆辙，普洛瑟敏锐地意识到：只有采取一个"双轨"系统，才能避免自由教育元素对于职业教育的弱化。⑤

普洛瑟之所以享有"美国职业教育之父"的美誉，源于他一直不屈不挠地为促进适应社会需要的职业教育课程变革而工作着。他

---

① Silver, Roberta, *An Analysis of Charles Allen Prosser's Conception of Secondary Education in the United States*, Chicago: University of Chicago, 1991, p. 12.

② Carroll D. Wright, *Report of the Commission on Industrial and Technical Education*, New York: Columbia University Teachers College, 1906, pp. 1-2.

③ Charles Allen Prosser, *The Training of the Factory Worker in The National Society for the Promotion of Industrial Educations Proceedings of the Fifth Annual Meeting Held in Cincinnati*, Ohio, November 2-4, 1911, Bulletin No. 15, New York: The Society, 1912, p. 148.

④ Charles Allen Prosser & Charles R. Allen, *Vocational Education in a Democracy*, New York: Century Co., 1925, p. 194.

⑤ Silver, Roberta, *An Analysis of Charles Allen Prosser's Conception of Secondary Education in the United States*, Chicago: University of Chicago, 1991, p. 14.

的精神就如斯尼登所感慨的："普洛瑟有些类似于像圣保罗一样的传教士。"① 然而，普洛瑟的热忱并不总是被人欣赏，尤其在划清职业教育与普通教育的界限上显得极为固执，甚至在形式上的妥协他都不曾做出。普洛瑟对于普通教育（包含自由教育元素）的极端警惕，直到他在联邦职业教育委员会任职期间依然持续着。由于华盛顿办公条件的局限，他们不得不与教育部共享办公空间，对此，普洛瑟回答是："不，先生，我们不想与普通公立学校系统有关联……不会允许具有传统思想的校长们的烦扰。我们打算远离教育部，保持职业教育的独立，从而避免任何理由重视普通教育而怀疑职业教育。"② 由于普洛瑟坚定的拒绝态度，联邦职业教育委员会只得以重新租赁办公室的方式予以解决，而且，教育部多年来试图合并办公场所的努力都招致了普洛瑟的坚决抵制。③

　　就管理而言，普洛瑟与斯尼登认为普通教育机构缺乏组织和管理职业教育的经验，公立学校内实施职业教育定会导致管理无效率，更何况美国进步教育运动已经使普通教育自身改革应接不暇。同时，基于博雅文化与职业文化之间的鸿沟，普洛瑟认为职业教育在普通教育占统治地位的文化氛围中，要想争得一席之地，应该由更能理解职业教育对社会和经济重要性的机构实施专门管理，并且在财政资助上设立独立账户，只有这样，职业教育的地位才可以得到保障。④

三　杜威民主主义阵营与"双轨"制批判

　　库利议案的反对者认为，"普职"分离的教育体系，势必利于工业经济中"非人化"技术力量的提升，从而有可能"袭击人们的

---

① Silver, Roberta, *An Analysis of Charles Allen Prosser's Conception of Secondary Education in the United States*, Chicago: University of Chicago, 1991, p. 14.

② Charles Allen Prosser, "Conversation with Bawden, 1917, in William T. Bawden, Leaders in Industrial Education", *Industrial Arts and Vocational Education*, Vol. 42, 1953, p. 11.

③ Silver, Roberta, *An Analysis of Charles Allen Prosser's Conception of Secondary Education in the United States*, Chicago: University of Chicago, 1991, p. 24.

④ 关晶：《普洛瑟职业教育思想回顾》，《江苏技术师范学院学报》2009 年第 4 期，第 72—77 页。

民主梦想"①，并逐步加大社会阶层之间本来存有的差距，这即是包括进步主义者在内的民主主义阵营反对库利议案与普洛瑟职业主义阵营的根本原因。杜威阵营之中以教育家居多。其实，从 1900 年起，有些教育家即开始极力反对教育上狭隘的实用性倾向。这一部分人成功地抵制了将德国职业教育模式全盘用于美国教育的企图。然而，他们并不能阻止狭隘的实用主义的浪潮。就库利议案而言，双方对中等职业教育在美国的重要作用都未曾怀疑，只是杜威阵营对于普职"双轨"制度持否定态度。约翰逊早在 1910 年就指出，中间型学校能够实现在同一所学校提供兼有职前教育和学术教育的功能。② 内布拉斯加州立大学校长阿威立和科罗拉多州立大学校长贝克尔等人认为，尽管职业教育对于工业经济极为重要，但不必另设职业学校体系，对青少年而言，做好"建屋不隔墙"，以增广学生一般的眼界、适应能力和兴趣为要。在文化教育与职业教育之间，也并无不可逾越的鸿沟。手工劳动者或是机械劳动者作为公民，都应文化修养与职业能力兼备，生硬地将二者隔离有悖于人的发展方向。③ 出于对工业社会本身以及狭隘职业培训的忧虑，密歇根奥本学院（Albion College）经济与历史学教授卡尔顿（F. T. Carlton）提出，20 世纪的劳动者也应是能够欣赏文学、艺术和享受闲暇的思想者。卡尔顿认为："职业训练必须要与能够开阔学生眼界的其他训练联系在一起，这将使学生既成为有能力的体力或脑力劳动者，也成为一个公民。如果现代教育的目标不是生产一个完美组合在一起的工业系统，它就应该是培养人，而不是机器。"④

　　库利议案招致的最初、最激烈的反对来自伊利诺伊州督学、教育革新家埃拉·弗拉格·扬。埃拉·弗拉格·扬是杜威最亲密的同

---

① Wirth, A. G., *Education in the Technological Society: The Vocational-Liberal Studies Controversy in the Early Twentieth Century*, Scranton, PA.: Intext Educational Publishers, 1972, p. vii.

② Johnson, B. W., *Children Differ in Vocational Aims: Industrial Education in the Elementary School*, National Education Association of the United States, 1910, pp. 253-260.

③ 滕大春：《美国教育史》，人民教育出版社 2001 年版，第 411 页。

④ 贺国庆、朱文富等：《外国职业教育通史》（上卷），人民教育出版社 2014 年版，第 200 页。

盟者。1896 年杜威在芝加哥自设实验学校，杜威是指导者，杜威的
夫人奇普曼（Alice Chipman）为校长，扬是教学主任，其后出任芝
加哥第一位学校督学。杜威的女儿简·杜威（Evelyn Dewey）在
1939 年的传记里，称父亲杜威视扬夫人是处理校务最聪明的人，也
是建议取校名为实验学校的人。① 1909 年，扬担任芝加哥市教育局
督学。1910 年，担任全国教育协会（NEA）第一位女性主席。扬
的进步主义思想与杜威的观点是一致的。并且，杜威坦言自己不断
从她那里汲取观点："我没有意识到自己一些最喜欢的概念的意义
或力量，直到扬女士把它反馈给我，这样的情况我记不起有多少次
了……正是从她那里，我了解到自由和尊重自由意味着关注个体的
探寻和反思过程。"② 扬分享杜威的观念，认为学校应该反映它所服
务的民主社会，她鼓励将民主原则扩展到整个教育系统甚至课堂当
中去。所以，最受欢迎的督学没有加入"效率热"的督学队伍中
去。对于库利议案，扬认为，"如果拥有工作桌、厂服与女帽车间
的教室，在本质上与单纯的车间无异，并没有任何超越或外在于工
厂的东西，那么我们将拥有一个完全失败的教育系统。"③ 这也是杜
威在《民主主义与教育》一书中所提醒的，即职业教育并非是对于
工业社会的复制。博德则认为，普洛瑟职业主义阵营是一种延续阶
级差异和强化对现状消极默许的计划。④

　　杜威自然成为库利议案与普洛瑟阵营最有力的反对者，就美国
而言，历次教育运动对于传统与经典的固守多出自教育界，但是杜
威不同，作为一个教育的革新派，他从来都没有丢弃过传统，作为
教育的传承者，又从来没有失去过革新。1913 年，已经 54 岁的杜
威在哥伦比亚大学担任教授。一生追求民主主义理想的约翰·杜威
激烈抨击伊利诺伊州的职业教育政策，并深刻地揭示了其危险性:

---

① 林玉体:《美国教育思想史》，台湾九州出版社 2006 年版，第 293—294 页。

② McManis, J. T., *Ella Flags Young and a Half Century of the Chicago Public School*, Chicago: McClurg, 1916.

③ Marvin Lazerson, Norton Grubb, *American Education and Vocationalism: A Documentary History* 1870-1970, New York: Teacher College Press, Columbia University, 1974, p. 31.

④ Bode, B., "Why educational objectives", *School and Society*, Vol. 10, 1924, pp. 533-539.

"在这一阶段，由于像伊利诺伊州所做的这类事情，必定会影响其他州，全国教育工作者们都要觉醒起来，避开这些毫不夸张的可称之为最邪恶的东西，它们现在正威胁着教育的民主。"① 杜威看到，工业的发展，已使职业流动成为经常的事情，并且，职业流动已经成为民主社会的一种生活方式。然而，狭隘的职业训练难以满足这种要求，并且会阻断职业流动的可能性。

1915 年，杜威在《新共和》上发表《分离的教育系统》一文，在对"双轨"制职业教育体系在建筑、环境、师资、管理者方面的浪费现象提出谴责的同时，进一步指出，"使泾渭分明的为有闲者和为工作阶层服务的教育哲学继续盛行，也必将导致严重后果的产生，即对于学术性学校来说，如此的区分将造成其教学远离当代生活的迫切需要，而对于职业类学校来说，将严重地窄化职业教育的视野。"② 杜威认为，"普职"分离会加重社会阶级的分化，进而损害社会民主。另外，从自由教育中分离出去的专门化职业教育，不能适应工业化的实际需要，甚至阻滞工人从一个岗位到另一个岗位的流动。③ 杜威批判了普洛瑟与斯尼登等人对"职业"的狭隘理解与对"职业教育"的错误定位，杜威甚至提醒："斯尼登的这种职业教育观，只能让传统职业教育和自由教育的发展愈加狭隘，要想让教育更为广阔、更为丰富、更为有效，斯尼登只有正确看待和认识我的观点。"④

虽然曾同为哥伦比亚大学教授，但斯尼登显然在学术地位与社会影响力方面皆逊于杜威许多，面对杜威的激烈反对，斯尼登在《新共和》上撰文表达自己的忧虑，"对于那些捍卫文化的学界精英

---

① Dewey, J., "Some Dangers in the Present Movement for Industrial Education in Boydston", J. A. (ed.) (1979), *John Dewey's Middle Works*, Vol. 7, London andAmsterdam : the Southern Illinois University Press, 1913, p. 100.

② Marvin Lazerson, Norton Grubb, *American Education and Vocationalism*: *A Documentary History* 1870-1970, New York: Teachers College Press, Columbia University, 1974, p. 37.

③ David F. Labaree, *How Dewey Lost*: *The Victory of David and Social Efficiency in the Reform of Amrican Education*, Stanford University, 2008.

④ Arthur G. Wirth, *Philosophical Issues in the Vocational - Liberal Studies Contoversy* (1900-1917): *John Dewey vs The Social Efficiency Philosophers*, New York: Intext Educational Publishers, 1972.

们的攻击，我们早已习惯；然而，令我们失望的是杜威博士显然是在帮助和安慰那些反对实行一个更广泛、更丰富、更有效的教育计划的人，他显然误解了那些主张为此目的而推广职业教育的人们的动机。"① 斯尼登推崇"双轨"制主要是出于效率和可行性的考虑，所以，他曾不无暗示地写道："那些待在学校里的人，无论动机多么良好，往往不切实际，不了解实际情况。"②

　　杜威则更担心，"职业教育与普通教育的分离，会不可避免地产生使两种教育都更加狭隘、更不重要、也更缺乏效率的倾向"③。在这场论战中，杜威撰写了十多篇重要论文，如《教育中的文化与工业》《当前工业教育运动中的某些危险》《教育中的文化与专业主义》等，从不同角度阐述了"普职"融合的观点。1916 年，杜威在《民主主义与教育》一书中，专辟"教育与职业"一章以深入探究这一问题。杜威担心自由教育与职业教育的传统对立会因"双轨"制而得到强化，所以，他告诫道："现在有一种所谓的职业教育运动，是为了适应现有工业制度。这个运动会继续把传统的自由教育或文化修养，授予少数在经济上能够享用的人；而把狭隘的工艺教育授予广大群众。当然，这种计划表明只是在延续旧时的社会阶级区分。"④ 基于民主社会持续进步的理想，杜威系统提出了"整合职业教育与普通教育"的思想，这一思想虽然没有被 1917 年《史密斯—休斯法案》完全采纳，但是成为 20 世纪 90 年代以后美国"新职业主义"的蓝本。

第四节　民主与效率之争

　　"普杜之辩"作为一个事件起于 1913 年，止于 1917 年。然而，

---

　　① David F. Labaree, *How Dewey Lost: The Victory of David and Social Efficiency in the Re-form of Amrican Education*, Stanford University, 2008.

　　② Ibid..

　　③ Dewey, J., "Education vs. Trade - Training", *The New Republic*, May 15, 1915, p. 42.

　　④ Dewey, J., *Democracy and Education*, New York: Macmillan, 1916, p. 326.

职业主义与民主主义的教育思想之争却未曾结束。在某种意义上，普洛瑟阵营与杜威阵营的这场论争更是民主与效率的较量，只是这种较量以中等职业教育模式之争的方式予以表达。关键问题在于民主与效率对于美国而言都是不可或缺的。由此，普洛瑟基于社会效率主义的职业主义是以民主社会为背景的，而杜威民主主义职教观作为进步教育思想的一个组成部分，本身即与效率时代紧密相关，二者的职业教育思想同时印证了民主与效率对于美国中等职业教育的交互影响。

一 民主社会中的效率主义

总体而言，普洛瑟职业主义阵营是基于社会效率主义的。20世纪初期，盛行于教育界的社会效率主义可以概括为：最大限度地发挥个体潜力与最好地服务社会。针对职业教育，普洛瑟宣称："从总体上说，有组织的职业训练是一个有效率的方法……它能更有效地保障社会财富。"[①] 工业革命百年之后，美国工业经济迎来了20世纪初期的效率时代，这一方面成为美国中等职业教育运动的总体背景，同时也为普洛瑟职业主义在20世纪前半期盛行提供了社会土壤。作为职业主义的代表人物，普洛瑟的可贵之处在于倡导社会效率主义观点，遵循民主社会框架的同时，又以自己的方式在推进民主。

（一）基于社会效率主义的职业主义

就美国而言，职业主义阵营主要关注两点：（1）设置与普通中学并立的职业学校及管理机构；（2）实施职业准备教育。由此，斯尼登曾倡导所谓"真正的职业教育"，即"在于它是一种为装备青年人走向未来职业而设计的教育模式"，[②] 从而确保学生离校后能与经济社会相一致。需要明晰的是，职业主义尽管受到社会效率主义的影响，并成为职业主义的理论来源之一，但职业主义并非等同于

---

① Prosser Charles A. & Thos H. Quigley, *Vocational Education in a Democracy* (revised-ed.), Chicago: American Technical Society, 1957, p. 72.

② Snedden, D., *Fundamental Distinctions between Liberal and Vocational Education*, NEA Proceedings, 1914, pp. 155, 160.

社会效率主义，除具有效率特征之外，职业主义乃是一套完整的包括课程、教学在内的职业教育理论体系。就个体比较而言，普洛瑟是受到社会效率主义影响的职业主义论者，斯尼登则是站在职业主义阵营的社会效率主义论者。结果是，斯尼登逐步走向极端的社会效率主义最终未赢得美国职业教育界的全面认可，普洛瑟职业主义则主导了美国 20 世纪前半期中等职业教育的发展。

1900 年以后，美国工商界对于强化公立中学职业主义取向的呼声与日俱增，这是教育界生发社会效率主义的现实基础。1911 年，弗雷德里克·泰罗（Frederick Winslow Taylor）在《美国杂志》分三次发表《科学管理的原则》。[①] 自此，"泰罗制"在美国社会包括教育界产生了巨大而持久的影响，美国真正步入"效率时代"，社会效率主义遂而盛行于美国教育界。雷蒙德·E. 卡拉汉（Raymond E. Callahan）曾用"效率崇拜"（Cult of Efficiency）一词，深刻揭示出 1900 年后近 30 年美国的教育境况。"效率主义"成为继"民主主义"之后美国社会生活的一种基本价值观。[②] 20 世纪 20 年代，社会效率意识甚至上升至道德自觉的高度，诚如一些学业差等生所感触的：作为个人，这些学生深感羞耻和颓废；作为群体，他们共同造成了被教育家所指责的"浪费"，这种浪费在推崇社会效率的时代即是一种社会罪恶。[③]

在教育界，斯尼登成为社会效率运动的核心人物，"社会效率"（social efficiency）成为斯尼登教育信条的核心。[④] 斯尼登认为，教育的终极目标是"效率的最大化"。[⑤]罗斯的社会控制理论、斯宾塞的社会达尔文主义及桑代克心理学测量原理成为斯尼登以至普洛瑟

---

① ［美］雷蒙德·E. 卡拉汉：《教育与效率崇拜》，马焕灵译，教育科学出版社 2010 年版，第 20 页。

② 纪晓林：《美国公共教育的管理和政策》，北京师范大学出版社 1992 年版，第 1 页。

③ Tyack, D., Cuban, L., *Tinkering toward Utopia*: *A Century of Public School Reform*, Cambridge, MA：Harvard University Press, 1995.

④ Ravitch Diane, *Left Back*: *A Century of Failed School Reforms*, New York：Simon and Schuster, 2000, p. 81.

⑤ Snedden, D., "Education for the Rank and File", *Stanford Alumnus*, Vol. 1, 1990, pp. 185-198.

阵营社会效率主义直接的理论基础。

就社会与个体之间的张力而言，1901 年，罗斯（Edward A. Ross）在《社会控制》（*Social Control*）一书中，提出保持社会有序状态的控制原则，斯尼登由此悟出：教育应成为社会控制的重要工具。斯尼登甚至视教育为一种实现社会效率的"药剂"（treatment）。[1] 1909 年，斯尼登出任马萨诸塞州负责学校事宜的教育委员，他提倡中等职业教育要有独立的学校体系，认为学校课程应源于工业，并服务于工业。[2] "美国人民要他们的学校做什么"是判断教育目标和教育实践的标准。斯尼登认为：社会控制对取得效率是必需的，而学校正是实现这一目标的最好的效应器。[3] 所以，"作为一种社会力量，公立教育旨在发觉、改善和传送社会资源，以发展每个人一般的社会效率和特殊的社会效率"[4]。其中，"特殊的社会效率"旨在表达个体需以从事与自身资质最恰合的职业服务社会。这个原理的"发明者"恐怕要归于苏格拉底（Socrates）。苏格拉底对君主政体与民主政体两种极端的形式均持否定态度，源于他"智者统治，别人服从"的主张。他对于在讨论政府问题时，站起来提供意见者是铁匠、鞋匠、商人、船长等一些没有经过训练者的现象嗤之以鼻。苏格拉底曾教训学生查尔米德斯（他曾表示自己在议会上讲话有些胆怯）："最聪明的人也不会使你害羞，然而你却不好意思在一群笨蛋和傻瓜面前讲话。"这些笨蛋和傻瓜包括"漂洗羊毛的、做鞋的、盖房的、打铁的、种田的、做买卖的，或者在市场上倒卖的，他们除了低价买进高价卖出以外什么都不想"。[5] 这种文化成为 20 世纪初期社会效率主义中的一种元素。1913 年，职业指导

① Drost, W. H., *David Snedden and Education for Social Efficiency*, Madison, WI: Universityof Wisconsin Press, 1967, pp. 72—77.

② ［英］琳达·克拉克、克里斯托弗·温奇：《职业教育：国际策略、发展与机制》，翟海魂译，外语教学与研究出版社 2011 年版，第 88 页。

③ Drost, W. H., *David Snedden and Education for Social Efficiency*, Madison, WI: Universityof Wisconsin Press, 1967, pp. 43—45.

④ Jeffrey Lauranee Dow, *The New Vocationalism: A Deweyan Analysis*, University of Florida, 2002.

⑤ 王保星：《西方教育十二讲》，重庆出版社 2008 年版，第 7 页。

协会在密歇根州湍流高中举办第一次会议时，首任秘书长戴维斯校长认为，当人们在从事一项职业的时候，应该这样考虑，"这是能够发挥自己能力为人们服务的最好方式"①。

桑代克教育心理学测量原理则是基于个体之间存在差异的前提。其与柏拉图在《理想国》中论述"哲学王"培养时的基本假设是一样的："老天在铸造他们的时候，在有些人身上加上了黄金，这些人因而是最可贵的，是统治者。在辅助者（军人）的身上加入了白银。在农民及其他技工身上加入了铁和铜。"② 在柏拉图看来，理想国的基本原则是：每个人必须在国家里执行一种最适合他天性的职务。③ 否则将导致国家的毁灭："如果一个天生是手艺人或者生意人……或者一个军人企图爬上他们不配的立法者和护国者的等级，或者这几种人相互交换工具和地位，这意味着国家的毁灭。"④柏拉图"天性差别论"在欧洲逐渐积淀成一种文化，并成为影响美国教育变革的一个元素。早在 19 世纪上半期，领导美国公立教育运动的贺拉斯·曼虽批判由身份或是经济状况导致的教育差别，但承认个体之间能力或是愿望之异。⑤ 令人担忧的是该理念的无限延伸，其危险之处在于可能导致过分强化遗传因素而弱化教育之用，尤其会成为一些利益集团推进分轨教育的理论基础，甚至与种族、移民问题相互关联。例如，1909 年全国教育协会一个演讲者在论及印第安人教育时说道："不同种族的人的感觉、思考和行为之所以有差异，不仅仅是因为环境，也是因为遗传的力量。"⑥ 即便是著名教育史家卡伯莱对于欧洲移民也存有偏见：这些来自南欧和东欧的移民与先于他们到来的西欧、北欧人不同，他们大部分不识字、驯

　　① ［美］乔尔·斯普林:《美国学校——教育传统与变革》，史静寰、张宏等译，人民教育出版社 2010 年版，第 351 页。
　　② ［古希腊］柏拉图:《理想国》，郭斌和、张竹明译，商务印书馆 1986 年版，第 128 页。
　　③ 同上书，第 154 页。
　　④ 同上书，第 156 页。
　　⑤ ［美］S. 鲍尔斯、H. 金蒂斯:《美国:经济生活与教育改革》，王佩雄等译，上海教育出版社 1990 年版，第 43 页。
　　⑥ Steven Selden, *Inheriting Shame*: *The Story of Eugenics and Racism in America*, New York: Teachers College, Columbia University, 1999.

顺、缺乏主动性，几乎完全没有盎格鲁—撒克逊人身上那种关于正义、开明、法律、秩序、得体和政府的观念。① 尽管采用了实验的数据，但美国 20 世纪初期兴起的智能测量运动与"天性差别论"如出一辙。在智能测量运动中，爱德华·桑代克为智力和学业测试的标准化做出了重要贡献。作为美国军队人事分类委员会的一名成员，桑代克指导研制了旨在用来测试没有文化的"一战"新兵的"斯坦福—比奈测验"的乙种试卷。这种战时测验的成功实施自然使之进入教育领域，按照郝弗南所言，测验结果显著的客观性，使得学校管理者和教师为之着迷。自此，在全国范围内，所有的学生都以测验为基础被分类、指派和比较。基于桑代克智能测量原理，斯尼登提出，"优良的、进步的社会应该由科学合格的社会工程师来直接掌控"②。对此，杜威表达了自己的担忧：这些测验被用来不分青红皂白地给学生贴标签，对他们的潜力做出主观的判断，因此破坏了学校教育的民主目的。③

斯宾塞的社会达尔文主义（Social Darwinism）则从另一个侧面强化了等级差异的客观性。作为社会达尔文主义的导师，斯宾塞在《社会静态学》（*Social Statics*）一书中，将达尔文生物进化论的观点迁移到社会领域，并主张生存竞争所造成的自然淘汰，在人类社会中也是一种普遍的现象。该理论甚至强调人种差别和阶级存在的合理性以及战争的不可避免等。受此影响，斯尼登与普洛瑟从自然选择的角度认为人生来即存在差别，这种差别决定了不同的人应该接受不同的教育，有不同的发展方向。这即是后来人们批评普洛瑟"社会达尔文主义"的原因所在。泰罗科学管理思想对于普洛瑟最大的启示即"工作课程"的创设。普洛瑟"工作课程"完全摆脱了

---

① Ellwood P. Cubberley, *Public Education in the United States*, Houghton Mifflin, Boston, 1919, p. 338.

② Wirth, A. G., *Education in the Technological Society: The Vocational-Liberal Studies Controversy in the Early Twentieth Century*, Scranton PA.: Intext Educational Publishers, 1972, p. 151.

③ ［美］L. 迪安·韦布：《美国教育史：一场伟大的美国实验》，陈露茜等译，安徽教育出版社 2009 年版，第 229 页。

传统学科课程的框架，彻底与职业岗位工作元素融合一体。① 斯尼登和普洛瑟等人甚至认为"学校和工厂一样都可以应用这一理论，因为它们的首要目的皆是增加社会和经济的效益"。② 斯尼登 1900年在斯坦福大学的演讲、1906 年博士论文及日后多部著作，都不同程度上表现出桑代克心理学与社会达尔文主义的影子。③

　　普洛瑟的社会效率主义思想直接秉承其师斯尼登。在斯尼登的影响下，普洛瑟极力主张将职业教育作为"社会效率的工具"。为此，普洛瑟高度认可职业教育的外在价值。在经济发展的维度上，他认为，需要职业教育:(1)保存并开发自然资源;(2)避免人力浪费;(3)补充学徒制之不足;(4)增加工资水平;(5)满足不断增长的对训练有素的工人的需要;(6)抵消已经增长的生活成本;(7)被当成是一项明智的商业投资;(8)减缓影响国家繁荣昌盛的危险处境。④ 而且普洛瑟认为，职业教育已经不单单是区域的问题，而更多地上升至国家的层面，没有联邦的支持，中等职业教育的发展将受到影响。的确，19 世纪美国中等职业教育的缓滞在很大程度上是缺乏必要的政府刺激的结果，而 1906 年之后职业教育运动则是联邦与各州持续关注的结果。普洛瑟认为，建国后，联邦已经资助了国防、运河、海港、邮政等诸多领域，没有理由对职业教育视而不见。由普洛瑟主笔撰写的 1914 年职业教育国家资助委员会报告中阐述到:从建国起，国会已经颁布了不下 42 部法案，以各种形式对加入联邦的所有州或个别州的教育实施资助，统计表明，联邦每花在各州教育上一美元，各州则平均花费 4 美元，而州与地方政府加起来共计花费 26 美元。⑤ 这种效应期待成为普洛瑟效

① Jeffrey Lauranee Dow, *The New Vocationalism*: *A Deweyan Analysis*, University of Forida, 2002.

② [美]大卫·斯尼登:《公民教育》，陶履恭译，商务印书馆 1923 年版，第 12 页。

③ David F. Labaree, *How Dewey Lost*: *The Victory of David and Social Efficiency in the Reform of Amrican Education*, Stanford University, 2008.

④ Silver, Roberta, *An Analysis of Charles Allen Prosser's Conception of Secondary Education in the United States*, Chicago: University of Chicago, 1991, p. 76.

⑤ Layton S. Hawkins, Charles A. Prosser, Johne C. Wriht, *Development of Vocational Education*, Chicago: American Technical Society, 1951, p. 110.

率主义原则的又一反映。不过，普洛瑟的社会效率主义并非完全不考虑学生个体，中等职业教育服务于社会的同时还有助于个人的成功。① 普洛瑟认为，教育的目的在于培养学生作为公民的谋生能力和责任能力，② 所以，学校必须通过不断实施变革以适应多变的环境，最终满足效率社会的需求。③

（二）职业主义者的民主性

在一定意义上，普洛瑟或是斯尼登皆为民主社会的拥护者，只是他们对于民主有着自己的理解。例如，在社会民主与稳定的维度上，斯尼登主张在学校里实施多样化的课程以实现民主理想。他说："一个能满足民主需求的教育系统，应该非常灵活，要让每个人都拥有可以让他最好地服务于社会和自身的教育机会。"④ 但是，与杜威比较，斯尼登强调社会的高效性，更关注国家；杜威则强调个体对社会的重建，更关注个人。只是"职业主义"因契合时代需要，最终在高中阶段取得胜利，从而加剧了美国社会各阶层之间的差异。⑤ 就民主观而言，普洛瑟与斯尼登这对师生也不尽相同，普洛瑟显然更为进步。斯尼登把社会看作是受进化法则控制的，因此认为学校是选择并决定学生将来的权威。普洛瑟则反对将进化法则应用于社会，主张为所有人提供平等的机会。与其师不同，普洛瑟提倡让学生根据自己的兴趣、能力和愿望选择职业教育。

普洛瑟在 1929 年出版的《我们都坚持信念了吗：在教育十字路口的美国》一书中，推崇美国开国元勋的理念：保护和促进民主。而且在对诺亚·韦伯斯特（Noah Webster）、本杰明·拉什（Benjamin Rush）等 9 位早期突出的教育思想家进行论述之时，表

---

① Charles Allen Prosser, *The Adjustment of Youth to Life*, Statement Given at a Conference Held under the Auspices of the U. S. Office of Education, New York, April 1946, pp. 11-12.

② Silver, Roberta, *An Analysis of Charles Allen Prosser's Conception of Secondary Education in the United States*, Chicago: University of Chicago, 1991, p. 21.

③ Ibid., p. 22.

④ Snedden, David S., *Problems of Educational Readjustment*, Boston, USA: Houghton Mifflin Company, 1913, pp. 20-21.

⑤ ［英］琳达·克拉克、克里斯托弗·温奇：《职业教育：国际策略、发展与机制》，翟海魂译，外语教学与研究出版社 2011 年版，第 1 页。

达出崇敬之情以及自己的民主理想。①普洛瑟对于民主的理解是：每一个人皆在推动社会进步，社会则须确保个体的发展。普洛瑟指出：在理想社会中，每一个人，而不只是特殊的阶层，作为一个公民都有推动社会进步的能力，而且能够有效地掌控自己的进步；在民主国家中，政府的真正目的在于促进所有人的快乐和幸福，并且帮助每一个人做出最大可能的改善与确保最大可能的进步，而在人类进步的所有方式中，教育占据第一位。②

由此可见，就民主社会的理想而言，普洛瑟与杜威确有相似之处。不同之处主要有两点：其一，杜威批评"双轨"制旨在避免通过教育复制等级社会，普洛瑟倡导"双轨"制则试图打破自由教育的垄断。普洛瑟的前提假设是：只有少数人适合自由教育，而把职业教育看作是教育民主化并以此消除各种社会诟病的方法。普洛瑟认为自由教育发展的是一种贵族观念，它忽略了社会下层阶级，因而不是真正的民主。他主张通过职业教育，唤起公民对日常工作的兴趣，增加工作流动性，从而减少工业和社会的不稳定因素。其二，尽管普洛瑟与杜威都将教育置于民主社会中的重要位置，有所不同的是，杜威赋予教育对于人与社会的改造功用，普洛瑟则赋予教育提升人的谋生能力与责任能力。

基于对民主的不同理解，普洛瑟职业主义阵营最终偏向了工业社会的需要，客观上强化了社会分层，弱化了个体发展与社会改造功能。对此，杜威深刻指出："我所感兴趣的职业教育类型，不是以劳动者是否'适应'现有工业社会为标准，似乎所有不想为教育浪费时间的人，都会拒绝往这个方向前进任何一步，对我而言，能够首先变革现有工业系统继而改变自身的职业教育类型是为努力方向。"③

---

① Silver, Roberta, *An Analysis of Charles Allen Prosser's Conception of Secondary Education in the United States*, Chicago: University of Chicago, 1991, p. 39.

② Charles Allen Prosser and Charles R. Allen, *Have We Kept the Faith?*: *America at the Cross-Roads in Education*, New York: Century Co., 1929, p. 6.

③ Dewey, J., "Education vs. Trade-Training", *The New Republic*, May 15, 1915, p. 42.

二 效率时代的民主主义

在杜威眼中，社会效率主义或与之异曲同工的国家主义难以与民主主义相提并论。在杜威看来，民主社会才是真正的"理想国"。就职业教育而言，杜威不仅认为民主制度是职业教育发展的沃土，同时又赋予职业教育改造与推进民主社会的价值。不过，基于民主主义思想的杜威，从来没有放弃过教育的效率问题，否则就不会成为传统教育的批判者和进步教育运动中的领袖。

（一）基于民主主义的职教观

与普洛瑟阵营不同，职业主义论者依据"教育—效率"的单向逻辑最终将社会效率作为终极目的。尽管普洛瑟职业主义含有民主的成分，但在社会效率主义的框架之下，民主必然居于从属地位。杜威则从来都将"教育—民主"视作一对彼此关照的范畴。概括而言，杜威的教育逻辑是：使学校成为民主社会的雏形，旨在维护、推进民主社会进步与人的成长。这即是杜威确立民主主义职教观的前提。

杜威民主教育的思想在传承中获得发展。显然，卢梭影响了杜威。在《明日之学校》等论著中，杜威对于卢梭"自然教育"学说的大量征引已经很好地说明了这一点。杜威在评价约翰逊"有机学校"（Organic School）时说："约翰逊女士的根本原则即是卢梭的主要思想。"[1] 尽管杜威与进步主义不能画等号，但是杜威依然可以代表进步主义，而进步主义的核心主张之一即民主主义。在进步主义思潮的论述中，往往视杜威与杰斐逊、爱默生、贺拉斯·曼一脉相承。杜威在《明日之学校》中赞颂"公立学校始于自由民主精神的觉醒"，[2] 事实上，从杰斐逊到贺拉斯·曼以来所彰显的民主教育思想的内核被杜威所汲取。杜威所处的时代，或说进步主义教育兴起的时代，正处于美国社会变革的转折时期，而在农业国向工业国、

---

[1] John Dewey & Evelyn Dewey, *School of Tomorrow*, New York：E. P. Dutton & Company, The Rnikerbocker Press, 1915, p. 8.

[2] 吴式颖、任钟印主编：《外国教育思想通史》第 9 卷，湖南教育出版社 2002 年版，第 220 页。

自由资本主义向垄断资本主义、殖民文化向独立文化转折的过程中，杜威敏锐地意识到其间所夹杂的新的民主问题。并且，重新诠释工业社会的民主成为杜威民主主义职业教育观的基础。

杜威对于民主的理解没有仅仅停留于政治民主的层面，杜威洞察到，对于现代社会而言，普通意义的民主只是民主中的一小部分而已。因此他着重强调，政治民主之外，"还有一种更为深刻的解释：民主主义不仅是一种政府的形式，它首先是一种联合生活的方式，是一种共同交流经验的方式"①。在杜威眼里，民主是分层次的，民主的政治方面固然重要，但政治民主不是民主的全部。对于现代社会而言，"非民主"还有着自己顽固的疆域，例如联合生活的壁垒与共同交流的沟壑，这是现代职业教育应当正面应对之事。

当然，就民主的政治方面而言，杜威从未忽视并时刻保持警觉。杜威坚决反对专制政府以及遗留下来的"用政治权利为私人目的而不是为公众目的服务之倾向"。② 杜威提醒人们，政治民主并非是一劳永逸的，所以"自由作为永恒的目标，必须永远为之而斗争，并重新去获得自由"。③ 杜威认为，人们必须共同参与创造和管理社会，并共同接受社会制度的制约。由此，杜威甚为珍视"社会民众享有公开讨论与自由交流的权利和机会"，因为，"没有一个人或有限的一群人是十分聪明和十分善良的，以至无需乎别人的同意就去统治别人"④。然而，就现代社会而言，杜威最为担心的是政治民主框架之下，隐藏在工业生产中由于分工引起的不平等，这种不平等即现代社会最难攻克的"非民主"疆域，杜威试图通过职业教育使人适应互通信息并共享经验的生活模式，使之对"社会关系及社会控制发生个人的兴趣，也在心态上形成一种习惯，喜爱社会变

---

① ［美］约翰·S. 布鲁贝克：《高等教育哲学》，王承绪、郑继伟等译，浙江教育出版社 2002 年版，第 97 页。

② Dewey, J., *The Later Works*：Vol. 12, Carbondale and Edwardsville：The Southern Illino University Press, 1983, pp. 286–287.

③ ［美］约翰·杜威：《教育的社会——经济目的的含义：资产阶级哲学资料选辑》，上海人民出版社 1966 年版，第 239 页。

④ ［美］约翰·杜威：《人的问题》，傅统先、邱椿译，上海人民出版社 1965 年版，第 44 页。

迁，但并不引入社会失序"。①

杜威时代，美国公司已经盛行劳动分工的组织方式。正如亚当·斯密（Adam Smith）所忧虑的："在劳动分工过程中，雇佣大量靠出卖劳动生活的人……结果仅限于少数极简单的操作……大部分人的理解力必然通过条件极差的雇佣劳动来形成……一个被雇佣的人一般会变成愚笨和无知的人。"② 不幸被亚当·斯密所言中。1880—1890 年，美国制衣工业已被分割成 39 道相互独立的工序，每件成衣要经过 50—100 个工人的手才能做好；1890 年之前普通屠夫清楚屠宰过程的所有细节，但是 1890 年以后，食品工业中广泛采用的专业分工将整个屠宰过程分割成了 30 道工序以及 20 个不同等级的工资支付级别。③ 20 世纪初期，科学管理原则更加强化了劳动分工，"生产线上的工人每秒钟 3 次，一天 9 个小时不断重复着相同的动作成为较为普遍的现象。"④

杜威在《教育中的文化与工业》一文中，详细地描述了他目睹的流水线上的工人作业的情景。工人在那里日复一日地从事同一种机械动作。这次参观给他留下了十分深刻的印象。早在 1831 年，托克维尔（Tocqueville）访问美国之时即表现出如此的忧虑："当一个劳动者不断专门从事一种东西的制作时，他最终会异常灵巧的来干预这项工作；但同时他又失去了运用自己心智来指导工作的一般才能。"⑤ 同样，杜威深刻地认识到，如果与普通教育分轨的职业教育只是现代工业秩序的复制，那么"机械训练的、缺乏理智成分、缺乏美感的"职业教育将是对人性的摧残。杜威在《民主主义与教育》一书中，深刻地揭示出 1906 年以来职业教育运动两个可能的命运，"职业教育运动揭示了它自身存在的两股有力而相反的力量，

---

①　林玉体：《美国教育思想史》，台湾九州出版社 2006 年版，第 297 页。

②　[美] S. 鲍尔斯、H. 金蒂斯：《美国：经济生活与教育改革》，王佩雄等译，上海教育出版社 1990 年版，第 34 页。

③　Harvey Kantor, David B. Tyack, *Work, Youth, and Schooling Historical Perspective on Vocationalism in American Education*, California: Stanford University Press, 1982, pp. 18-19.

④　Ibid., pp. 19-20.

⑤　[美] S. 鲍尔斯、H. 金蒂斯：《美国：经济生活与教育改革》，王佩雄等译，上海教育出版社 1990 年版，第 39 页。

一是利用公立学校培养在现有经济领域中更为合格的工人，他们自身则处于某种次要的地位；另一个是利用所有的公共教育资源，教育个体控制他们自己未来的经济生涯，从而促进工业的再组织，使之从封建的秩序走向民主的秩序"。① 杜威所担心的是，由于强化的专业分工和科学管理原则，工人们在生产线上日复一日地重复着相同的动作，人不仅沦为机器的附庸，同时还导致了工作本身在形成个人道德和性格、实现自我控制、给予自我表达的机会等方面功能的丧失。如果把职业教育与自由教育割裂开来，把职业教育办成训练模式，必将使这种教育越来越狭窄，人们之间的隔阂将越来越深，民主之路也将离人们越来越远。杜威期待的当然是后者，即利用工业社会中的有益因素使传统自由教育与职业教育得以改造，从而培养引领未来民主社会的主体。

杜威从民主的高度反驳普洛瑟阵营："双轨"的教育系统违反了民主概念的核心理念，并正式放弃了对未来工业系统进行变革的责任。② 杜威希望通过改造传统职业教育从而达到对于民主社会的推进，他说"我感兴趣的职业教育并不是使工人顺应现有的工业制度，我旨在寻求一种职业教育，这种教育将首先改变现有的工业系统，并最终颠覆它"③。杜威认为，创建融合的教育机构本身就是一种社会民主的形式，而且可以避免两种教育类型各自的弊端。

（二）基于民主主义的效率观

杜威民主主义理想并不排除社会效率，杜威《民主主义与教育》第九章的主题即效率。杜威批判以赫尔巴特为代表的传统教育，同样包括教育效率问题。杜威有自己的效率观，与普洛瑟阵营社会本位的效率观不同，杜威视个体人的实现与发展为效率的核心

---

① Dewey, J., Learning to Earn: the Place of Vocational Education in a Comprehensive Scheme of Public Education in Boydston, J, A. (ed.) *John Dewey's middle Works*, Vol. 10, 1980, p. 150.

② Dewey, J., Some Dangers in the Present Movement for Industrial Education in Boydston, J. A. (ed.) (1979), *John Dewey's Middle Works*, Vol. 7, London and Amsterdam: the Southern Illinois University Press, 1913, p. 100.

③ Marvin Lazerson, Norton Grubb, *American Education and Vocationalism: A Documentary History* 1870-1970, New York: Teacher College Press, Columbia University, 1974, p. 37.

问题。杜威认为，世界上最大的浪费或最没有效率的事情，即"人生命的浪费，学生在校时生命的浪费和以后由于在校时不恰当的和错误的准备工作所造成的浪费"①。杜威并不否认以职业谋得生计、抚养子女，也不否认有效地管理经济资源。但杜威反对通过限制个人天赋取得社会效率。杜威尤其警示人们，如果训练学生专门职业的效率，由于社会迅猛而突然的变革，接受这种训练的人则处于落后"无效"的境况之中。为了避免将效率标准狭隘化，杜威提出以公民能力培养取代职业能力训练的宽泛目标。②

杜威认为，取得社会效率的可取途径是与个人发展相统一。所以，工厂工作如不能激发人的兴趣和鼓励理智的生长，只能算苦工。杜威相信，唯一的、真正的自由是理智的自由，工人和学生同样应该有机会发展"工业理解力"，即一种对管理、市场、生产、分配等工业社会基本要素批判的理解力。杜威指出，一个真正的效率社会应当给它的公民提供有意义的工作并发展他们"独立选择和谋生的能力"。所以，更好的办法是引导学生进行反省思维以使他们能做出自由的、理智的选择。杜威对职业教育寄予厚望，"……它将使那些从事工业职业的人获得共同承担社会控制责任的愿望和能力，获得掌握自己产业命运的能力"③。然而，传统职业教育并无法完成这项任务。杜威批判普洛瑟阵营所倡导的专门职业训练，是对于职业教育"教育取向"的规避，如此，职业教育等同于职业培训，即意味着其仍旧是工业社会的附属物，就个体而言，这样的职业教育是缺乏效率的；对社会长远利益而言，同样如此。

在杜威眼中，真正的效率是以民主为基本条件的。与普洛瑟职业主义阵营的观点不同，杜威在关注社会效率的同时，把民主主义作为建立新教育的参照点。基于现代社会"非民主"因素正以各种形式滋长的考虑，杜威强烈反对普洛瑟阵营所标榜的社会本位的效

---

① ［美］约翰·杜威：《学校与社会·明日之学校》，赵祥麟、任钟印等译，人民教育出版社 1994 年版，第 57 页。

② Dewey, J., *Democracy and Education*, New York：Macmillan, 1916, p. 127.

③ Dewey, J., Learning to earn, J. Ratner (Ed.), *Education Today*, New York：Putnam, 1940, p. 131.

率观。普洛瑟与斯尼登鼓吹"双轨"制之所以被杜威视为"危险与恶毒"，关键还在于社会本位的效率观最终将忽略个体人的主体性，尤其令杜威担忧的是，诸如"教育分轨"或"课程分层"等非民主的现象由于社会效率主义者的鼓吹者而被强化，并披上科学、合法的外衣。

　　20世纪初期，中等教育"双轨"制赢得了多方有力的支持者。首先，心理学家为教育分轨与课程分层提供所谓的"科学依据"，并且工商界成为此事积极的资助者。比奈1905年创立的智力测验很快在美国流行，起初主要用在军人选拔和移民限制方面，但美国人很快意识到智力测验对于实现一个更加有效和等级合理的社会可以发挥作用，所以，早期许多测验工作得到了纽约卡耐基公司的财政资助，后来又以325000美元资助桑代克的研究。① 刘易斯·推孟（Lewis M. Terman）更是接受了大笔基金会的资助，仅就天才儿童的研究资助即达25万美元。智力测验成为教育分轨的理论基础。推孟的观点是：儿童在学校中的每一个进步都应考虑到他的就业可能性。初步调查表明，一个智商在70以下的人不能允许干比无需技能的工作更复杂的事情，智商在70—80之间的人显然是半熟练劳动者；智商在80—100之间的是熟练劳动者或普通职员；智商在100—110之间的是从事半专业化职业的人。这一信息对于规划个体之间有差异的课程具有很大的价值。② 对此，杜威反驳道：全国学生受高等教育的不足1%，进中学的只占5%，半数学生读完小学或在此之前就已离开学校了，与众不同的理智兴趣并不占主要地位，他们具有实践的冲动和倾向。③ 杜威试图提醒人们将兴趣与资质区分开来，以避免忽略兴趣在教育中的重要作用。与心理学家比较，教育官员基于固有的等级意识更是着力支持教育测量运动。克利夫兰德一位地方教育官员为教育分层辩护：很显然，生活在这样一个

---

　　① ［美］S. 鲍尔斯、H. 金蒂斯：《美国：经济生活与教育改革》，王佩雄等译，上海教育出版社1990年版，第296页。

　　② 同上书，第297页。

　　③ Dewey, J., *The School and Society*, Chicago : The University of Chicago Press, 1916, p. 8.

地区——街道铺设得很干净；住宅宽敞，四周环绕着草坪和树木；儿童游戏伙伴的语言很纯正，生活总是充满了美国精神与理想。这里儿童教育的需要，与那些国外来的和居住在分租房屋的儿童根本不同。① 再有，全国教育协会的态度在发生转变。1894 年十人委员会报告自公布后一直在被声讨中，1913 年中学教育改组委员会的任命完全是效率时代的推动。基于社会的有效运作，为了让学生有效地利用时间，为需要的学生提供为未来生活做准备的课程成为一个基本原则。②

尤其令杜威忧虑的是，工人阶层本身接受甚至支持教育分轨与课程分层。其实，19 世纪以来学习科目与所吸纳学生的社会背景之间就存在着对应关系，即学术类课程主要吸引社会上层和中层的学生，商业类课程只在中产阶级的女孩子中间流行，职业类课程则属于社会底层的男孩子，他们通常具有移民背景。③ 但是，令人遗憾的是，虽然有人质疑各自独立的课程轨道属于阶级歧视，但是分化的课程还是得到了来自各阶层的支持。来自劳工阶层和社会底层的人则把职业教育视为一种对他们自身生活方式的价值与荣誉的认同。④

在杜威看来，如果奉行职业主义，亚里士多德以来闲暇阶层与劳动阶层，文化与职业之间的鸿沟则永远无法填平。鉴于脱离民主土壤的效率观的潜在危险，杜威警示人们，"自由不会自动地永久维持下去，如果不做出新的努力来战胜新的敌人以重新获取它，它即会灭亡"⑤。在杜威眼中，教育是传递民主的首要工具。杜威就此

---

① ［美］S. 鲍尔斯、H. 金蒂斯：《美国：经济生活与教育改革》，王佩雄等译，上海教育出版社 1990 年版，第 288 页。

② Kliebard, H. M., *The Struggle for the American Curriculum*, 1893–1958（2nd ed.），New York：Routledge, 1994.

③ Harvey Kantor, *Learning to Earn：School, Work, and Vocational Reform in California*, 1880–1930, Madison：University of Wisconsin Press, 1988.

④ ［美］韦恩·厄本、杰宁斯·瓦格纳：《美国教育：一部历史档案》，周晟、谢爱磊译，中国人民大学出版社 2007 年版，第 289 页。

⑤ ［美］约翰·杜威：《教育的社会——经济目的的含义：资产阶级哲学资料选辑》，上海人民出版社 1966 年版，第 239 页。

呼吁："民主在每一代人身上都须重新开始，而教育是他的助产婆。"① 但与教育改造主义者不同，作为教育改良主义者，杜威十分清楚民主任务之重以及教育力量的有限性。所以，康茨（George Sylvester Counts）《学校敢于建设一个新的社会秩序吗?》发表后，杜威答以在复杂的工业社会中，由于政治组织和教育机构庞杂，学校并非是主掌政治、学术及道德变迁的主力，"不过，学校虽非充足条件，但却是培育人民理解力及性格的必要条件"②。此言在揭示教育存在的合理性同时，揭示出杜威与普洛瑟阵营教育取向之异，也就此看出杜威与其他进步主义者不同之处。

第五节　职业主义的不完全胜利与
民主主义的持续影响

1913 年库利议案所引发的"普杜之辩"，影响了 1906 年以来美国中等职业教育运动的方向。"普杜之辩"的最终结果表现为 1917 年《史密斯—休斯法案》的颁布。明尼苏达大学教授西奥多·刘易斯总结道："上世纪早期两种截然对立的职业教育观：普洛瑟阵营基于社会效率主义而重点关注国家；杜威阵营则基于社会重建而重点关注个人。1917 年《史密斯—休斯法案》——这是普洛瑟职业主义阵营的胜利。该法案使以工作为导向的高中职业教育合法化，这一做法虽然招致杜威的强烈反对但却是 20 世纪的主导理念。"③ 刘易斯的评价是不全面的，因为普洛瑟阵营在公立中学之外设置职业学校的设想并没有实现。综合中学"单轨"制意味着职业主义的不完全胜利与杜威阵营的影响。与 1917 年《史密斯—休斯法案》前后相继，1918 年颁布的《中等教育的基本原则》在贯彻

---

① Dewey, J., The Need of an Industrial Education in an Industrial Democracy in Boydston, A. (ed.) (1980), *John Dewey's Middle Works*, Vol 10, London and Amsterdam: The Southern Illinois University Press, 1906, p. 139.

② 林玉体：《美国教育思想史》，台湾九州出版社 2006 年版，第 297 页。

③ ［英］琳达·克拉克、克里斯托弗·温奇：《职业教育：国际策略、发展与制度》，翟海魂译，外语教学与研究出版社 2011 年版，第 88 页。

社会效率主义同时，也融合了"普杜"双方阵营的观点。

一 职业主义阵营对于中等职业教育立法的实际推进

"普杜之辩"在思想层面交锋之时，普洛瑟阵营一直没有停止关于中等职业教育的立法准备工作。伊利诺伊州事件最终促使美国联邦开始考虑职业教育的资助问题，1914 年，众参两院一致同意组建"职业教育国家资助委员会"（The Commission on National Aid to Vocational Education），调查国内对联邦资助职业教育的需求程度，研究国家对职业教育的资助方案。如果说，1913 年伊利诺伊州事件引发的"普杜之辩"只是停留于撰文与理论层面，1914 年，职业教育国家资助委员会成立则标志着普洛瑟阵营实现其职业主义的开端，相比之下，身处联邦教育行政与立法之外的杜威阵营显得有些力不从心。

（一）1914 年职业教育国家资助委员会报告

就组建职业教育国家资助委员会问题，全国工业教育促进协会与美国劳动联盟共同为威尔逊总统拟定了委员会成员名单。在 9 位成员中，包括 4 位国会议员：参议员史密斯（Hoke Smith）、佩奇（Carroll S. Page）、众议员休斯（Pudley M. Hughes）、费斯（S. D. Fess）与 5 位非国会议员，普洛瑟是其中之一。其中，普洛瑟执掌的全国工业教育促进协会提名的 3 位成员皆被威尔逊总统所接受。[1]由此可见，普洛瑟在美国职业教育界甚至在联邦政府层面已经赢得了一定的威望。

普洛瑟在 1914 年成为职业教育国家资助委员会 9 位成员之一并非偶然，在此之前，普洛瑟已经拥有丰富的教育工作阅历，并且在职业教育界崭露头角。1890 年秋，普洛瑟就读于印第安纳州迪堡大学，其间以卓越的口才担任"州演讲协会副主席"，为其宣传职业主义论奠定了坚实的演说基础。1902 年 12 月 29 日，他被印第安纳教师协会选为主席，成为此职位的最年轻的出任者。1910 年由斯尼

---

① Wei-Non Shu, *A Comparion of Factors that Influnce Vocational Education Law-Making In The U. S. and TaiWan, Republic of China*, Miunesot : Faculty of the Graduate School of the University of Minnesota, 1996, p. 82.

登推荐担任马萨诸塞州工业教育局副督学，同年向本州议会明确提出实施自由教育与职业教育"双轨"制的立法建议。1912 年出任全国工业教育促进协会秘书长一职。① 普洛瑟为全国工业教育促进协会树立了宏伟的目标，即推动联邦与各州的职业教育立法，革新现有的教育系统，以满足学生的实际需要。② 从此该组织日益成为一个对议员进行疏通活动的组织。鉴于道格拉斯委员会曾提醒马萨诸塞州注意公众对工业教育的迫切需要，普洛瑟开始在该州组建新的职业教育部门。作为全国工业教育促进协会秘书长（1912—1915），普洛瑟系统阐述教学大纲，召集议员商议职业教育事务，提倡自由教育与职业教育从管理、课程到资助的分轨实施。③

　　普洛瑟尽管并非国会议员，实际上却是 1917 年《史密斯—休斯法案》成功颁布的灵魂人物。一方面，1914 年职业教育国家资助委员会是在普洛瑟努力游说下成立的，目的是从联邦处筹集基金用以资助中等职业教育的发展；另一方面，普洛瑟在选择成员时发挥了重要作用。其中，艾格尼丝·内斯特（Agnes Nestor）、查尔斯·温斯洛（Charles Winslow）、马歇尔（Florence Marshall）、约翰·A. 拉普兰（John A. Lapp）都是有工业教育或工业实践背景的人，巧合之处在于，史密斯、佩奇、费斯和休斯四名国会议员也都有关于职业教育的背景记录。④ 由于对普洛瑟思想持不同见解，来自普通教育界的一名代表一直缺席。

　　由此可知，职业教育国家资助委员会的建议如出自普洛瑟一人之口。实际上，普洛瑟完成了 1914 年职业教育国家资助委员会报告内容 2/3 的撰写工作，在不足 60 天的时间里，职业教育国家资

---

① Silver, Roberta, *An Analysis of Charles Allen Prosser's Conception of Secondary Education in the United States*, Chicago: University of Chicago, 1991, p. 15.

② Robet R. Clough, *The National Society for the Promotion of Industrial Education: Case Study of a Reform*, 1906–1917, University of Winsconsin, Madison, 1957.

③ Charles Allen Prosser, *Annual Report of the Secretary for the Period from April 1st*, 1912 in The National Society for the Promotion of Industrial Education: Proceedings of the Sixth Annual Meeting Held in Philadelphia, Pennsylvania, December 5–7, 1912, Bulletin No. 16, Peoria, Ill.: Manual Arts Press, 1913, p. 299.

④ Hoke Smith, *Vocational Education: Report of the Commission on National Aid to Vocational Education*, Washington, D. C.: Government Printing Office, 1914, p. 9.

助委员会提交了一份超过 500 页的报告。此报告被称为《美国职业教育大宪章》,[1] 赢得了雇主、雇员以及政府层面的广泛支持,并实际成为 1917 年《史密斯—休斯法案》的蓝本。例如,报告提出的"通过联邦委员会资助职业教育教师工资和培训管理,被资助的公立学校不包括大学;学校将以 14 岁以上的男孩和女孩在农业、贸易、工业方面就业准备为培养目标"等成为法案的重要条款。[2] 普洛瑟在《史密斯—休斯法案》制定与颁布过程中做出了别人无法替代的工作,以至于被称为"最适合书写这项法案的人"。[3] 自然,报告通篇反映了普洛瑟职业主义思想。这是《史密斯—休斯法案》偏向普洛瑟阵营的重要因素。

通过比较美国与其他国家职业教育的差距,报告指出:法国、英国,甚至遥远的日本,均已看到职业教育带来的益处,目前皆在建设国家资助的职业教育系统,德国则早在 30 年前即已形成了联邦与州合作的职业教育体系。[4] 报告彻底评估了美国职业教育严重不足的确切状况,统计表明,在全美 1250 万农民中受过农业教育者不超过 1%,全美 1425 万工人中受过充分工业教育者也不及 1%。报告引用 1910 年数据表明,全国 14—18 岁青少年共 7220298 人,其中曾接受过任一类型中等职业学校教育者,包括日校、夜校、私校以及技术班之类的仅占 1/7。每年至少有 100 万人口接受职业教育方可供应全美工业之用。报告竭力强调由联邦政府拨付经费,成立全国性的职业教育体系,不能贻误时机。[5] 报告指出:"美国人终于艰难地开始了为成百万人提供实用教育的工作。在整个美国,手工艺学校比小小的德意志巴伐利亚王国还少,而德意志的人口比纽

---

① 梁忠义、李守福:《世界教育大系——职业教育》,人民出版社 2000 年版,第16 页。

② Hoke Smith, *Vocational Education : Report of the Commission on National Aid to Vocational Education. Vol.* 1, Washington, D. C.: Government Printing Office, 1914, p. 9.

③ Silver, Roberta, *An Analysis of Charles Allen Prosser's Conception of Secondary Education in the United States*, Chicago: University of Chicago, 1991, p. 17.

④ J. Chester Swanson, *Development of Federal Legislation for Vocational Education*, Chicago: American Technical Society, 1962, p. 41.

⑤ 滕大春:《美国教育史》,人民教育出版社 2001 年版,第 434—435 页。

约市多不了多少，仅在慕尼黑市受训的工人就比美国所有大城市中受过训的工人还多。"① 报告呼吁联邦对于职业教育给予财政资助并取得成功。报告认为，从国际商业竞争的角度来看，美国并没有多少优势，而克服以上弊端，仅靠地方财力远远不够。报告要求联邦和各州创办专门的联邦拨款管理机构。在具体的立法建议中，报告声称此议案："目的在于促进职业教育，并通过与各州的合作推动农业、工业和贸易教育的发展；促进师资培训工作；联邦将为以上各项事业提供拨款，并管理其花费。"②

报告所阐述的职业教育论点较多体现了社会效率主义思想。报告开篇即呼吁发展职业教育，以减少人力资源的浪费，并从经济、社会、教育等各方面论证了职业教育对国家未来发展的意义。针对19世纪以来工业经济对于技术移民的依赖，报告详细论述了职业教育在发展人力资本方面的重要性。并提醒美国各界："我们不能继续依赖来自欧洲的不稳定的廉价劳动力，而且，如果我们要达到国内外市场对产品不断提升的要求，临时的廉价劳动力也无法满足美国工业对更高智力和技能人才的迫切需求，而解决美国面临问题的最好答案即职业教育。"③

在普洛瑟的影响下，报告从纯教育视角论证了发展职业教育的合理性，例如，职业教育可以满足学生的个别需求，为所有学生提供参与未来职业生涯的平等机会，开发更好的教学方法——"做中学"等，这里显然吸收了杜威的教育理论。基于社会效率主义思想，报告将"效用"概念引入教育，并指出职业教育将可能减少工人的不满情绪："工业和社会的动荡往往因为工人所需要的实践性教育体系的缺乏。"④ 而且，报告对于"教育平等"的专门界定深深吸引了立法者。19世纪公立学校运动时期，"教育平等"意味着

---

① 周渠、司荫贞：《中外职业技术教育比较》，人民教育出版社1991年版，第16页。

② Wei-Non Shu, *A Comparion of Factors that Influnce Vocational Education Law-Making In The U. S. and Tai Wan, Republic of China*, Miunesota: Faculty of the Graduate School of the University of Minnesota, 1996, p. 78.

③ Layton S. Hawkins, Charles A. Prosser, Johne C. Wriht, *Development of Vocationanl Education*, Chicago: American Technical Soeiety, 1951, p. 110.

④ Ibid., p. 108.

为每个人提供完全相同的教育，从而保证每个人能够在劳动力市场上平等竞争。报告中的界定则是："教育平等"是指根据学生不同的未来职业理想，为学生提供不同类型的教育。报告指出："职业培训是国家教育民主化需要的，通过鉴别学生不同的兴趣和能力，并通过为所有学生提供未来生活作准备的平等机会得以实现……"[①] "教育平等"内涵的转变为在公立学校实施职业教育奠定了观念的基础。

1914年，美国劳动联盟、全国制造商协会之间尽管依然存有芥蒂，但就职业教育国家资助委员会工作而言，二者已经携手成为推动美国中等职业教育立法的团队。早在1912年，美国劳动联盟在对工业教育方法和手段进行认真调查的基础上，就职业教育立法提出四项建议：为在职工人创办技术补习学校；在公立学校中为14—16岁孩子提供工业教育；创办商业贸易类学校；各类学校的培训时间至少等同于特定商贸活动中对徒工进行的直接训练的时间。[②] 不过，美国劳动联盟反对库利在芝加哥计划中提出的职业教育由雇主控制的独立委员会管理的提议，1914年美国劳动联盟建议工业教育应该由州直接管理，由公众而非私人利益集团控制，职业教育在层次上低于高等教育，再次强调接受职业教育年龄的要求（即主要为14岁以上的人设计）。美国劳动联盟的上述建议最终体现在1917年《史密斯—休斯法案》中。自1896年成立以来，全国制造商协会对公立学校"花费纳税人的钱，但培养纳税人所不需要的人"的批评一直未止，并于1914年5月20日召开的全国制造商协会年会上建议联邦政府直接管理联邦拨款："联邦政府资助职业教育首先应该确立各州可以遵从的国家标准，从而最大程度地服务公共利益。拨款应该能够鼓励各州职业学校的创建，同时鼓励各州遵循联

---

① Layton S. Hawkins, Charles A. Prosser, Johne C. Wriht, *Development of Vocationanl Education*, Chicago: American Technical Soeiety, 1951, p. 109.

② Wei-Non Shu, *A Comparion of Factors that Influnce Vocational Education Law-Making In The U. S. and TaiWan, Republic of China*, Miunesot: Faculty of the Graduate School of the U-niversity of Minnesota, 1996, p. 89.

邦标准。"① 1917 年《史密斯—休斯法案》部分接受了全国制造商协会的上述建议。1914 年全国工业教育促进协会在第 8 届年会上提出：职业教育应该在夜校、部分时间制学校和全日制学校开展，这一提议后直接成为《史密斯—休斯法案》的内容之一。

（二）1917 年《史密斯—休斯法案》签署

1914 年职业教育国家资助委员会报告中的有关立法建议为《史密斯—休斯法案》提供了蓝本。1915 年 12 月和 1916 年 2 月，职业教育国家资助委员会的"立法建议"以议案形式被史密斯和休斯分别提交给参议院和众议院。最终，《史密斯—休斯法案》的通过得益于普洛瑟的支持者，包括议员、总统在内的一些举足轻重的人物。

为使议案能够获得国会通过，史密斯和休斯与职业教育国家资助委员会密切合作，在华盛顿和各州，为"议案赢得了数百家联邦、州和地方各种机构组织的支持"②。参议员佩奇与众议员唐纳（Towner）有着前辈莫里尔的精神，他们在参众两院据理力争，为法案的顺利通过付出了许多艰辛的努力。基于农业、工业、商业与家政四个领域职业教育的迫切性，1916 年 6 月 24 日，佩奇在国会明确提出："我希望我的参议员兄弟们能够花费时间仔细研究这些条款，一旦它能通过，这将是本届国会最为重要的事件。根据我的判断，这一法案对于大多数美国人而言都至关重要，而这一建设性的立法在国会历史上也未曾有过。"③ 由于美国的教育权力在各州，所以国会提出联邦资助与管理职业教育一事与宪法精神不相吻合，众议员唐纳就此据理力争："职业教育对于美国的重要性是毋庸置疑的，就此项事业所需的巨额资金而言，没有一个组织比联邦政府

---

① Wei-Non Shu, *A Comparion of Factors that Influnce Vocational Education Law-Making In The U. S. and TaiWan*, *Republic of China*, Miunesot : Faculty of the Graduate School of the University of Minnesota, 1996, p. 92.

② Layton S. Hawkins, Charles A. Prosser, Johne C. Wriht, *Development of Vocationanl Education*, Chicago: American Technical Soeiety, 1951, p. 84.

③ Wei-Non Shu, *A Comparion of Factors that Influnce Vocational Education Law-Making In The U. S. and TaiWan*, *Republic of China* , Miunesot: Faculty of the Graduate School of the University of Minnesota, 1996, p. 98.

承揽此事更为合适，况且此举必将带来巨大的激励作用……"① 参议员佩奇曾经在 1912 年向国会递交敦促联邦政府资助中学职业教育的议案，虽然没有获得通过，但是他对促进国内职业教育开展的信念一直没有动摇过。而且，1912 年佩奇在美国国会的演讲中，具体比较了德国、法国与美国在工农业生产效率方面的问题，这种比较对于法案的通过具有积极的意义。② 当职业教育国家资助委员会报告提交参众两院后，佩奇积极配合史密斯的工作，推动法案的通过。

1917 年法案的颁布与实施，威尔逊总统同样做出林肯总统签署《莫里尔法案》类似的贡献。就服务国家利益而言，威尔逊总统显然与普洛瑟的思想具有一致性。他敏锐地意识到职业教育的战略意义，威尔逊总统认为，备战有两种准备，一为军事，二为工业，而职业教育对于二者都不可或缺。基于此，1916 年 1 月 27 日，威尔逊总统在对铁路商业协会的演讲中说道："我们伟大的国家应该拥有一个在联邦指导和资助下的工业和职业教育系统，这个系统将使我国大部分年轻人，能够在实用技术方面，或者在将科学原理运用于工业制造和商业实践方面得到训练；在制造和维护机械与使用武器之间建立联系，将是一个十分可行并十分迫切的事情……如果这样，我们就能够在同一时间既实现了工业效率，也服务了国家防御。"③ 1916 年 7 月，法案在参议院首获通过，但因休斯染病，又恰逢"一战"事紧，法案在众议院受阻。正是看到职业教育对国家工业和国防安全的重要意义，威尔逊总统连续提交给国会三封咨文，强调开展职业教育的迫切性。在 1916 年 12 月 5 日的国会咨文中，他说："在国会最后一次会议上，参议院通过了促进职业和工业教育的议案，此议案对国家至关重要。因为通过职业教育的人才

---

① Wei-Non Shu, *A Comparion of Factors that Influnce Vocational Education Law-Making In The U. S. and TaiWan, Republic of China*, Miunesot: Faculty of the Graduate School of the University of Minnesota, 1996, p. 100.

② Carroll S. Page, *Vocational Education*, Washington: Government Printing Office, 1912, pp. 39-40.

③ Wei-Non Shu, *A Comparion of Factors that Influnce Vocational Education Law-Making In The U. S. and TaiWan, Republic of China*, Miunesot: Faculty of the Graduate School of the University of Minnesota, 1996, pp. 74-75.

准备，未来美国的经济发展就有了更为宽广的基础。"基于中等职业教育自 19 世纪初期以来的缓滞状况，又由于工业化美国对于技术人才的迫切需求，威尔逊总统提醒道："这个问题已被我们忽略良久，难道我不应该敦促众议院早日通过法案，早日实施法案吗？国家在等待国会富有想象地通过立法，我们急切地等待着一个十分伟大的令人震惊的事件发生。"① 正是在威尔逊总统的推动下，通过国会成员、相关团体和个人的努力，众议院重新优先考虑休斯议员的议案。在众议院审议通过后，1917 年 2 月 23 日，威尔逊总统签署了《史密斯—休斯法案》（Smith—Hushes Act），使美国职业教育跨上了一个新台阶。诚如在教育史上所评价的，"职业教育是 20 世纪最成功的改革措施之一"②。

普洛瑟的影响没有仅仅停留于 1914 年职业教育国家资助委员会报告之层面，事实上，各位议员与威尔逊总统在筹备法案的 3 年中，由于联邦政府就法案问题的邀请，普洛瑟从 1914—1917 年间多次以专家的身份赴联邦参与立法事宜。1914 年提交报告后，普洛瑟继续在全国工业教育促进协会就职至 1915 年，并且，他于 1915 年开始受聘为威廉·胡德·邓伍迪（William Hood Dunwoody）工业学院院长。③ 1917 年，普洛瑟在院长任上接到联邦政府的邀请，出任联邦职业教育委员会第一届主任。从董事会副主席詹姆斯·p. 门罗（James P. Munroe）发给邓伍迪工业学院受托人的一份电报中，可以看出普洛瑟在职业教育领域的影响力："联邦职业教育董事会一致敦促给普洛瑟博士从 8 月 15 日开始的六个月假期，邀请其前来任联邦职业教育委员会主任之职。由于他对《史密斯—休斯法案》、国家问题、行政事务包括战争的熟知，并且由于他在职业教育领域的成就，他成为胜任此项工作的最佳人选……他定会为整个

---

① Wei-Non Shu, *A Comparison of Factors that Influence Vocational Education Law-Making In The U. S. and TaiWan*, *Republic of China*, Miunesot: Faculty of the Graduate School of the University of Minnesota, 1996: 74-75.

② Horn, R. A., Jr., *Understanding Educational*: *A Reference Handbook*, Santa Barbara, CA: ABC-CLIO, 2002.

③ John Crosby, "Board of Trustees Pays Tribute to Memory of Dr. Prosser: Outlines Accomplishments", *Dunwoody News*, 23 January, 1953, p. 2.

国家提供高标准的服务。"①

1917 年《史密斯—休斯法案》的颁布使普洛瑟职业主义思想声名远扬，杜威所提倡的职业教育与自由教育整合的观点 "被工商业领袖呼唤熟练、顺从、守纪律的劳动者的呼声所淹没"②。但是这并非代表杜威阵营的完全失败。就此事而言，美国著名学者克利巴特（Kliebard）认为：职业主义在 20 世纪大部分时间内取得的成功并非源于经济成果，而是源于 "职业教育带来的象征意义"，即美国人已在很大程度上将工作与其核心身份联系起来，职业教育理念已经深刻地印在美国人的心中。③克利巴特认为大多数倡导职业教育的法案虽已通过但并未给孩子们带来什么好处，却大大提高了倡导者本人的身份地位，这些倡导者向职业教育当事人表明他们所关注的事 "至少名义上" 已由官方正式颁布了法案。

二 职业主义的确立与妥协

（一）贯彻职业主义的《史密斯—休斯法案》

1917 年颁行《史密斯—休斯法案》是美国职业教育发展史上的一个重要里程碑，其主要影响表现为：（1）建立了全国中等职业教育体系，确立了联邦政府对于职业教育发展的领导地位；（2）形成了在教学与管理方面独立于普通教育的职业教育体制；（3）确定在中学实施职业教育；（4）强调实习的重要性；（5）明确了中等职业教育为终结性教育；（6）造成事实上的分轨，凡选择职业科的学生难以攻读学位；（7）重视工、农、商与家政四个职业方向；（8）学校职业教育对于配备设施齐全的车间和具有实践经验的教师提出了专门要求；（9）明确界定了职业教育概念。④ 1917 年法案标志着美

---

① Silver, Roberta, *An Analysis of Charles Allen Prosser's Conception of Secondary Education in the United States*, Chicago: University of Chicago, 1991, p. 22.

② Jeffrey Lauranee Dow, *The New Vocationalism: A Deweyan Analysis*, University of Forida, 2002.

③ Kliebard, H. M., *School to Work: Vocationalise and the American Curriculum*, 1876-1946, New York: Teachers College Press, 1999, p. 229.

④ Thomoson, J. F., *Foundation of Vocation of Education: Social and Philosophical Concepts*, Prentice-Hall, Inc, 1973, pp. 107-109.

国中等职业教育制度的确立，从此中等职业教育拥有了可靠的财政资助。

由于普洛瑟的特殊影响，1917 年《史密斯—休斯法案》通篇贯彻了普洛瑟职业主义论，最终导致美国 20 世纪上半期职业教育的狭隘化。基于此，拉泽森（Marvin Lazerson）和格拉布（W. Norton Grubb）指出：这种狭窄的定义最终加剧了教育体系的"双轨"制（综合中学内部）并使其合法化。[①] 他们认为，职业教育应为未来各种职业做准备，并赋予学生适应技术改革，同时转换个人技术的能力，以此界定取代《史密斯—休斯法案》较为狭隘地将职业教育视为"为特定职业进行技能培训"的理念。然而，这种"杜威式"的思想在当时并没有被采纳。《史密斯—休斯法案》清楚地划定了职业培训和学术训练的界限，并通过联邦政府资助的方式厘清了上述界限，从而强化了教育体系的"双轨"制——课程分层。[②]

1917 年《史密斯—休斯法案》具体规定了职业教育的目标人群、具体培训、管理方式等，实际上已将公立高中职业教育部分视为一种终结性教育。法案要求各州开展的职业教育，在层次上应该低于学院层次。对于职业教育的界定则沿袭了职业教育国家资助委员会报告中体现职业主义论的内涵。法案认为，职业教育是"一种主要针对中学层次的，且年龄在 14 岁以上的学生进行的培训，其目标旨在提高这些青少年在工商业、农业、贸易和家政业中谋职的能力"[③]。同时为了确保教学科目的实践性，法案还强行规定了实习细节问题，例如，农科的学生，"或是在学校指定的农场，或是在别的农场进行有指导的或有人带领的农业实习，每年至少 6 个月"[④]。

---

① Thomoson, J. F., *Foundation of Vocation of Education: Social and Philosophical Concepts*, Prentice-Hall, Inc, 1973, pp. 107-109.

② Marvin Lazerson, Norton Grubb, *American Education and Vocationalism: A Documentary History* 1870-1970, New York: Teachers College Press, Columbia University, 1974, pp. 30-31.

③ Layton S. Hawkins, Charles A. Prosser, Johne C. Wriht, *Development of Vocationanl Education*, Chicago: American Technical Soeiety, 1951, p. 91.

④ 夏之莲：《外国教育发展史料选粹》（下），北京师范大学出版社 1999 年版，第 173 页。

库利议案虽然没有在伊利诺伊州通过,但是库利、斯尼登和普洛瑟有关设立双重管理机构的建议最终被 1917 年《史密斯—休斯法案》接受,并且实现了"普职"分离的拨款渠道和管理体制。法案规定在联邦层面设立专门的联邦职业教育委员会,直接由国会负责。① 法案签署后,包括农业秘书、商业秘书、劳工秘书、教育委员及其他三位民众代表组成的联邦职业教育委员会迅速成立,② 普洛瑟成为第一届委员会主任。与之相应,各州设置不少于三人的州委员会,以便与联邦职业教育委员会共同管理拨款事宜。法案要求:"为保证本法案第二、第三和第四条规定的拨款权益,任何一州都应通过其立法机关表明接受本法案的规定并指定或成立由不少于三人的州委员会,按规定给予必要的权力同联邦职业教育委员会合作以执行本法案的规定。"③ 法案颁布后,共有 13 个州组建了独立的职业教育管理机构,33 个州在原有普通教育管理机构中增添了职业教育管理职能。④ 该法案规定,联邦职业教育委员会应于每年 12 月 1 日前向国会做执行本法案的详细报告;各州职业教育委员会则在每年 9 月 1 日前向联邦职业教育委员会汇报本州运用联邦拨发资金发展中等职业教育的情况。⑤

1917 年《史密斯—休斯法案》颁布之后,公立职业教育项目增加,规模扩大。美国 19 世纪以来职业教育的落后局面得以扭转。据统计,1918 年美国国内各类职业学校的教师人数为 3276 人,到 1925 年则猛增到 9037 人;1918 年接受中等职业教育的学生为 117943 人,到 1925 年则猛增到 382275 人;⑥ 参加联邦资助的师资

① Barlow, M. L., " 200 Years of Vocational Education, 1776-1976 ", *American Vocational Journal*, Vol. 5, 1976, pp. 21-87.

② Layton S. Hawkin, Charles A. Prosser, John C. Wright, *Development of Vocational Education*, Chicago: American Technical Society, 1951, p. 117.

③ 夏之莲:《外国教育发展史料选粹》(下),北京师范大学出版社 1999 年版,第 171 页。

④ Layton S. Hawkin, Charles A. Prosser, John C. Wright, *Development of Vocational Education*, Chicago: American Technical Society, 1951, p. 117.

⑤ 周渠、司荫贞:《中外职业技术教育比较》,人民教育出版社 1991 年版,第 374—384 页。

⑥ 梁忠义、金含芬:《七国职业技术教育》,吉林教育出版社 1991 年版,第 78 页。

培训课程人数由 1918 年的 6589 人增加到 1921 年的 13358 人。受 1917 年法案影响，颁布职业教育法的州由 2 个增加到 21 个。① 法案生效后，联邦与各州对于职业教育的资助逐年增长，年度拨款由 1918 年的 186 万美元增至 1926 年 736.7 万美元。1917—1918 年，联邦政府对职业教育的投入占教育总投入的 27%，而 1925—1926 年，联邦政府的投入占到 24%。② 原因是法案强化了 1914 年《史密斯—利弗法案》中使用的匹配基金的方式，即"联邦为维持这种培训每花费一美元时，州或地方学区也须为这种培训支付一美元的钱"。③ 由于该法案的实施，1917—1918 年度，仅联邦政府在农业、工业、商业、家政职业教育和师资训练以及相关研究上，拨款补助总数达 170 万美元；1921—1922 年度，拨款总数增至 420 万美元；1932—1933 年度，拨款总数增加到 980 万美元。④

（二）职业主义胜出的社会原因

除普洛瑟阵营的主观影响之外，1917 年《史密斯—休斯法案》偏向职业主义还具有诸多复杂的社会因素。例如：效率主义的时代特征、制造业的主体地位以及越发突出的就业问题，尤其是该法案颁布前后恰逢"一战"的特殊背景。

20 世纪初期，崇尚效率成为美国社会的时代特征。由于现代工业所带来的巨额利润的驱动力，包括联邦政府在内，支持社会效率哲学的组织与人们自然希望将学校作为国家实现财富和权力的工具。⑤ 基于社会效率主义的职业主义则恰好与效率时代的背景相契合。并且，与效率时代相伴的就业问题逐渐成为美国民主制度之下备受关注的焦点。事实上，自 19 世纪后期开始，就业对于多数青

---

① Kandel, I. L. (ed.), *Twenty-Five Years of American Education: Collected Essays*, New York : Macmillan, 1924, p. 219.

② Marvin Lazerson, Norton Grubb, *American Education and Vocationalism: A Documentary History* 1870-1970, New York: Teachers College Press, Columbia University, 1974, pp. 30-31.

③ 夏之莲：《外国教育发展史料选粹》（下），北京师范大学出版社 1999 年版，第 172 页。

④ Good, H. G., *A History of American Education*, Macmillan, 1962, p. 305.

⑤ Wirth, A. G., *Education in the Technological Society: The Vocational-Liberal Studies Controversy in the Early Twentieth Century*, Scranton PA.: Intext Educational Publishers, 1972, p. 21.

年的吸引力远远超过接受继续教育的愿望。研究发现，近90%的青年没有获得高中文凭或并未进入高中，但公立学校却没有为青年就业进行相关的准备。① 据统计，甚至"一半以上的美国孩子在六年级，也即14岁的时候离开学校，但这些孩子充其量仅仅掌握了进一步学习的工具——简单的读、写、算（3R）知识，还没有接受过任何真正意义的教育"②。

另外，20世纪居于世界工业首强的美国需要大量的技术工人，普洛瑟工作导向课程自然赢得了工商业界与政府的选票。再有，普洛瑟工作导向课程与职业培训十分类似，恰好满足美国以制造业为主体的经济模式。1897年，全美最有影响的工商界喉舌《商业日报》称，美国工业产品已大大超过国内消费的需要，许多产品为国内市场所需的4倍。1900年美国制造业产值已达130亿美元，居世界第一位。③ "一战"时大量军工企业投入生产进而强化了制造业的地位。并且，"一战"以后士兵转业培训任务艰巨，普洛瑟工作导向课程对此十分适宜。据统计，大战结束前，共有2400多万男子进行了登记，近300万人应征入伍。④ 除参战人员外，还必须配备直接服务于战争的其他技术人员。根据军方提供的人力需求信息，当时最缺乏的人才包括无线电报务员、汽车驾驶员、普通机械维修员、飞机维修员、焊工、造船工人等。可以说，给予这些人员技术培训成为联邦政府优先考虑的问题。由此可知，面对效率主义盛行、制造业主体地位以及应对"一战"前后的特殊境况，民主主义阵营显然不如职业主义阵营更能赢得政府与工商业界的支持。

但是，职业主义的胜出只是意味着1917年《史密斯—休斯法案》基本贯彻了普洛瑟的思想，并且标志着职业主义在20世纪大半期居于主导地位的开端。然而，该法案对于职业主义阵营鼓吹的

---

① Wonacott, M. E., *History Evolution of Vocational and Career -Technical Education*, O-hio State University, 2003, p. 2.

② Marvin Lazerson, Norton Grub, *American Education and Vocationalism: A Documentary History* 1870-1970, New York: Teachers College Press, Columbia University, 1974, p. 93.

③ 齐世荣：《世界史·现代史编》（上卷），高等教育出版社1994年版，第5页。

④ 刘绪贻、杨生茂：《美国通史》第4卷，人民出版社2001年版，第413页。

“双轨”制、对分流学生进行强制教育的极端社会效率主义来说，并不是一个完全的胜利。在联邦政府支持下，大量为升学做准备的公立中学改组为兼具升学和就业双重职能的综合中学，1907 年与1912 年国会通过的《戴维斯法案》与《佩奇法案》关于公立学校之外另设职业学校的规定，在 1917 年《史密斯—休斯法案》通过时予以废止。因此，职业主义被拘囿于综合中学框架之下。

三　民主主义的影响与受挫

职业主义的胜出即意味着民主主义招致挫败。尽管职业主义背后具有强固的社会支撑，杜威也未能如普洛瑟那样直接参与联邦立法工作，但是，杜威仍以持续的斗争最终降低了职业主义的影响。“普杜之辩”过程中，杜威不仅在《新共和》杂志上撰文批判职业主义阵营，并于 1916 年出版《民主主义与教育》一书，辟专章深入讨论教育与职业问题。再有，杜威曾就中等职业教育模式问题致信全国教育协会，以杜威在教育界的影响力，最终使《中等教育的基本原则》确立了综合中学的制度框架，使学术研究和职业培训最终实现了并轨。① 令杜威遗憾的是，综合中学只是为规避“普职”分轨提供了制约框架，但“单轨”制度内部却出现了“课程分层”现象。这也是杜威民主主义受挫的又一表现。

（一）效率时代的教育问题

综合中学“单轨”制确立与全国教育协会的大量工作密不可分。1913 年，库利议案引发的“普杜之辩”自然引起了全国教育协会极大的关注。全国教育协会于 1913 年组建成立了“中等教育改组委员会”。该委员会主要致力于解决两个问题，其一，是否延续 1894 年“十人委员会报告”以来的“标准化课程”；其二，基于库利议案引发的“普杜之辩”，是否需要在公立中学之外设立与之并行的职业学校。该委员会主席金斯利（Clarence Kingsley）来自纽约市布鲁克林手工培训高中，金斯利的观点与 1892 年十人委员会

---

① Wraga, W. G., *The Comprehensive High School in the Unite States：A Historical Perspective*, New Orleans：Paper Presented at the Annual Meeting of the American Education Research Association, April, 2000.

主席埃里奥特的观点明显不同。这从 1894 年"十人委员会报告"与"中等教育改组委员会"经过 5 年艰苦工作之后,于 1918 年公布的《中等教育的基本原则》之间的巨大差异即可看出。[①] 但是,金斯利与埃里奥特的观点之异并非仅仅是身份所致,关键在于 19 世纪末期的美国与 20 世纪初期的美国已经有了明显的差异。

1894 年"十人委员会报告"以来的"标准化课程"以及升学目标的确立是 19 世纪以来美国对于教育民主的理解与固守,但 20 世纪的美国已经全面进入了效率时代。1900 年,全国教育协会主席即预言:"这个时代真正的教育领导人的影响将是永久性的,他们有能力理解和处理商业问题,而这些问题通常是教育问题的一部分。"[②] 这句话开启了全国教育协会在 20 世纪初期对于职业教育问题的持续关注,全国教育协会年会直接成为职业教育大讨论的重要阵地。

进入效率时代的美国对于教育平等有了新的理解。1912 年 3 月《星期六邮政晚报》上刊登一篇《高中与男孩》的文章,认为"高中最大的作用即是提高社会经济效能,培养良好的公民并为所有学生提供最好的教育培训,从而为他们未来的完整生活打好基础……高中教育应致力于培养公民性和适当的社会性思维能力"[③]。20 世纪初期,泰罗管理原理与流水线作业催生了社会效率主义。社会效率主义对于专业化的崇尚直接挑战了高中知识教育的传统。纽约华盛顿·欧文中学威廉·马克安德鲁(William Mcandrew)视公立学校为"傻子工厂",[④] 哈佛大学鲍里斯·西迪斯(Boris Sidis)则批评道:"我们使自己的年轻人智力枯竭、毫无用处、思想僵化而且极其保守……我们的教育家们是心胸狭窄的学究,他们奔波于枯燥

① Edward A. Krug, *The Shaping of the American High School* 1890-1920, New York: Harper & Row, 1964, pp. 295-296.

② [美]雷蒙德·E. 卡拉汉:《教育与效率崇拜》,马焕灵译,教育科学出版社 2010 年版,第 7 页。

③ [美]乔尔·斯普林:《美国学校——教育传统与变革》,史静寰、张宏等译,人民教育出版社 2010 年版,第 331 页。

④ [美]雷蒙德·E. 卡拉汉:《教育与效率崇拜》,马焕灵译,教育科学出版社 2010 年版,第 50 页。

的课本和教育学的细枝末节之间，他们对事关人类福祉的真正重要的问题一无所知。"① 1912 年夏，《女性之家杂志》刊发一篇题为"一千七百万孩子的例子——我们的公立学校制度是否彻底失败了？"的社论，批评指出：目前的教育正在培养孩子做经院哲学家——教育重点强调的是对文学的追求、对艺术和科学的业余爱好。②

美国著名高中史专家爱德华·克鲁格在其著作《美国高中的塑造》中指出，社会效率主义理论是影响美国高中发展的主要思想。该理论建议学校开设能够满足学生未来社会需求的课程。20 世纪初，著名教育家威廉·巴格莱（William Chandler Bagley）在 1905 年指出：社会效率主义是一种标准，按照这种标准，教育必须传授那些可能对个体带来影响的经验。每门学科、每个知识点、每种反映形式、每个习惯的细节都必须接受这把尺子的检测。基于社会效率主义，普洛瑟职业教育 16 条原则当中充斥着普通教育与职业教育的区别，从而为美国谋划了狭隘的职业主义道路。甚至，普洛瑟对于学术教育采取了极其排斥的做法。就像克鲁格指出的，它导致"人们，尤其是所谓平民对学校的学术化方向的普遍偏见"③。

当然，效率时代依然有传统教育的坚守者。针对校园中充斥的效率主义，部分教师态度冷漠，他们所做的依然是虔诚的、安全地进行"人格塑造"的工作。对此，著名经济学家西蒙·帕腾（Simon Patten）在《教育评论》上发表文章给予批评，这些批评后来成为利用学校培训商贸员与工厂工人的借口。④ 的确，教育界成为"经典的教育因素"的捍卫者。1912 年 2 月，一位爱荷华州的督学针对社会效率主义对于公立学校更多的批评反驳道：人们批评的理由是"我们的制度无效率且不符合实际"，但是，这种批评主要是

---

① ［美］雷蒙德·E. 卡拉汉：《教育与效率崇拜》，马焕灵译，教育科学出版社 2010 年版，第 50 页。

② 同上书，第 49 页。

③ ［美］乔尔·斯普林：《美国学校——教育传统与变革》，史静寰、张宏等译，人民教育出版社 2010 年版，第 336 页。

④ Andrew McCulloch, "An Economic Measure of School Efficiency", *Education Review*, XLI, 1911, pp. 467–469.

出于商家利益，而商家只追求眼前的利润。因此这位督学反对更改课程，并坚持认为自然科学、历史、数学和语言是美国学生的最佳课程设置。① 与工业需求的巨力比较，这些声音显然是微弱的。

（二）《中等教育的基本原则》

全国教育协会首先面临的即 1894 年"十人委员会报告"的处理问题。其实，这份报告自公布之后的 20 年里，关于美国中学的辩论几乎都是围绕是否撤销十人委员会对学术课程的支持而产生的。赞成者希望中学提供商业科目并致力于工业者的培养。实际上，美国这一时期已经出现了类似的学校，比如在佐治亚州的亚特兰大，一些职业中学建立起来，它们在开设外语和科学课程同时提供技术科目，其目标是为学生进入佐治亚技术学校做准备。② 但是，这种温和地支持实用科目的做法很快让位于那些希望通过提供商业和技术科目来完全改变学校的言论。在这些职业主义者眼中，新的工业世界要求中学不仅要教会学生如何生活，还要教会他们如何在这个世界工作。《中等教育的基本原则》的作者们最初非常担心这种观点可能导致分层教育，但是他们最终还是接受了这个观点，因为全国制造商协会工业教育委员会 1912 年的报告专门论述了综合高中提供差异性课程的合理性。报告将学生分为三类：抽象思维力强且富有想象力的，形象思维力强或动手能力强的和各方面发展处于中间水平的。该报告认为，尽管传统学术化教育能够满足抽象思维较强学生的需求，但是大多数处于中间水平的学生需要的是"高度发展的、实践性的和与职业相关的拓展性课程以及手工培训"③。该报告认为：形象思维力强的学生占全国学生总数的一半，但是当前的教育制度却忽视了这些学生需求，这是非常可怕和轻率的。该报告建议，借鉴德国的经验成立继续教育学校，为那些辍学参加工

---

① E. T. Armstrong, " Is Our Present High School System Inefficient?", *American School Board Journal*, (XLII), pp. 3–4.

② Wayne J. Urban, *Educational Reform in a New South City*: *Atlanta*, 1870–1925, In Ronald R. Goodenow and Arthur, White (eds.), Boston: Education and the Rise of the New South, G. K. Hall, 1981.

③ ［美］乔尔·斯普林：《美国学校——教育传统与变革》，史静寰、张宏等译，人民教育出版社 2010 年版，第 344 页。

作的学生提供继续教育服务，以提高这类工人的素质。① 同时，伴随着 19 世纪末期以霍尔为代表的儿童研究理论的深入，学生的个性差异逐步被人们所接受，为不同个性的学生提供不同的教育，逐步成为 20 世纪公立学校教育民主的新理念。

基于社会效率主义对于教育民主的理解，"中等教育改组委员会"于 1918 年出台《中等教育的基本原则》，阐述了教育民主的新理念："民主制度里的教育，无论校内的还是校外的，都应发展每个人的知识、兴趣、理想、习惯和能力，凭借这些他将找到自己的位置并利用这种位置使自己和社会向着更崇高的目的发展。"② 报告还指出：中等教育应该决定于所服务的社会之需要，所教育的个人的特殊性以及可用的教育理论和实践的知识之需要。与十人委员会的报告不同，《中等教育的基本原则》建议包括各种学习课程的宽泛计划，为不同类型的学生需求提供差异性课程："从广义上讲，差异性即指职业性……例如农业、商业、牧师、工业、美术及家政课程。"③ 这份报告带有浓重的社会效率主义色彩，它致力于对高中进行改革，以适应现代社会的普遍需求。

"中等教育改组委员会"需要解决的第二个问题是：是否在公立学校之外成立各种专门的职业学校。社会效率主义者在"抽象思维较强的学生"和"形象思维较强的学生"的划分基础上，提出"普职"分轨的设想，而且斯尼登与普洛瑟认为职业教育是最适合多数工人子女的教育，④ 杜威对其深刻的批判则为综合中学的创设提供了充分理由。该委员会用综合中学的组织框架回答这个问题。报告指明，"将所有课程包容在一个统一组织的综合中学，应是美国中等学校的标准类型"。⑤ 报告汲取了杜威的思想，避免了教育的

---

① ［美］劳伦斯·阿瑟·克雷明：《学校的变革》，单中惠、马晓斌译，山东教育出版社 2009 年版。

② 瞿葆奎主编：《教育学文集·美国教育改革》，人民教育出版社 1990 年版，第 24 页。

③ ［美］乔尔·斯普林：《美国学校——教育传统与变革》，史静寰、张宏等译，人民教育出版社 2010 年版，第 334 页。

④ 同上书，第 326 页。

⑤ 同上书，第 334 页。

分轨。

1918 年《中等教育的基本原则》指出，中等教育必须以使青少年能完满地和有价值地生活为目的。具体体现以下原则：（1）养成身体健康的知识和习惯；（2）掌握读、写、算和口头及文字表达能力；（3）成为善良的家庭成员；（4）获有职业知能；（5）胜任公民的职责；（6）善于利用闲暇时间；（7）具有优良的道德品质。①这些原则为美国中等教育改革提供了方向，改变了中等教育单一的升学职能。而且，其中只有第（2）条与大学准备相关。后由著名的教育家科南特推动，综合中学把普通教育、学术教育、职业教育三种职能统整起来。② 只是，普洛瑟在致"中等教育改组委员会"的报告中，对于第（6）条"善于利用闲暇时间"提出反对意见。普洛瑟认为这项目标有回归自由教育贵族传统的嫌疑。闲暇教育属于寡头，或所谓贵族，而不是民主传统。但美国的理想需要全社会每个人都参与其中。③ 看来，《中等教育的基本原则》尽管通篇充斥着职业主义的价值取向，但依然保留着一些传统的元素。

（三）综合中学框架

1918 年《中等教育的基本原则》得到了普遍承认。它代表着两项重大改革："第一，直接导致了以一种共同文化融合所有的学生；第二，学校课程第一次成为实现非学术目标的手段。"④ 综合中学多处体现了职业主义与民主主义的融合，并发挥两个互补的职能：以专业化满足各类学生的多样化需求，以一体化促使具有不同社会背景的学生之间的社会交往。在综合中学中，"一端是学术的一轨，它指向大学；另一端是职业的一轨，指向工业生活。在此意义上，没有其他教育改革比职业教育改革更能赢得如此广泛的公众和政府

① Silver, Roberta, *An Analysis of Charles Allen Prosser's Conception of Secondary Education in the United States*, Chicago: University of Chicago, 1991, p. 59.

② ［美］L. 迪安·韦布：《美国教育史：一场伟大的美国实验》，陈露茜等译，安徽教育出版社 2009 年版，第 210 页。

③ Prosser, Charles A. & Thos H. Quigley, *Vocational Education in a Democracy* (revised-ed.), Chicago: American Technical Society, 1949, p. 15.

④ Horn, R. A. Jr., *Understanding Educational Reform*: *A Reference Handbook*, Santa Barbara, CA: ABC-CLIO, 2002, p. 35.

的支持，并在美国学校中被广泛实施。"①《中等教育的基本原则》最终确立了美国现代高中的基本框架，并且，综合中学至今充满活力。

综合中学设置多样化的课程，为学生提供在每种职业中取得成功所必需的更广泛的知识体系，因而有助于学生进行明智的选择，在需要调整之时还便于进行重新调整。甚至，组织完善的综合中学比专门化中学更利于职业教育。同时，综合中学有利于为民主生活做自然而有效的准备。无论是长于"抽象思维"或是"动手能力"者，无论来自富裕家庭或是贫民之家子弟，无论是以升学为目的者或是以就业为愿景者，都共同纳入综合中学框架之中。而且，选修制度本身即是民主的表现，学生通过选修课程与来自不同职业取向的学生建立友谊，进而通过交流获得共同的观念，并受到合作方面的训练。比较而言，只有综合中学才能提供更好地进行健康教育与闲暇教育的师资、设备和活动的条件，而规模较小的职业学校还远未达到综合中学的水平。

作为《中等教育的基本原则》主要起草人，金斯利将普通课程、学术教育与职业教育共置于综合中学框架之中，旨在调和杜威民主主义阵营与普洛瑟职业主义阵营双方的观点。金斯利赢得支持的原因，在于既满足了效率社会的需求，又未触动美国民众这根敏感的"民主"神经。② 在综合中学之中，以普通课程确保民主的"平等"和文化的"融合"，以学术课程与职业课程满足个体不同的需要。③ 综合中学的创制导致了职业主义阵营"双轨"制计划的破灭，然而，其内部"课程分层"的现象越发凸显出来，致使综合中学完全成为一种形式上的"单轨"。批评者认为，《史密斯—休斯法案》"造成职业教育在综合中学被孤立"，甚至被视作"向处于

---

① Jeffrey Laurance Dow, *The New Vocationalism*: *A Deweyan Analysis*, University of Florida, 2002, p. 4.

② Prosser, Charles A. & Thos H. Quigley, *Vocational Education in a Democracy* (revised-ed.), Chicago: American Technical Society, 1949, p. 15.

③ Wirth, A. G., *Education in the Technological Society*: *The Vocational - Liberal Studies Controversy in the Early Twentieth Century*, Scranton PA.: Intext Educational Publishers, 1972, p. 126.

边缘状态的学生提供被认为是边缘状态的课程"。① 所以,综合中学"单轨"制既体现了杜威的民主主义思想又使杜威感到无奈。

本章小结

1896 年,全国制造商协会成立遂而成为推进中等职业教育的重要力量,该协会举全国工商之力促使联邦与各州关注并支持中等职业教育发展,美国劳动联盟对于职业学校的态度则从抵制转向支持。1906 年,马萨诸塞州《道格拉斯报告》成为历时 11 年之久的美国中等职业教育运动的起点,美国中等职业教育发展迟滞之状被彻底破除。但 1913 年库利议案对于"双轨"制的沿袭,最终引发了围绕"在公立中学实施职业教育还是设置与之并行的职业学校"的"普杜之辩",这场论辩为 1917 年《史密斯—休斯法案》的颁布与 1918 年《中等教育的基本原则》的出台奠定了思想基础,并使综合中学"单轨"制得以确立。综合中学体现了杜威民主主义思想,而职业教育"独立账户"与"管理机构"的单独设置,标志着职业主义开始居于主导地位。

---

① ［美］Rojewski, Jay W.:《历史选择:培育明日之劳动大军》,《职业技术教育》2004 年第 30 期,第 45—46 页。

第三章

"普杜之辩"背后职教观之异

作为历史事件，"普杜之辩"于 1917 年《史密斯—休斯法案》颁布之时宣告结束。论其思想，这场论辩已超越一部法案与一场运动的具体意义。20 世纪初期，杜威与普洛瑟职业教育思想体系相继铸成。基于教育"二元论"的传习，普洛瑟"工作导向课程"为职业主义确立了经典坐标；基于教育"二元论"的批判，杜威"通过职业而教育"的命题致使传统职业教育的理论框架被颠覆，整合课程则将自由教育与职业教育融于一体。

第一节　职业教育逻辑起点比较

学校诞生后，教育遂与生产生活的母体割裂。知识通过学校传播，技艺则依托于学徒制传承。基于劳动与闲暇、理论与实践、身体与精神等范畴之间的彼此对立，以自由教育与职业教育为核心特征的教育"二元论"思想与制度逐步形成。比较而言，普洛瑟职业主义沿袭了教育"二元论"的思想进路，杜威民主主义职业教育思想则始于教育"二元论"的批判。

一　教育"二元论"传习

自由教育与职业教育"二元论"最早由亚里士多德提出。自由教育，亦称博雅教育，古希腊倡导的一种与职业技能训练对立的教育类型，博雅的拉丁文原意即"适合自由人"，自由教育针对"自由人"提出。古希腊，奴隶主鄙视劳动且脱离劳动，贪图精神享受，他们为求知而求知，认为求知本身即充满快乐；相反，奴隶则执贱役和营鄙事。亚里士多德把全部的个人生活区分为两部分：有用的生活与美好的生活。教育的最高目的，是为正确享受闲暇做准备。① 与奴性职业训练褊狭相比，自由教育旨在促进个人身体、灵魂和心理的自由发展，培养具有广博知识与优雅气质的文化人，而非没有灵魂的专门家。亚里士多德将职业教育视为奴性教育，而自由人的教育应是博雅教育。不过，在杜威看来，职业教育与自由教育对立之罪不能强加于亚里士多德，"亚里士多德并没有创造这些对立，他只是客观地考察了他所生活的时代的社会事实，并把他所看到的转化成了概念形式"。②

　　等级制度即教育"二元论"的社会根源。推动人类文明进步的有两个传统，一个是哲学家传统，一个是工匠传统。但在历史演进的过程中，相对于哲学家传统而言，工匠传统一直以"隐性"形式存在。杜威指出，以前的学术实际上由一个阶级垄断，绝大多数人缺乏任何手段去接近知识的源泉，于是不可避免地形成这样的情况，即一种学术上高级僧侣看守真理的宝库，只是在极严格的限制下对人民做点施舍。③ 北美殖民地时期，通晓古典语言和文化为贵族身份和教养的标志，自由教育在学校中依然占有强固的地位。对此，布鲁贝克曾揭示道："根据人的本性层次去安排学科的层次排列，是与贵族统治为基础的社会中固有的等级状况相一致的。"④ 究其本质，北美殖民地时期课程哲学和由此形成的古典课程体系是以支持并维护社会现状为目的，布鲁贝克认为，自由教育在等级社会被少数人群所拥有，与身心"二元论"相一致并为后者所强化。诚如上层社会统治下层社会一样，头脑控制身体。上层人群适合接受

---

　　① 王保星：《西方教育十二讲》，重庆出版社 2008 年版，第 18 页。

　　② Dewey, J., *Democracy and Education*, New York：Macmillan, 1916, p. 263.

　　③ ［美］约翰·杜威：《学校与社会·明日之学校》，赵祥麟、任钟印等译，人民教育出版社 1994 年版，第 6 页。

　　④ ［美］约翰·S. 布鲁贝克：《西方课程的历史发展》，丁证霖等译，载瞿葆奎主编《课程与教材》（上册），人民教育出版社 1988 年版，第 89 页。

自由教育，底层民众适合接受职业教育。由此导致智力得到高度发展的人口比例极小。① 教育"二元论"源于社会分层，却又使这种分层延续下去。只要有闲阶级和劳动阶级对立继续存在，二元对立的格局就不会被彻底消除。

　　20 世纪初，民主在政治维度上已经实现，但等级文化仍得以遗存。斯尼登在论述职业教育与自由教育关系时，并未指出二者是否具有阶级属性，斯尼登试图从两个维度划清二者之间的差异。其一，教育类型维度。斯尼登在反思对马萨诸塞州课程职业化的努力之后，总结阐述了职业教育的 11 项原则。这些原则现在为部分人们所接受，其中之一即："任何时候将职业教育与自由教育杂糅起来对职业教育发展而言都无效且有害……"② 斯尼登在《自由教育与职业教育的根本差别》一文中拓展了这一观点。他写道："职业教育与自由教育在基本目标方面有本质区别，相应的，其教育手段、方法以及与之密切相关的管理机构也会有根本不同。"③ 其二，学生个体维度。1908 年，斯尼登指出选择学生接受职业教育的逻辑，这一逻辑以三个标准为基础，即："本人能力""家庭经济状况"以及"可能的教育目标"。④

　　与导师斯尼登类似，普洛瑟职业教育的逻辑起点也是教育"二元论"，更确切地说，普洛瑟以普通教育为坐标来定义职业教育，即与普通教育之间存在的异质性内涵来释义职业教育。普洛瑟于哥伦比亚大学求学期间，深受导师斯尼登有关职业教育与自由教育"杂糅之害"理论的影响。但普洛瑟并未照搬斯尼登的思想，而是融入更多民主因素。就学生选择而言，普洛瑟较斯尼登在民主方面

---

① ［美］约翰·S. 布鲁贝克：《高等教育哲学》，王承绪、郑继伟等译，浙江教育出版社 2002 年版，第 82 页。

② Snedden, D. S., "Vocational Education in Massachusetts: Some Achievements and Some Prospects", *Manual Training Magazine*, Vol. 1, 1916, pp. 1-4.

③ Snedden, D. S., "Fundamental Distinctions between Liberal and Vocational Education", National Education Association of the United States, *Journal of Proceedings and Addresses*, 1914, pp. 150-161.

④ ［英］琳达·克拉克、克里斯托弗·温奇：《职业教育：国际策略、发展与制度》，翟海魂译，外语教学与研究出版社 2011 年版，第 89 页。

有所进步。针对职业教育的效率问题，普洛瑟提出两条原则：学生选择的有效性与培训项目的有效性，并指出二者之间的相关性。① 关于选择何种类型学生进入职业教育轨道，普洛瑟首先摒弃如家庭经济状况等可能掺杂的非民主因素的影响，反对智力测验的单一做法，提出智力测验与实际工作表现融合的折中方式，强调在进入职业教育轨道前进行，以便帮助学生做出明智的选择。② 这些选择标准为职业主义在美国盛行奠定了理念基础。研究表明，进入 21 世纪后，这些因素仍在影响职业选择。③

以生产与消费的独特视角，普洛瑟重新诠释了自由教育与职业教育。普洛瑟认为，自由教育旨在使人成为聪明的商品消费者，职业教育旨在使人成为富于能力的商品生产者。前者为人们提供更好品位，更好标准，更高理想的选择；后者给予社会更高智慧，更高效率，并以卓越技能辅助人类提升生活品质。④ 普洛瑟并非认同自由教育与职业教育之间的等级差异，但教育"二元论"的属性未变，并在教育"二元论"的轨道上越走越远。

20 世纪初期，由于文法学校在整个学校体系中的比例越来越小，所以更多自由教育（liberal education）的元素融合于以普通教育（general education）为特征的公立中学之中。基于对职业教育与普通教育异质性剖析，普洛瑟总结出二者之间六个方面的差异：（1）控制目的：普通教育使人成为有识公民，理解并享受生活；职业教育则帮助人们有效地为工作做好准备。（2）教授内容：普通教育教授生活和职业的一般知识；职业教育则传授工作所需的专门技能和知识。（3）服务群体：普通教育在义务教育阶段服务所有个体，一般终于 16 岁，其后则服务于对此有需要的人；职业教育针

---

① Charles Allen Prosser & Charles R. Allen, *Vocational Education in a Democracy*, New York: Century Co., 1925, p. 94.

② Silver, Roberta, *An Analysis of Charles Allen Prosser's Conception of Secondary Education in the United States*, Chicago: University of Chicago, 1991, p. 87.

③ Agodini, R. & Novak, T., *Factors That Influence Participation in Secondary Vocational Education*, Princeton, NJ: Mathemtica Policy Research, Inc., 2004.

④ Charles Allen Prosser, "The Mission of Art Education in the Public Schools", *School and Society*, Vol. 14, 1921, p. 169.

对就业目标人群或需提升转岗培训群体。（4）教学方法：普通教育依赖阅读和记忆；职业教育则通过工作发展技能，并获得对工作的理解和智慧。（5）顺序：普通教育在前，为职业教育奠定基础；职业教育为普通教育提供意义、目的及应用价值。（6）心理学基础：普通教育内容与方法来自官能心理学，认为通过掌握学科内容即能开发心智；职业教育基于习惯心理学，做中学，通过反复练习培养学生。[1] 普洛瑟列表详细对比二者之间差异，见表 3—1。

表 3—1　　　　　　　　　　　普通教育与职业教育比较[2]

序号	因素	普通教育	职业教育
1	理论基础	官能心理学	习惯心理学
2	训练形式	形式训练	习惯训练
3	学习内容	标准化	多样化与特殊化
4	课程来源	抽象知识	优秀实践者经验
5	教学环境	学校教室	工作现场
6	个性特长	忽略	关注
7	个体能力倾向	不被开发	被开发
8	入学基本要求	标准化学术要求	个体愿望决定
9	重复性训练	偶尔	大量
10	教师资格	学历学位	职业经验
11	评价标准	学术标准	职业资格
12	培养目标	理智训练	职业本领与特殊才艺
13	训练方法	理论灌输与体验式实践	岗位实践

---

① Prosser, Charles A. & Thos H. Quigley, *Vocational Education in a Democracy* (revised-ed.), Chicago：American Technical Society, 1957, pp. 10-11.

② Ibid., pp. 234-235.

序号	因素	普通教育	职业教育
14	工作条件	统一标准	因课而变
15	操作基础	普通机会	特定需要
16	领导力	一般性	职业性
17	团队合作	被忽略	被关注
18	行政管理	简单、轻松、标准	复杂、困难、灵活

基于与普通教育异质性的逻辑起点，普洛瑟职业主义提出："为职业而教育"、工作导向课程与教学组织的工作逻辑等基本概念与模式。普洛瑟职业主义几乎完全抛弃了自由教育，甚至其合理内核，也因此招致众多批判。但以普通教育为坐标，沿袭教育"二元论"轨道，普洛瑟的确发现了职业教育的许多殊异之处，并为20世纪美国构建出具有经典意义的职业主义体系，满足了20世纪大半个时期美国社会对于中等职业教育的需求。只是，普洛瑟将职业教育引向深入之时又使自身局限于二元对立的传统之中，归根到底还是被归于教育保守派之列。杜威基于教育"二元论"批判最终引领了更加恢宏的教育变革。

二 教育"二元论"批判

归根到底，普洛瑟在定义职业教育时，一直拘囿于二元对立的传统框架之内，基于此，普洛瑟所追求的职业教育有效性往往聚焦于技能习得的层面。职业教育自觉意识则仅仅停留于与普通教育比较的视域，如此，普洛瑟自然很少考虑自由教育与职业教育整合的问题。同为教育"二元论"的传习者，英国教育思想家纽曼因崇尚"心智"培育而鄙视职业训练，普洛瑟则为提升职业胜任力而极力排斥自由教育。与二者不同，自由教育与职业教育狭隘性批判成为杜威职业教育思想的逻辑起点。亚里士多德以来的传统教育"二元论"被杜威所超越。

　　杜威在批判教育"二元论"之前，首先解剖了其存在的社会根源，并探讨教育"二元论"最终消解的可能性，这种层面的职业教育自觉在普洛瑟思想体系中尚未发现。杜威剖析道："传统等级社会，一个阶级是自由的，另一个阶级被奴役。被奴役的阶级为维持自身生计而劳动，并且要为上等阶级提供生活资料，使他们不必亲自从事物质性的职业工作，这种工作几乎要花掉他们全部的时间而在性质上无须使用智力，或不能获得智力。"① 杜威同时深刻批判了等级社会传统心理学的垄断地位，"只有少数人，理性才能发挥作用……而广大民众，植物性和动物性功能起主导作用……是达到别人目的的手段和工具"②。杜威提出，工业社会背景之下教育"二元论"消解的可能性，"机器发明扩大了闲暇时间，一个人在工作时也能利用闲暇。掌握技能成为习惯，可使脑子得到自由，思考其他题目"③。只是，由于社会惯性的力量，自由教育与职业教育的融合不会自然发生。

　　基于这种可能性，杜威即在二元对立的框架之外审视自由教育与职业教育各自的局限性。在等级社会，两个阶级对应两种教育：一种是卑下的或机械的教育，一种是自由或理智的教育。传统教育"二元论"认为，多数人适合接受实际训练，培养做事的能力，例如利用机械工具制造商品，提供个人服务等。这种训练，只需培训机械的习惯和技能，通过反复练习和勤奋应用即可，无须唤起思考也无须培养思维能力。少数人则适合接受自由教育，自由教育旨在训练智力，并正当运用以获得知识。并且，与实际事务关系愈少，与制造或生产的关系愈少，就愈能适当地运用智力。④ 教育"二元论"关于"人"的界定是不完整的，理智与技能分离，思想与操作分隔，"将学术看作自由教育时，一个机械师、一个音乐家、一个

　　① Dewey, J., *Democracy and Education*, New York：Macmillan, 1916, p. 260.
　　② ［美］约翰·杜威：《民主主义与教育》，王承绪译，人民教育出版社1990年版，第270页。
　　③ 吕达、刘立德等主编：《杜威教育文集》第2卷，人民教育出版社2008年版，第251页。
　　④ Dewey, J., *Democracy and Education*, New York：Macmillan, 1916, p. 262.

律师、一个医生、一个农民、一个商人或一个铁路管理员训练，就被看作纯技术的和专业教育的类型。结果即我们到处看到文化和工人区分，理论和实际脱离"①。

与之相反，杜威恰恰发现劳动者反而蕴含着自由因素，有闲阶级却带有使自由因素失去的隐患，杜威认为："只要社会根据劳动阶级和有闲阶级区分、组织，这种事态就必然存在。制造者智力在和事物不懈斗争中变得坚实；脱离工作锤炼的有闲者智力却变得放纵与柔弱。"② 然而，杜威清醒意识到，由于缺乏经济自由，多数职业为偶然性或环境逼迫所致，谋生劳动将失去职业本身的自由因素，即"现在的经济状况仍然使很多人陷于被奴役的境地"③。杜威对职业教育的解剖超越了纯粹"教学"的立场，而一直将其置于民主社会进步的背景之下，这即是杜威职业教育思想基于时代并超越时代的根本所在。

以手工课程为例，杜威揭示出自由教育的狭隘性。本来，手工课程具有心智训练与职业准备两种功能，然就自由教育而言，手工训练只需投合人性的理智方面，非投合制造与生产，否则，即"把手工训练、艺术和科学当作技术的和倾向于纯粹专门化的而加以反对"④。19世纪末期，伍德沃德发起美国手工教育运动招致哈里斯等人反对即是如此。杜威以为，这本身已说明自由教育的狭隘性，自由教育反而走入了"不自由"的境地。杜威尤其讽刺了标榜自由教育者的实用企图。杜威时代，美国公立学校还存留着一定的古典气息，这在卡拉马祖案与十人委员会报告中都有所体现。然而，标榜自由教育却以谋生为归宿，"尽管教育界领袖们谈论教育目的在于文化陶冶，人格发展，等等，可多数受教育者却把它当作获得足够的面包和牛油，以勉强维持一定生活的一种狭隘实用的手段"⑤。

---

① Dewey, J., *The School and Society*, Chicago：The University of Chicago Press, 1916, p. 8.

② Dewey, J., *Democracy and Education*, New York：Macmillan, 1916, p. 143.

③ Ibid..

④ Dewey, J., *The School and Society*, Chicago：The University of Chicago Press, 1916, p. 7.

⑤ 华东师范大学教育系等编译：《现代西方资产阶级教育思想流派论著选》，人民教育出版社1980年版，第27—28页。

可以看出，杜威在嘲讽自由教育的同时，也表露出对职业教育仅仅以"获得足够面包和牛油"为目的的不满。

基于对自由教育与职业教育固有缺陷的认识，杜威敏锐地意识到，20 世纪初期，美国教育的核心问题即二者之间的整合，"不论做怎样的理论解释，今天教育实践中最令人感兴趣、最重要的问题，就是诸如下列整合问题：游戏与工作；智力的和知识性的因素与行动的和动作的因素；来自书本和教师指导与来自生产活动指导"①。杜威认为，两种教育各执一端的制度，无法适应工业社会、民主社会的要求。所以，自由教育应彻底摆脱迂腐、无用的形象，抛弃高高在上、脱离社会需求、脱离学生未来工作生活实际的传统，更多承担起社会责任，融入到工业洪流之中，将个体培养成有用公民，使之既能对社会做出有用服务，又能过体面的生活。杜威同时指出，职业教育也应彻底远离狭隘的技能训练模式，让学生在科学与社会的基轴上掌握技能和知识，在与科学、艺术、社会互动中理解工作。②

基于此，杜威坚决反对普洛瑟职业主义所倡导的"普职"分轨的教育体系。杜威认为，基于效率主义的职业主义论只是着眼于社会服务与个体就业功用，这些观点仅仅是把职业教育视为实现外在目标的手段而已，恰恰会使职业教育变成杜威所担心的，即制造业和商业的附属机关以及获得专门职业的手段。所以，杜威在论述民主主义与教育之间关系之时，同样开启了对于"二元论"的深刻批判。抨击了劳动与闲暇、人和自然、思维和行动、个性和联合、方法和教材、心理和行为的历史性分离。杜威认为，调和这些"二元论"，即是建立一种哲学——把智力看作是通过行动对经验材料进行有目的的改组，在所抨击的所有"二元论"中，对于他的进步主义观点而言，没有任何东西比"文化和职业"的传统分离更重要。③

---

① Dewey, J., *Some Dangers in the Present Movement for Industrial Education*, National Child Labor Committee, 1913, p. 1001.

② Ibid..

③ [美] 劳伦斯·阿瑟·克雷明：《学校的变革》，单中惠、马晓斌译，山东教育出版社 2009 年版。

从希腊时代开始，文化者即意味着拥有知识并属于富裕、闲暇以及上流社会阶层的成员，职业者则属于贫穷、劳动以及社会底层的成员。杜威认为，民主主义需要文化的重建及与之相宜的课程；杜威将职业作为教育的要素即试图改造传统教育以与民主社会一致。杜威强调："教育者的问题在于使学生从事这样一些活动：获得手工的技能和技艺的效率，在工作中发现即时的满足，为后来的应用做好准备。所有这些事情都应从属于教育，即从属于智育的结果和社会化倾向的形成。"[①]

教育"二元论"终结于杜威的教育理论，传统自由教育与职业教育已不复存在，或说皆是自由教育与职业教育。就教育变革的整体意义而言，普洛瑟显然无法与杜威相比拟。普洛瑟因袭教育"二元论"的传统路线，使职业教育在背离自由教育的轨道上越走越远，尽管构建出职业学习的有效模式，但职业教育学科本身应有的发展弹性丧失了，逐步成为社会政治与经济的附属品，这势必导致普洛瑟的职业教育最终偏向了职业培训。杜威则不然，基于教育"二元论"的批判，超越"为职业而教育"的传统定义，着眼于传统教育的改造，从而提出"通过职业而教育"的崭新命题。在杜威职业教育思想体系中，课程并非工作课程，而是改造现实职业使其涵盖现代工业因素的主动作业；教学组织不是被动适应工业体系的工作逻辑，而是旨在培养科学思维方式的设计教学法。

第二节 职业教育取向比较

职业教育取向一般通过定义、目标得以凸显。普洛瑟"为职业而教育"的命题强调职业教育的"职业"取向，杜威"通过职业而教育"的定义强调职业教育的"教育"取向。比较而言，普洛瑟基于社会效率主义原则，沿袭亚里士多德以来教育与职业割裂的轨

---

① ［美］约翰·杜威：《民主主义与教育》，王承绪译，人民教育出版社 1990 年版，第 213 页。

道，固守普通教育与职业教育的“双轨”制，终极目的是为现实社会培养需要的合格工人；杜威则着眼于人的发展以及民主社会的进步，颠覆了传统的教育与职业二元对立的格局，将职业因素引进学校以改造传统教育，最终为现实社会培养能动的改造者。

一　为职业而教育

普洛瑟在扛鼎之作《民主中的职业教育》开篇中指出，广义的职业教育即“通过学习，使个体成功地从事一份有意义的职业”；狭义的职业教育即“为特定就业机会培训某人岗位所需的完整经验”。① 由此显示出普洛瑟职业主义立场，职业教育即为适应现实职业做准备。1912—1915 年，普洛瑟出任全国工业教育促进会秘书长，曾明确指出，教育应该为一种职业提供最好的实践操作，并且应在与现实企业同等条件下训练学生，以便他们离校后马上能使用这些设备。② 罗伯特认为，普洛瑟与杜威之间的核心差别即“普职”关系与职业教育“取向”问题，杜威视职业教育为推进人类进步的载体，普洛瑟则认为，职业教育在于“帮助学生满足特定要求的职业”。③ 普洛瑟坚守职业教育的“职业”取向，与其早期经历、教育传习及其效率主义立场密切相关。

首先，普洛瑟“为职业而教育”的思想与早期成长环境不无关系。1871 年，普洛瑟出生于钢铁工人家庭，父亲曾担任钢铁工人联合工会副主席，幼时的困顿生活与工厂劳动助学的经历使普洛瑟对工人就业、生活境况等问题格外关注。④ 普洛瑟夫人霍基·A. 佐瑞姐（Zerelda A. Huckeby）终身致力于帮助穷人的善举一直与丈夫分

---

① Prosser, Charles A. & Thos H. Quigley, *Vocational Education in a Democracy* (revised-ed.), Chicago: American Technical Society, 1957, p. 2.

② 谢列卫:《美国职教与经济结合的历史轨迹》，《教育与职业》1995 年第 5 期，第 37 页。

③ Silver, Roberta, *An Analysis of Charles Allen Prosser's Conception of Secondary Education in the United States*, Chicago: University of Chicago, 1991, p. 46.

④ Ibid., p. 2.

享。① 其次，普洛瑟思想的"职业"取向又是沿袭教育"二元论"的逻辑结果。职业教育从学徒制演进至职业学校，"职业"取向明确。相反，自由教育则排斥职业准备，只是等级身份的一种标志而已。亚里士多德如此描述自由教育，"为父母的用其训练子者，不是因为它有用或生活必需，而是因为它是自由和高贵的"②。具有浓厚平民情结的普洛瑟自然抵制远离职业劳动的自由教育。再次，普洛瑟"职业"取向尤其是社会效率主义原则的体现。马萨诸塞州工艺教育局副督学、全国工业教育促进协会干事、秘书长的特殊任职经历，使普洛瑟一直在教育与产业之间"跨界"工作，对青年的职业愿景与工商业人才的需求现状了解颇深。20世纪初期，美国工商业界发展中等职业教育的呼吁给普洛瑟留下了深刻印象，普洛瑟坚信学校是社会的工具，必须从社会利益出发培养学生。基于职业教育服务工业社会的原则，普洛瑟与其师走上同样狭隘的职业主义道路。1911年，泰罗《科学管理的原则》的发表加速了美国效率时代的到来，美国劳动联盟改变态度，支持职业教育发展，也成为普洛瑟"职业"取向形成的重要基础。普洛瑟认为，职业教育作为一种社会效率策略，为维护社会稳定和进步提供机会。③ 20世纪初期，工业化与城市化发展，使大量妇女从厨房中解放出来，就业问题迫在眉睫。据统计，1900年美国妇女就业率为20%，30年代末期仅为25%左右。④ 1917年《史密斯—休斯法案》初稿中本未列"家政"资助条款，普洛瑟遂而进言国会并对此表示深感忧虑，之后，家政资助条款得以补充。⑤ 罗伯特研究发现，1918年《中等教育的基本原则》与普洛瑟高中研究计划表现出惊人的相似，核心目

① Silver, Roberta, *An Analysis of Charles Allen Prosser's Conception of Secondary Education in the United States*, Chicago: University of Chicago, 1991, p. 4.

② 张法琨选编：《古希腊教育论著选》，人民教育出版社1994年版，第295页。

③ Silver, Roberta, *An Analysis of Charles Allen Prosser's Conception of Secondary Education in the United States*, Chicago: University of Chicago, 1991, p. 54.

④ ［美］理查德·B. 弗里曼：《劳动经济学》，刘东一等译，商务印书馆1987年版，第28页。

⑤ Prosser, Charles A. & Thos H. Quigley, *Vocational Education in a Democracy* (revised-ed.), Chicago: American Technical Society, 1949, p. 436.

标即中等教育要为“生活”做准备，普洛瑟 1939 年关于《中等教育和生活》的演讲，即借鉴了《中等教育的基本原则》所确定的七项基本原则作为划定中等教育的基本框架。①

普洛瑟“为职业而教育”得到了全国制造商协会的支持。不过，“职业”取向直接导致普洛瑟所设计的课程完全与工厂状况相符合而引发争议。批判者认为这是教育对于社会的屈从，将职业教育当作被动适应社会的工具，只是为了满足工业需要，并保存社会结构和社会形态，甚至“是以阶级为本的，依照种族、阶级或性别差异把社会的某些人群分流到二等职业，成为二等公民”。② 因此被批评为“社会达尔文主义”。③ 普洛瑟“职业”取向论强调：个体需适应社会，教育须适应环境，教育与人的革新之力被忽略。但普洛瑟职业主义在美国 20 世纪多半期一直居于主导地位，值得思考。

普洛瑟的批评者显然只是从政治学与社会学视角出发，而且明显带着自由教育的贵族气息，但他们可能忽视了两个重要问题：其一，“职业”取向可以满足特定历史阶段的需求。“一战”前后欧洲技术移民锐减，技术人才短缺现象愈加严重，公立学校以运用赫尔巴特教学法，注重抽象知识的学习，未为学生胜任工作做好充分准备。处于世界工业首强的美国，企业流水线上简单操作之外，其工艺设计、模具制造等水平已经与德国、俄国等欧洲国家存在较大差距。其实，1876 年费城博览会上蒙羞的美国并没有立即改变现状，而伍德沃德开启的手工教育运动又因为“心智训练”的教育价值而表现出较大的局限性。因此，培养胜任工商业界实际工作的职业人才的职业教育备受联邦与工商业界瞩目，普洛瑟“职业”取向和与之相伴的工作导向课程，因其恰恰契合于时代而被接纳。其二，“职业”取向本身承载着民主意义。与其说 19 世纪初期美国公

---

① Silver, Roberta, *An Analysis of Charles Allen Prosser's Conception of Secondary Education in the United States*, Chicago: University of Chicago, 1991, p. 61.

② ［美］Rojewski, Jay W.：《历史选择：培育明日之劳动大军》，《职业技术教育》2004 年第 30 期，第 45—46 页。

③ Gordon, Howard R. D., *The History and Growth of Career and Technical Education in America* (3rd ed.), LongGrove: Waveland Press, Inc., 2008, p. 29.

立学校运动的民主性体现于"同一个的学校"与"标准化课程",普洛瑟"职业"取向强调提升学生工作胜任力,本身即在赢得一种个人权利。尤其是底层民众可以通过职业求得稳定而有尊严的生活。20世纪初期,基于实用主义哲学,社会越发彰显对实际能力的崇尚,被视为民主标志的公立中学则招致日益强烈的批判。

杜威对职业主义批评显然更为高明,与普洛瑟提升未来工作胜任力不同,杜威已经觉察到了工业社会职业变化的适应性问题,而且职业准备不能以损害成长为前提。因此,杜威提出"通过职业而教育"的命题。

二 通过职业而教育

与普洛瑟"为职业而教育"不同,基于对狭隘的职业训练的反对,杜威提出"通过职业而教育"的命题,旨在关注人的生长与职业教育的社会改造功能。[1] 杜威十分欣赏柏拉图"教育的任务在于发现个人特长"的精辟见解,杜威认为,柏拉图道出了教育哲学的基本原理。同时,杜威批评了柏拉图狭隘的职业观,"他的错误不在于定性的原理,而在于他对社会所需职业的范围的狭窄看法,使他看不到个人无限变异的能力"[2]。杜威是教育社会改良论者,"贯穿于杜威教育理论中的一个主要思想是他的社会改良主义"[3]。杜威早在1897年《我的教育信条》一书中即明确写道,"我认为教育是社会进步和社会改革的基本方法"[4]。同样,杜威对以职业教育推进民主社会进步寄予厚望。

普洛瑟"为职业而教育"的现实意义毋庸置疑,但职业主义在教育哲学层面被叩问之时,其存在的合理性受到质疑。因为普洛瑟"为职业而教育"以及与之紧密关联的工作导向课程,与企业职业

---

① Kenneth C. Gray, Edwin L. Herr, *Workforce Education: The Basics*, Boston: Allyn and Bacon, 1998, p. 21.

② [美]约翰·杜威:《民主主义与教育》,王承绪译,人民教育出版社1990年版。

③ [美]劳伦斯·阿瑟·克雷明:《学校的变革》,单中惠、马晓斌译,山东教育出版社2009年版。

④ Dewey, J., *My Pedagogic Creed*, Chicago: E. L. Kellogg and Co., 1897, p. 15.

培训课程趋同，学校职业教育则随时可被企业培训所替代，而这种企业培训的职能恰恰可能导致职业教育沦为工业社会的附庸。当职业教育仅为追求一种获得技能效率的手段之时，其间所蕴含的更多意义和人类价值等方面的自由往往被忽略。① 因此，普洛瑟阵营狭隘的技能培训理念被杜威视为消极"社会宿命论"（social predestination）的反映。② 针对职业主义阵营潜在的危险，杜威主张"通过职业而教育"，凸显出职业教育首先作为"教育"的内在属性。

杜威在 1916 年《民主主义与教育》一书中明确提出："教育的过程，在它自身以外没有目的，它即是自己的目的。"③ 在一定意义上，"教育无目的论"是杜威反对库利议案、批判普洛瑟职业主义阵营的关键所在。把实现社会效能作为教育目的或仅使受教育者胜任某种职业的教育观招致杜威的质疑。杜威认为，着眼于专门职业训练会损害"人的生长与发展"的教育价值。杜威说："预先决定一个将来的职业，使教育严格地为该职业做准备，这种办法将损害现在发展的可能性，从而削弱对将来适当职业的充分准备。"④ 因此，杜威不厌其烦地强调自己的教育信条，"这种训练也许能培养呆板的机械的技能（事实上，培养这种技能也毫无把握，因为它使人感到枯燥无味，使人厌恶，使人漫不经心），但是，它将会牺牲使职业在理智上有益处的敏捷的观察和紧凑、机灵的计划等特性"⑤。可以看出，在杜威眼里，与眼前职业相比，人的成长是第一位的。如果职业教育只是为职业做准备，即等同于企业培训，学校职业教育则失去了存在的理由。就某种意义而言，杜威职业教育理论的高度，恰恰是普洛瑟的不足之处。

---

① Wirth, A. G., *Education in the Technological Society*：*The Vocational - Liberal Studies Controversy in the Early Twentieth Century*, Scranton, PA：Intext Educational Publishers, 1972, pp. 168, 189.

② Dewey, J., " Industrial Education-A Wrong Kind ", *New Republic*, Vol. 20, 1915, pp. 71-73.

③ ［美］约翰·杜威：《民主主义与教育》，王承绪译，人民教育出版社 1990 年版，第 58 页。

④ Dewey, J., *Democracy and Education*, New York：Macmillan, 1916, p. 320.

⑤ 吕达、刘立德等主编：《杜威教育文集》第 2 卷，人民教育出版社 2008 年版，第 299 页。

就推进民主社会发展而言，杜威认为，教育即使不是唯一的工具，也是第一工具，首要工具，最审慎的工具。杜威指出，没有教育，民主主义便不能维持下去。① 这里，杜威强调的是，教育改造社会要通过受教育者来实现。所以，杜威在批评教育外在目的之时，将关注点最终转向个人。通过教育使个体培育思考、观察、判断与选择的品质，通过经验改组以"提高把握以后经验发展方向的能力"。② 更重要的是，杜威深刻地意识到工业社会对于工人发展的局限性，"操作工人必须使自己适应于机器，而不是使工具适应于他自己的目的。……实现工作中内在智力活动的可能性这个任务只得交给学校"③。所以，杜威着重强调需在学校完成这一使命，即致力于培养一个具有自我生长能力的个体，而这恰恰凸显出学校教育的不可替代性。如此，教育才不会因个体离开学校之后而自行停止。鉴于教育"二元"制度桎梏的存在，杜威提出，学校必须通过自由教育与职业教育的整合，理论与实践的整合以确保利于生长的各种力量聚合于教育体系之中，方可为自我教育得以持续奠定基础。杜威认为，人们乐于从生活本身学习，乐于把生活条件造成一种境界，这即是学校教育的最好产物。

杜威"通过职业而教育"的具体方案不是以未来从事何种职业来划分的，与此相比，人的成长具有终极意义。与普洛瑟"为职业而教育"不同，杜威定位职业教育总体目标即这种教育将训练未来工人适应不断变化的能力，使他们不会盲目听天由命。20 世纪后期，S. 鲍尔斯等《美国：经济生活与教育改革》一书通篇贯穿一个主题，即美国教育一直处于雇主主导的时代，④ 杜威早在 1916 年《民主主义与教育》一书中已做出警示：这种职业教育并不使青年屈服于现今制度，而是要利用科学和社会的因素发展他们的胆识，

① ［美］约翰·杜威：《人的问题》，傅统先、邱椿译，上海人民出版社 1965 年版，第 11—12 页。

② Dewey, J., *Democracy and Education*, New York：Macmillan, 1916, p. 56.

③ Ibid., p. 324.

④ Samuel Bowles, H. Gintis, *Schooling in Capitalist America：Education Reform and the Contradiction of Economic Life*, London：Routledge, 1976.

并且培养他们实践的智慧。① 杜威指出，职业教育群体需有自觉意识，因为这种制约力量不会自然消除，与教育传统以及指挥工业机构的压迫势力做斗争在所难免。②

杜威担心职业教育变成"商业"教育（trade education），这种"商业"教育仅可满足手足、肢体发展的本能，对于工业中的科学方法则全然不知。为此，杜威提出，"给他们博大广阔的面面俱到的教育，使他们的心思技能有格外广阔的根基，能于短时间内变成某行业的人才"③。当然，杜威非常清楚解决职业教育弊病之难。美国哲学家和教育家悉尼·胡克（Sidney Hook）曾经指出：杜威也许第一个认识到，即便在当时更加平等和开明的制度里，要实现令人满意的职业教育计划，也面临诸多困难。④ 然而，这恰恰也是杜威改造职业教育之所在。

杜威"通过职业而教育"并没有舍弃对职业准备的关注。只是，这种职业准备建立于个体"生长"的基础之上。杜威说："不仅促进儿童生长，而且使他们有同样的效果，进而使他们获得从前的教育思想中也提到的职业知识和训练。"⑤ 再有，这种职业准备建立在"间接"基础之上。基于个体无限发展的可能性和未来职业变化的可能性，杜威提出，"唯一可供选择的办法，就是使一切早期的职业预备都是间接的，而不是直接的"⑥。间接教育并非毫无目的，杜威提出，通过从事学生目前需要和兴趣所表明的主动作业，教育者和受教育者才能真正发现个人的能力倾向。⑦ 与普洛瑟不同，杜威反对以现有工业标准来设计职业教育，他说："现代是工业变

---

① Dewey, J., *Democracy and Education*, New York: Macmillan, 1916, p. 329.

② Ibid., pp. 328–329.

③ 曹伯言编：《胡适学术文集·教育》，中华书局 1998 年版，第 409 页。

④ ［美］约翰·杜威：《民主主义与教育》，王承绪译，人民教育出版社 1990 年版，第 390 页。

⑤ ［美］约翰·杜威：《学校与社会·明日之学校》，王承绪译，人民教育出版社 1994 年版，第 70 页。

⑥ Dewey, J., *Democracy and Education*, New York: Macmillan, 1916, p. 320.

⑦ ［美］约翰·杜威：《民主主义与教育》，王承绪译，人民教育出版社 1990 年版，第 329 页。

迁的时代，教育应以将来的工业为标准……教育应给学生基础的方法技术，使他心思耳目都灵敏，随时可以进步。这比狭隘的训练好得多。"①

20世纪初期，职业指导在美国公立学校逐渐盛行。1908年，美国"职业指导之父"弗兰克·帕森斯（Frank Parsons）在波士顿创立第一个职业局，主要做法是采用大量测验，判断不同人的职业取向和潜能。② 杜威对此提醒道：如果教育者以为职业指导可使人对职业做出确定的、无可改变的和完全的抉择，教育和所选职业则都可能流于呆板并阻碍将来的发展。在这个范围内，所选择的职业将使有关的人永远处于从属的地位。③ 即使关注职业准备也应注重职业认同感而不只是工资水平。为此，杜威批评了葛雷学校的做法，"学生离开学校前，他都有机会学习任何一种职业的专门过程……使得他从事无论什么工作都真正成为一门职业，一门终身职业，而不仅仅只是为了工资水平去做的日常工作"④。

杜威"通过职业而教育"旨在通过改造教育而培养新型劳动者，使之"崇尚自由而不是顺从，富于创造精神而不是机械的技能，是洞察力和理解力而不是背诵书本和按别人意图完成任务的能力"。⑤ 然而，普洛瑟"为职业而教育"的职业主义却在20世纪上半叶盛行，美国社会选择了满足其需要的职业教育思想体系与课程模式，而放弃了可能改造社会本身的杜威职业教育思想。直至20世纪70年代，美国中等职业教育才开始转向杜威的理想。关键在于，不同职业教育取向之下，普洛瑟与杜威创设了不同的课程模式。

---

① 曹伯言编：《胡适学术文集·教育》，中华书局1998年版，第408页。
② ［美］乔尔·斯普林：《美国学校——教育传统与变革》，史静寰、张宏等译，人民教育出版社2010年版，第348页。
③ Dewey, J., *Democracy and Education*, New York: Macmillan, 1916, p. 321.
④ ［美］约翰·杜威：《学校与社会·明日之学校》，王承绪译，人民教育出版社1994年版，第366页。
⑤ Dewey, J., Learning to Earn: the Place of Vocational Education in a Comprehensive Scheme of Public Education, Boydston, J. A. （ed.）*John Dewey's Middle Works*, Vol. 7., London and Amsterdam : The Southern Illinois University Press, 1917, p. 150.

第三节　职业教育课程比较

　　20 世纪初期，桑代克学习迁移理论动摇了传统官能心理学的主导地位。在桑代克启发下，普洛瑟提出"习惯心理学"，并以此为基础创建出美国职业教育史上第一个系统的工作课程模式。普洛瑟职业教育 16 条原则的提出标志着传统学科课程的瓦解，开启了传统职业教育课程层面的深度变革。与此同时，普洛瑟工作课程的"职业培训化"使之真正成为适应社会的工具。比较而言，基于现代工业有益因素的吸收与有害因素的规避，杜威提出了以主动作业为核心部分的"一体化"课程方案。

一　工作课程

　　在哥伦比亚大学求学期间，普洛瑟曾师从著名心理学家桑代克，普洛瑟后来称他可能是"教育领域中最出色的实验心理学家"①。普洛瑟的"习惯训练理论"（theories of habit training）即建立于桑代克学习迁移理论之上。基于职业准备目的，普洛瑟创建出工作课程——仿真工厂。

　　20 世纪初，桑代克开始学习迁移与心智训练方面的实验研究。此时，传统官能心理学和形式训练说依然盛行。学习迁移理论由桑代克和吴伟士（Robert S. Woodworth）共同实验完成，并于 1901 年将研究成果发表于《美国心理学》杂志。桑代克和吴伟士的实验试图明了各科学习效果究竟能否普遍应用于各种环境，并且究竟能把效能迁移至何种限度。结论与传统观点截然不同，桑代克总结道："某一心智功能的提高并不一定会提高经常用同一名称命名的其他功能的能力，它还可能减弱这种能力；某一心智功能的提高很少带

---

　　①　Charles Allen Prosser, *Vocation Education as Life Adjustment*, Presentation given to the Wisconsin Education Association, Typewritten Document, Special Collection, Minneapolis：Dunwoody Industrial Institute, 1936, p. 11.

来其他功能的相同进步，无论这些功能多么相似。"① 因此，桑代克认为，在一个环境中学习到的知识运用于另一环境时受到限制，学校教育中，与生活中的活动越相似的学科，就越可以增加学习迁移的可能性。研究表明，古典科目应由实用性强和富有效能迁移性的科目所替代。

桑代克的研究支撑了普洛瑟的观点，即传统学术性学科对于职业训练无效。在普洛瑟看来，心智只是一种"中性的交换机"（neural switchboard），与电话总机相似，习惯要通过反复操作来习得。② 正是基于这样的想法，普洛瑟坚定地认为，专门化的学科比普通学科更重要、更实用，且更具迁移性和教学价值。受桑代克等心理学家的影响，普洛瑟对当时垄断整个教育系统的官能心理学持怀疑态度，他声称，职业教育基础理论应该是某种"习惯心理学"（habit psychology）。③ 也就是说，职业教育不能指望通过某种形式的官能训练，让学生将所学技能迁移到真实的工作环境中，而需通过在高仿真环境中的重复性训练，建立起学生在工作中所需要的思考和行动习惯。这些习惯可以概括为三类：适应工作环境的习惯、操作程序的习惯以及思考的习惯。④ 无论是否出于自觉，事实上，普洛瑟在此揭示了职业教育的核心元素即工作环境、工作秩序与工作思维，这些恰恰是与学科课程元素之间的主要差异所在。普洛瑟认为，无论工作环境如何，劳动者都必须自己适应，并且，每个职业的技能操作都必须符合特定的标准，这些皆须通过让学生养成一致的操作程序习惯来实现。另外，也不能期望以一种思考方式来培养学生，却又期望他在另一种工作环境中转变思考习惯。正是在这样的理论假设上，普洛瑟的职业教育教学论强调的是对工作环境、要

---

① Thorndike, Edward L. & Robert S. Woodworth, "The Influence of Improvement in One Mental Function upon the Efficiency of Other Functions ", *Psychological Review*, 1901, p. 250.

② Silver, Roberta, *An Analysis of Charles Allen Prosser's Conception of Secondary Education in the United States*, Chicago: University of Chicago, 1991, p. 48.

③ Prosser, Charles A. & Thos H. Quigley. *Vocational Education in a Democracy* (revised-ed.), Chicago: American Technical Society, 1957, p. 215.

④ Ibid., p. 217.

素、流程的高度仿真,以及对学生的重复性训练。[①] 这一方面是普洛瑟对于职业教育课程的创造,同时也被民主主义阵营所诟病。

　　1917 年,普洛瑟出任第一届联邦职业教育委员会 (Federal Board of Vocatioanal Education) 主任,主要负责监督全国职业教育的运行情况。为了成功、顺利地推行职业教育课程,他在斯尼登职业教育 11 条原则基础上起草了新的 16 条原则,内容包括课程设计、教学方法、师资要求、行政管理等多个方面。这些原则在 20 世纪多半个时期一直是指导美国职业教育实践的重要指南。它们包括:(1) 当学习者接受培训的环境与其即将从事的工作环境越相似,职业教育就越有效。(2) 只有用与某职业本身相同的操作程序、相同的工具以及相同的机器开展培训,职业培训才会有效。(3) 职业教育越是用某职业本身所需要的思考方式和操作习惯直接培训个体,职业教育就越有效。(4) 职业教育越是可以将每个人的兴趣、喜好和能力倾向最大限度地转化为能力,职业教育就越有效。(5) 任何专业、职业、行业或工作的有效职业教育都只能是针对那些需要它、想要它且能够从中受益的特定群体的。(6) 形成正确习惯的特定培训经验的稳定度越是达到有利于就业的程度,职业教育就越有效。(7) 指导者在将技能和知识运用于其所教授的操作和程序方面越是有成功的经验,职业教育就越有效。(8) 每个职业都有个体保持就业所必须掌握的最低生产能力。如果职业教育不能给个体提供那样的能力,它无论对于个人还是对于社会都是无效的。(9) 职业教育必须认识现实的环境,而且必须培训个人以满足这一"市场"的需要,即使可能大家都知道那个职业的更有效的生产方式是什么,或者大家期望有更好的工作环境。(10) 培训越是以真实的工作而非以练习或假工作进行,学习者就越能有效地建立起流程习惯。(11) 某一职业的特定培训内容唯一可靠的来源是该职业专家的经验。(12) 每个职业都只有这一职业需要而在其他职业中毫无功能价值的特殊内容。(13) 职业教育越是能在某一群体需要它时,

---

　　① Silver, Roberta, *An Analysis of Charles Allen Prosser's Conception of Secondary Education in the United States* , Chicago:University of Chicago, 1991, p. 48.

能以他们最为受益的方式满足这一群体的特殊培训需求，它就越能产生有效的社会服务。（14）职业教育越是能在其教学方法及其与学习者的个人关系中考虑其服务的特殊个体的特点，职业教育就越具有社会效益。（15）职业教育的管理越是灵活可变而非固定死板，职业教育的管理就越有效。（16）虽然要采取各种合理措施以减少人均成本，但有效的职业教育存在最低成本，低于最低成本，职业教育不可能有效。如果课程不能提供这一最低人均成本，职业教育就没有必要开展。① 普洛瑟职业教育 16 条原则凸显出工作课程的核心思想。

普洛瑟的工作课程显然与杜威的思想有关联。在哥伦比亚大学期间，杜威已成为世界上最有影响的思想家之一。他并未直接师从于杜威，但明显受到了杜威思想的熏陶。这一点，从普洛瑟大量引用杜威在《学校与社会》中所表达的观点即可看出。杜威学习与生活整合的思想，对普洛瑟职业教育理念产生了很大的影响。普洛瑟在《我们都坚守信念了吗：在教育十字路口的美国》一书中建议："当学校与生活整合到这样一种程度，即学习者可以在学校里运用他们在校外获得的经验并在校外运用他们在学校学到的东西时，学校与生活就整合到一起了。"② 显而易见，这种思想源自杜威 1899年《学校与社会》一书的观点。杜威认为，孩子在学校里的最大浪费就是他不能将他在校外所获得的经验，完整自由地用于学校本身；另一方面，他也不能将其在学校里所学到的东西运用于日常生活。这即是学校脱离生活。杜威认为，要消除这种脱离，应让孩子带着在校外获得的所有经验来学校，并教给他能马上运用于其日常生活的一些东西。③ 普洛瑟一直反对《中等教育的基本原则》中的"闲暇教育"，为此，在《民主中的职业教育》中，普洛瑟引用杜威"每个人都能有其职业的世界"的观点，并论证了"个人积极参

---

① Prosser, Charles A. & Thos H. Quigley, *Vocational Education in a Democracy* (revised ed.), Chicago: American Technical Society, 1957, p. 233.

② Prosser, Charles A. & Charles R. Allen, *Have We Kept the Faith: America at the Cross-Roads in Education*, NewYork: Century Company, 1929, p. 429.

③ Dewey, J., *The School and Society*, Chicago: University of Chicago, 1899, pp. 89, 97.

与生活实践的教育"对于美国民主教育制度的重要性。[①] 但是，普洛瑟并没有继续沿着杜威的思想前进，尤其未体现"教育即生长"等著名命题，而是撇开人的发展问题，完全走向了斯尼登指向的社会效率主义。

基于桑代克迁移学说，普洛瑟构建了工作课程体系，无论是否自觉，普洛瑟对于美国职业教育课程理论与实践都做出与学科课程相别的拓展性工作。然而，基于现实工业社会的需要，普洛瑟工作课程完全采用工业界真实场景、真实规范与伦理标准，并针对学生职业选择予以组织实施。尽管对于职业准备与岗位技能训练有效，但其几乎完全抛弃了职业教育的"教育"价值。比较而言，杜威仅是将工业要素视为学习的凭借与手段，"我们须把木工、金工、纺织、缝纫、烹调看作生活和学习的方法，而不是各种特殊的科目……通过它们，学校自身将成为一种生动的社会生活的真正形式，而不仅仅是学习功课的场所"[②]。普洛瑟工作课程几乎排除所有学术性教学计划，甚至对普通教育采取完全排斥和绝不妥协的态度。普洛瑟提出，在职业学校，可以去除外语学习，英语、数学和科学课程虽然可以保留，但须与商业和工业相关。[③] 这些主张强化了美国职业教育与普通教育的割裂。[④] 普洛瑟职业教育的主张因此被批评为"原粹主义"（Essentialism）。[⑤] 归根结底，工作课程旨在人力教育，人性、思维与情感等更为丰富的范畴往往被忽略。

二　整合课程

杜威"通过职业而教育"表明职业的教育价值。杜威提出，如

---

① Prosser, Charles A. & Thos H. Quigley, *Vocational Education in a Democracy* (revised-ed.), Chicago: American Technical Society, 1957, p. 37.

② ［美］约翰·杜威:《学校与社会:明日之学校》，赵祥麟等译，人民教育出版社 1994 年版，第 31 页。

③ Silver, Roberta, *An Analysis of Charles Allen Prosser's Conception of Secondary Education in the United States*, Chicago: University of Chicago, 1991, p. 18.

④ 徐国庆:《美国职业教育范式的转换及启示》，《教育发展研究》2008 年第 7 期，第 50 页。

⑤ ［美］Rojewski, Jay W.:《历史选择:培育明日之劳动大军》，《职业技术教育》2004 年第 30 期，第 45—46 页。

果教育与职业活动割裂，不仅导致教育无法履行社会责任，而且会使之变得刻板、表面化而无趣。杜威确信，职业蕴含教育功能。在《学校与社会》一书中，杜威指出：真正满足一个冲动或兴趣即要努力工作，要努力工作就会碰到障碍，就要熟悉材料，在运用独创性、忍耐性、坚持性、机智的过程中，必然包含教育的收获，知识自然融于其中。[1] 杜威认为，就知识组织而言，"为纯粹抽象的目的而进行，无论可靠性和效果上都断然比不上迫于职业的需要而组织的知识"[2]。就提升文化修养而言，职业活动是唯一有效的方式；就个人意义而言，职业活动对人的影响是持久的、深刻的、潜移默化以及渗透式的；就职业学习原理而言，杜威概括道：为了适应变革，迫切需要在文化学习和职业学习之间建立密切的关系，"这是一种以职业教育人文化为方向的关系，而不是使文化教育变得非人文化、商业化的关系"[3]。

（一）职业对于教育的本体意义

杜威"通过职业而教育"的思想不是凭空产生的，卢梭、萨洛蒙等人的学说以及美国手工教育运动思想为其提供了理论启示。自由教育传统以及受到裴斯泰洛齐、费伦伯格等人影响，美国手工教育在体现"职业性"的同时并没有舍弃"教育性"。杜威在受到手工教育运动影响的同时，又影响了该运动，1896 年芝加哥实验学校的课程特征以及在进步教育运动中对于手工课程的倡导都说明了这一点。比较而言，卢梭较早提出职业劳动对于发展理性的重要价值："假如我们不叫儿童埋头读书，而让他到工场从事劳作，他的双手便可通过工作来发展他的心灵。当他想象自己是一个工人时，他实在已经变为哲学家了。"[4] 杜威对于卢梭十分推崇，在所著《明日之学校》里，开宗明义便征引卢梭《爱弥儿》中的警句，随后，

---

① Dewey, J., *The School and Society*, Chicago: The University of Chicago Press, 1916, p. 13.

② ［美］约翰·杜威：《民主主义与教育》，王承绪译，人民教育出版社 1990 年版，第 329 页。

③ Dewey, J., The Modern Trend Toward Vocational Education in Its Effect upon the Professional and Non-Professional Studies of University in John Dewey's *Middle Works* Vol. 10, p. 156.

④ 滕大春：《卢梭教育思想述评》，人民教育出版社 1984 年版，第 140 页。

杜威说："我们现在努力追求教育进步，其要点已被卢梭一语道破。他认为不是把外面的东西强迫儿童或青年去吸收，而要使人类与生俱来的能力得以生长。"①　美国学者不断造访欧洲，使得福禄贝尔、赫胥黎、费伦伯格等人的手工教育思想在美国广泛传播，尤其是瑞典教育家萨洛蒙手工教育的"心智"取向影响了美国手工教育运动。②

教育史上鄙视"职业"者当属自由教育论者。关于职业训练贬损心智，英国教育思想家纽曼有一段经典论述，"一个人越是把他的才能倾注于某一职业，他在工作中自然会展示更娴熟的技能、更高的敏捷度。但是，他为社会财富的积累贡献越大，作为理性的人，他自己就会越来越退化。随着他的行动范围的不断缩小，他的思维能力及智力习惯也会相应萎缩。最后，他就像是功率强大的机器的一个部件，在其所在位置上是有用的，一旦离开这个位置便变得微不足道、一文不值了"③。纽曼在贬低职业对于理性发展的负面影响的同时，进一步提升了理性对于职业的作用。纽曼认为，受过教育的人，学会思考、推理、比较、辨别及分析的人，审美观已得到锻炼、判断能力已形成、洞察力已变得敏锐的人，虽然不会一蹴而就成为律师、化学家、地质学家、政治家，但是他所处的智能状态可以使他马上去从事这些科学和职业中的任何一种，他也可以根据趣味和独特才能选择科学和职业，而且能够泰然处之、优雅得体、多才多艺并确保成功。④　对于狭隘职业教育的批判，杜威与纽曼观点相似；可惜，纽曼只是洞察出"职业"之弊，杜威则认为职业对于心智发展具有本体的意义。

杜威提出"理智"训练与经验的不可分割性，甚至强调，"思维的开始阶段即经验"⑤。就经验与理论的关系而言，杜威赋予经验

---

① ［美］约翰·杜威：《明日之学校》，朱经农、潘梓年译，商务印书馆 1935 年版，第 1 页。

② June E. Eyeston, "The Influence of Swedish Sloyd and Its Interpreters on American Art Education", *Journal of Issues and Research*, Vol. 1, 1992, p. 29.

③ ［英］约翰·亨利·纽曼：《大学的理想》，徐辉、顾建新等译，浙江教育出版社 2001 年版，第 56 页。

④ 同上书，第 88 页。

⑤ Dewey, J., *Democracy and Education*, New York：Macmillan, 1916, p. 160.

很高的地位，"一盎司经验所以胜过一吨理论，只有在经验中，任何理论才具有充满活力和可以证实的意义。一种非常微薄的经验，能够产生和包含任何分量的理论。离开经验的理论，甚至不能肯定被理解为理论"①。就教学法而言，杜威反对以单纯的文字符号激发学生的思维，提示经验或经验的情境的意义。杜威提倡以"职业"改造传统教育，即将园艺、纺织、木工、金工、烹饪等人类的基本事务引到学校课程中去。这即是杜威反对普洛瑟阵营"普职"分离的重要理由之一。与纽曼不同，杜威肯定了职业中的"自由"因素，"在学校中进行的作业不是为金钱报酬，而是为作业本身的内容。学校作业摆脱了外部联系和工资压力，能够供给本身具有价值的各种形式的经验；这种作业在性质上真正具有使人自由的作用"②。

重新定义职业是杜威实现"通过职业而教育"的基础性工作。为避免对职业做狭隘性误读——金钱性质或是实用性质，杜威首先指出"一种职业只不过是人生活动所遵循的方向，使这些活动因其结果而让个人感到有意义，同时也使相关者感到有好处"③。并且，职业是唯一能使个人特异才能和他的社会服务取得平衡的事情。④这句话道出职业对于人生的指向意义，尤其表明与等级社会贵族接受服务、贫民提供服务之间清晰的界限。为防止亚里士多德以来自由教育与有闲阶级、职业教育与劳动阶级的相互对应观念的影响，杜威清理了传统意义上职业的对立面，他说，职业对立面既不是闲暇，也不是文化修养。它的对立面，在个人方面，是盲目性、反复无常和缺乏经验的积累；在社会方面，是无根据地炫耀自己和依赖他人过寄生生活。⑤杜威眼中的职业是宽泛的，而且是变化的。杜威提醒不要将职业的概念"局限于生产直接有形商品的职业"，⑥科

---

① ［美］约翰·杜威：《民主主义与教育》，王承绪译，人民教育出版社 1990 年版，第 158 页。

② Dewey, J., *Democracy and Education*, New York：Macmillan, 1916, p. 208.

③ Ibid., p. 317.

④ 吕达、刘立德等主编：《杜威教育文集》第 2 卷，人民教育出版社 2008 年版，第 297 页。

⑤ Dewey, J., *Democracy and Education*, New York：Macmillan, 1916, p. 317.

⑥ Ibid..

学家、艺术工作者与劳工、农夫作为职业获得了一样的意义。杜威同时对职业者提出了更高要求，当然，这种要求并非是要科学家一定会做农夫的活计，农夫也不一定需胜任科学家的工作。杜威旨在明晰职业影响个体的两个重要方面，其一，职业需建立在个人兴趣之上，否则即是机械的忙碌。其实，杜威在给教育提出更高要求，即民主进程中教育在赋予个体改造社会使命的同时要改造自己。其二，个体都是多个职业的集合体，杜威说，"没有人只是一个艺术家，此外一无所能。如果他接近这个地步，他即是一个没有很好发展的人，他是一个怪物……其实，他必定是家庭的一员……政治团体的成员"[1]。杜威言及此事，旨在提醒职业教育对于多个职业方面有所忽略，过分强化专门化一面，从而排斥一切。杜威提示，教育的任务不是助长专门化倾向，而是要预防这种倾向。[2] 如此，才能使"科学研究工作者不仅是科学家，教师不仅是教书匠，牧师不仅是穿着牧师服装的人，等等"[3]。杜威完全推翻了传统社会的职业观，甚至，统治阶级的教育在很大程度上也是职业教育——只是碰巧他们的统治和享乐的事务不被称为专业。杜威讽刺了现实社会中的一种传习，揭露了这种传统划分职业的荒谬，同时提出即使传统职业在现代社会依然有文化修养的可能性。杜威说道：由于一种奇怪的迷信，与培养摆阔懒汉、教师、作家和领袖人物有关的教育被认为是非职业性的，并自称为自由教育，但不承认这种教育主要就是训练特定职业。他们不过已经习惯于把自己的职业看作本质上具有文化修养性质，而忽视其他职业也有文化修养的可能性。[4]

职业在杜威思想体系中获得新的诠释，为其在教育中获得积极意义奠定了基石。杜威认为："无论何时，人类占优势的职业就是生活——即是智力和道德的生长。"[5] 杜威首先肯定职业的道德属

① Dewey, J., *Democracy and Education*, New York：Macmillan, 1916, p. 317.

② ［美］约翰·杜威：《民主主义与教育》，王承绪译，人民教育出版社 1990 年版，第 327 页。

③ 吕达、刘立德等主编：《杜威教育文集》第 2 卷，人民教育出版社 2008 年版，第 297 页。

④ Dewey, J., *Democracy and Education*, New York：Macmillan, 1916, p. 322.

⑤ Ibid., p. 320.

性。杜威认为，在民主主义社会，凡关于体力劳动、商业工作以及对社会所做的明确服务逐渐受人尊重，劳动受人推崇，为社会服务成为博得人赞赏的道德理想。尽管有人依然羡慕能过懒散和炫耀的生活，良好的道德情感却谴责这种生活。① 杜威这一思想显然带有卢梭的影子。卢梭认为，人在社会中必须劳动，不论贫富、强弱，凡属闲人就是盗匪。② 卢梭引用东方的史例加以说明："按照奥图曼国的传统风习，苏丹必须用自己的双手从事劳动，而且人所共知，国王苏丹亲制的成品即是杰作。"③ 卢梭在《爱弥儿》中引证俄皇彼得一世曾在战舰上做木匠，曾在军队中任鼓手之事，并反问道："难道沙皇在门第和业绩方面，不是至少能和你相比吗？"④ 基于对自由的追求，卢梭认为，"你若要战胜命运和其他一切，你便须从独立生活入手"⑤。而养成从事劳动的能力是独立生活的关键所在。在众多职业中，卢梭推崇手工业者。认为手工业者是最接近自然、最自由的人，"手工艺人最不受命运支配，只靠自己的劳动，所以是自由人……手工艺人受苛待时，却可把家具装起而走向他方"⑥。与卢梭比较，杜威由手工发展至对现代工业的关注，并洞察到现代社会学校与工业社会联系的必要性。杜威发现，现代工艺学技术，即根据数学、物理、化学等发现所制造的机械，使得工业方面的职业有了比过去多得无限的理智的内容，和大得无限的文化修养的可能性。基于现代工业所具备理性培养的众多因素，杜威认为，工业的科学和社会的基础、职业意义必须通过教育传递给操作者，否则工人就不可避免地降低到成为他们所操作的机器附属品的角色。⑦并且，可以使学生接触机器和工业上的各种制作法，工厂车间的优点在于重视科学原理的社会意义，有许多学生还可以因此激发更为

---

① Dewey, J., *Democracy and Education*, New York：Macmillan, 1916, p. 323.
② 滕大春：《卢梭教育思想述评》，人民教育出版社 1984 年版，第 158 页。
③ 同上书，第 164 页。
④ 同上书，第 163 页。
⑤ 同上书，第 159 页。
⑥ 同上书，第 158 页。
⑦ Dewey, J., *Democracy and Education*, New York：Macmillan, 1916, p. 324.

活跃的兴趣。① 基于现代职业的重要教育价值，杜威试图将现代职业因素引进学校作为改进传统教育的工具，以期真正实现"通过职业而教育"的目的。

（二）围绕"主动作业"的课程整合

普洛瑟与杜威职业教育课程设计相似之处在于都突破了学科课程的传统模式，都将现实职业的因素引进了学校，当然，在这一点上普洛瑟受到了杜威的启发。然而，基于"职业"取向，普洛瑟将课程设计成仿真现场。基于"教育"取向，杜威将现实职业做了必要的改造。杜威反对普洛瑟工作导向课程一味的真实性，杜威认为真实的工作环境尽管利于就业培训，但是可能对人的发展有害，所以，杜威反对照搬实际生产中的项目，"在大多数现代的社会里……特别在城市里，青年所从事的工作大多是反教育的……很多工作都具有现在工业社会的缺点——这种缺点几乎是青年正当发展的致命伤"②。事实上，卢梭已较早地认识到了这一点。卢梭对于不合性别、不清洁、不高尚、不能增益人类福利和使人不愉快的职业，如刺绣工、镀金工、音乐师、演员、警察、侦探、刽子手、宦官等，对机械性质的职业，如纺织工、袜工和石匠，都不愿意爱弥儿去选择。卢梭认为，这些工作不会激发上进心，而且差不多都像机器人一样，一双手只会干自己那种活儿。卢梭尤其指出，"从事这种职业的人，等于是使用另外一架机器的机器"③。卢梭认为除去农业之外，爱弥儿应当选择木工。在卢梭看来，农业是职业中最早的和最可贵的，而且它比其他职业都更有用，所以从事农业尤为光荣。④ 由此看来，卢梭只是孤立、静止、被动地去评价职业好坏，进而进行职业选择。杜威则主张，即便现代工业包含重要的教育因素，也需避免其复制传统社会的危险。杜威反对学校模仿现有工业状况，反对将职业教育在理论和实践方面解释为工艺教育，作为获

---

① Dewey, J., *Democracy and Education*, New York：Macmillan, 1916, p. 324.
② 吕达、刘立德等主编：《杜威教育文集》第 2 卷，人民教育出版社 2008 年版，第 191—192 页。
③ 滕大春：《卢梭教育思想述评》，人民教育出版社 1984 年版，第 272 页。
④ 同上书，第 158 页。

得将来专门职业的技术效率的手段。如此，非但教育改造不能成功，学校已成为制造业和商业的附属机构。杜威担心，"这样，教育将变成原封不动地永远延续社会现有工业秩序的工具，而不是改革这种工业秩序的手段……狭隘的职业教育计划很可能永远延续这种划分，并使它僵化"①。

由此，杜威提出了有关工业现实职业的改造形式——主动作业，包括在实验室、车间、园地、戏剧场等地的游戏和工作。杜威认为，游戏往往既重复和肯定成人生活环境中的优点，也重复和肯定成人生活中的劣处。学校所设环境应能促进青年智力和道德的成长。因此，杜威认为，仅仅将游戏和竞技、手工和劳作引进课堂，还不构成主动作业。杜威总结"主动作业"基本含义有三点。其一，具有整体性；整体性不是物质层面，而是指性质而言，是说作业的情境具有完整的感染力。如果太偏重于养成有效的技能，在设计练习时，往往就会脱离作业的内在目的。② 其二，代表社会情境。杜威认为，主动作业在教育上的重要，还在于它们可以代表社会的情境。人类基本共同的事务集中于食、住、衣、家具以及与生产、交换和消费有联系的工具。这种事情接触到本能的深处，并充满了具有社会性质的事实和原理。③ 其三，能实现社会的目的。杜威认为，一个人在有目的的主动作业中，"在应付各种事物时，扩大兴趣，训练智慧，并最有可能避免在抽象的学术性与呆板、狭隘实用性之间做出选择"④。

主动作业是杜威职业教育课程体系核心部分，围绕主动作业，杜威提出一个完整的课程体系，该课程体系在两个维度上实现整合。其一，宏观上普通课程与职业课程（主动作业）整合，杜威说："必须改革学校的课程体系，使普通与职业两类课程结合起来

---

① Dewey, J., *Democracy and Education*, New York: Macmillan, 1916, p. 326.

② Ibid., p. 206.

③ 吕达、刘立德等主编：《杜威教育文集》第 2 卷，人民教育出版社 2008 年版，第 195 页。

④ ［美］约翰·杜威：《民主主义与教育》，王承绪译，人民教育出版社 1990 年版，第 150 页。

为上述普通教育与职业教育的共同目标服务。"① 整合课程具体内容主要有三类：与现代工业相关的历史学；利于培养应对现代生产的智慧和首创精神的科学训练；有助于理解社会问题与改造的经济学、公民和政治学。② 杜威认为，整合课程将避免传统职业教育的弊端，从而培养具备建构职业世界的主体，而不只是一味顺从工业社会的附属物。③ 同时，杜威指出：园艺教学并非培养未来园林工人，也非用来舒适消遣。园艺作业可为了解农业和园艺在人类历史和现在社会组织中所占位置提供途径。杜威认为，"采用教育的方法，在控制的实验环境中进行园艺作业，能借此研究有关生长的事实、土壤化学、光线、空气和水分的作用，以及有害的和有益的动物生活等等"④。其二，艺术与工作的整合。杜威认为，享有工作中"自由"的因素需要"艺术的工作"。在杜威眼中，工作不过是一种活动，只是有意识地把顾到后果作为活动的一部分。如果后果内在于活动，即"工作始终渗透着游戏态度，这种工作就是一种艺术——虽然习惯上不是这样称法，在性质上确是艺术"⑤。这即是杜威提出的"艺术—工作理论"，杜威意思在于，工作在本质上与艺术具有一致性，将工作视为达至目的手段时，工作即强迫劳动，毫无自由可言；将工作本身视为目的时，自由即在其中，外在目的则自然达到。即避免把它作为谋取物质需要的工具，而以一种艺术的态度、游戏的乐趣来对待工作，以业余爱好的方式从事工作。杜威把这种人称为"业余专业者"（amateur professional）。用杜威的话就是"能够把思维的广度和深度、业余爱好者的令人向往的品质，与

---

① Dewey, J., *Democracy and Education*, New York: Macmillan, 1916, p. 328.

② 吕达、刘立德等主编：《杜威教育文集》第 2 卷，人民教育出版社 2008 年版，第 306 页。

③ Dewey, J., Learning to Earn: the Place of Vocational Education in a Comprehensive Scheme of Public Education in Boydston: J, A. (ed.), *John Dewey's middle Works*, Vol. 10, London and Amsterdam : The Southern Illino is University Press, 1917, p. 196.

④ ［美］约翰·杜威：《民主主义与教育》，王承绪译，人民教育出版社 1990 年版，第 217 页。

⑤ Dewey, J., *Democracy and Education*, New York: Macmillan, 1916, p. 214.

专业技能、目的性和严肃性整合起来的男人和女人"。① 这即是杜威职业教育哲学所要培养的人。

与普洛瑟不同，杜威打破了职业教育与心智训练无法相容的传统假设，提出职业对于教育的本体意义。以此为基础，杜威提出了经改造现实职业而产生的课程类型，即包括游戏与工作的主动作业，以主动作业为核心，学校学习与生产实践之间的割裂被消解，最终使职业课程与普通课程融为一体，并由此构建出与普洛瑟工作逻辑不同的、基于设计逻辑的教学组织方式——问题教学法。

第四节 职业教育教学组织比较

在一定意义上，知识与技能的组织方式比其本身更重要，因为组织化是功能的基础。教学实施即知识、技术等课程要素的组织过程。1876 年，费城博览会所展示的"俄罗斯制"被朗克尔和伍德沃德引进美国。在此之前，即使职业学校也按照学科逻辑组织课程与教学。学科逻辑针对知识学习是有效的，而职业教育面对的是如何工作，桑代克学习迁移理论证明，学科知识与职业能力之间没有紧密的对应联系。基于对"俄罗斯制"的学习，普洛瑟工作导向课程把工作逻辑作为职业教育课程组织的手段，杜威提出的"主动作业"以及以杜威思想承继者克伯屈的"项目课程"则注重以"设计逻辑"组织课程。在美国教育史上，普洛瑟与杜威分别开启了职业教育课程组织的有效性探究。

一 工作逻辑

"俄罗斯制"引入之前，学科课程在美国公立中学或专门职业学校一直占据主导地位。1685 年，托马斯·巴德（Thomas Budd）

---

① Dewey, J., Culture and Professionalism in Education, in Boydston J, A. (ed) (1983), *John Dewey's Middle Works*, Vol 15, London and Amsterdam: The Southern Illinois U-niversity Press, 1923, p. 197.

首次为北美殖民地文实中学提出一个范围广泛的课程计划，1751 年
富兰克林在创办费城文实中学时，同样提供了与古典课程不同的实
用性课程，19 世纪公立中学一般采用升学与就业兼顾的综合课程体
系。不过，以往课程皆以学科逻辑组织知识，影响了学生职业能力
的习得，这也是公立学校饱受批判的原因所在。"俄罗斯制"的引
入，标志着美国学校职业教育课程内容与组织变革的开始，这些为
普洛瑟工作课程组织方式的提出奠定了基础。

（一）学科逻辑

学科课程按照学科逻辑组织知识，主要遵循分科置课与难易渐
进两个原则。第一，分科置课是课程组织原则，即按照不同学科设
置课程体系。分科置课始于亚里士多德。文艺复兴运动之后，夸美
纽斯（Johann Amos Comenius）是第一个试图建立分科教学法的教
育理论家，裴斯泰洛齐则为现代初等学校各科教学法的奠基人。赫
尔巴特（Johan Feridish Herbart）在继承前人理论的基础上，根据统
觉原理，为课程设计提出了"相关"与"集中"两项原则，基本目
的是保持课程教学的逻辑结构和知识的系统性。[1] 第二，难易渐进
是知识组织原则。难易渐进的知识序列，一方面保障学科知识的系
统性与有序性，另一方面与学生年龄等级以及知识接受能力相匹
配。赫尔巴特教学进程与教学形式阶段理论为学科课程和学科逻辑
提供了基本的理论基础。

赫尔巴特教育思想在 19 世纪中叶已经开始影响美国，杜威曾写
道："赫尔巴特学说对我而言似乎实质上是教师心理学，而不是儿
童心理学。"[2] 1885 年后，经查尔斯·德加谟（Charles De Garmo）
和查尔斯·A. 麦克默雷（Charles A. McMurry）与弗兰克·麦克默
雷（Frank McMurry）等留德美国学者创立的赫尔巴特俱乐部（后
更名为全国赫尔巴特协会）致力于赫尔巴特教育思想的宣传。[3] 统

---

① 吴式颖：《外国教育史教程》，人民教育出版社 1999 年版，第 325 页。

② Dewey, J., *Interest in Relation to Training of the Will*, Second Supplement to the Herbart *Yearbook for 1895*, Chicago: University of Chicago Press, 1895, p. 29.

③ ［美］S. 亚历山大·里帕：《自由社会中的教育：美国历程》，於荣译，安徽教育出版社 2009 年版，第 174 页。

觉理论是赫尔巴特课程理论的重要基础。根据统觉原理，新的观念和知识是以原有观念和知识为基础产生的，这就必然要求课程的安排应当使儿童能够不断地从熟悉的材料过渡到密切相关的但还不熟悉的材料。赫尔巴特指出："最有效地、自始至终地安排教学的整体，以便使每一个先前的结果能为学生在心理上对相似的和较远的结果作好准备，这是我在一些教育著作中主要考虑的问题。"[①] 基于此，赫尔巴特提出教学形式阶段理论，并指出任何一个教学活动都必须井然有序并经历以下四个阶段：明了、联想、系统、方法。

赫尔巴特教学法对于世界各国教学理论与实践产生了深远的影响。[②] 赫尔巴特之后，以学科课程与学科逻辑为特征的主知主义思想在传统教育学中占据主体地位，但同时成为传统教育改革的起点。并且，赫尔巴特传统教学思想渗透到职业教育范畴，并逐步居于主导地位。但是学科课程最终使学校教育偏离了经验世界，对于职业教育而言，经验世界有更加本体的意义。学科知识则是对现实世界的一种抽象化、符号化、公式化的反映，现实世界具象的、感性的、独特的整体性维度被忽略了。手工课程面对课程内容从知识到技术的更换，自然需要一种新的逻辑来组织技术元素。显然，学科逻辑无法解决这个难题。

（二）俄罗斯制

如何在学校进行技术教育成为伍德沃德时代的一个重要研究课题。1865 年，伍德沃德以副系主任和数学讲师的身份加入华盛顿大学教师团队。1868 年，伍德沃德与奥法龙工艺专科学校团队合力创建华盛顿大学工程学系。据伍德沃德说，工程学系建立的初衷即教授应用力学时缺乏木质模型的需要。伍德沃德发现，学生在制作模型时竟然对于工具最简单的使用方法都一无所知。伍德沃德遂把数学模型的想法搁在一边，开始制作教学器具工作，并成为车间教学的起点，而车间教学并没有设定职业目标。[③] 因此说，伍德沃德对

---

① 吴式颖：《外国教育史教程》，人民教育出版社 1999 年版。

② 同上书，第 329—330 页。

③ ［美］劳伦斯·阿瑟·克雷明：《学校的变革》，单中惠、马晓斌译，山东教育出版社 2009 年版，第 24 页。

于俄国人在费城的展品陈列显然有思想准备。

1868 年，莫斯科帝国大学校长德拉·奥斯（Victor Della Vos）创立了"俄罗斯制"。奥斯采取对工艺过程进行分割的方法设计课程，并对学生集中授课，开创了在学校实施职业教育的模式。"事实证明，把技术加以分解并且排列成教学程序是可能的；只要具备适当的设备，一个教师可以同时向很多学生传授技术。"① 奥斯认为："每个人都清楚，要掌握某种艺术，例如绘画、音乐等，最初按照循序渐进的规律进行才有效；学生必须遵循某种明确的方法或经过某种训练，并慢慢地、逐渐地克服所遇到的困难。"② 为此，奥斯为每种有特色的技术或手艺（诸如细木工、铁匠、木匠等）建立教学车间。奥斯教学车间由生产车间改造而来，并在为教学车间制定教学大纲时，偶然发现自己激进的教育革新，即依靠车间教学的方法，手工操作过程可以抽象化、系统化，可以有效地讲授。奥斯不仅分析每一种工艺的合成技能，而且按照教学次序对它们加以安排；还把绘图、模型和工具结合起来，进行循序渐进的练习。通过这些练习，学生能够在教师的指导下达到一定的技能标准。③ 1876 年费城博览会后，"俄罗斯制"被伍德沃德与朗克尔手工教育思想所吸收。

朗克尔认为，"俄罗斯制"抓住了"所有工业教育的关键"，遂积极倡导奥斯的技术教学理论。1876 年 8 月 17 日，麻省理工学院董事们为工程系学生建立了一批教学车间，而且创建一所新的机械技术学校，"为那些宁愿投身工业，但不愿成为科学工程师的人"提供手工教育。④ 针对毕业生使用工具与操作机器技能的欠缺，朗克尔提出，教学车间就像物理学与化学实验室一样是学生掌握本专

---

① ［日］细谷俊夫：《技术教育概论》，肇永和、王立精译，清华大学出版社 1984 年版，第 57 页。

② ［美］劳伦斯·阿瑟·克雷明：《学校的变革》，单中惠、马晓斌译，山东教育出版社 2009 年版，第 22 页。

③ 同上书，第 23 页。

④ 同上。

业知识和技能的必由途径。① 事实上，在朗克尔之前，基于教授机械学之需，伍德沃德已采用了学生制作木制模型的教学方式，并设置了教学车间，配备了相应的工具，通过分析学生技能习得过程对其进行相应的技能训练。1873 年，伍德沃德在一次大学演讲中倡导车间工作应扩展至大学，并根据专业需求适当取舍。② 在"俄罗斯制"启发下，伍德沃德发展了奥斯基于工艺分解的技术教学方法，在 1877 年呈交大学官员的一份报告中，伍德沃德指出：复杂的机械过程皆由简单的不同因素组合而成，诚如字典中的单词是由不同字母组合的结果。因此，技术教学首先由基本因素开始，即分析各种手工技能的全部过程并将每一个环节逐一教给学生。另外在制作之前，学生需先掌握各种工具的使用方法，"技艺"是学生学习和关注的直接结果而不是偶然所得，此正是手工训练学校与学徒制之间差异之处。③

"俄罗斯制"开启了学术教育与职业教育在"课程组织"维度的实质性分化，依照工艺逻辑创造出技术学习的有效形式。基于"俄罗斯制"工艺逻辑与学徒制生产逻辑的融合，普洛瑟创设出工作逻辑的教学组织方式。

（三）工作逻辑

普洛瑟工作课程显示了课程组织与教学实施的工作逻辑。而工作逻辑兼收了"俄罗斯制"与学徒制的组织特点，开启了职业能力培养的有效课程组织形式。如果说，"俄罗斯制"成为学科课程向工作课程转向的起点，那么就美国而言，第一个系统创建工作导向课程的则是普洛瑟。

在普洛瑟职业教育 16 条原则中，第（1）、（2）、（3）、（6）、（7）、（10）、（11）、（14）共 8 条与课程组织与教学实施有关，并完全体现了工作逻辑。

---

① 贺国庆、朱文富等：《外国职业教育通史》（上卷），人民教育出版社 2014 年版，第 192 页。

② Charles Alpheus Bennett, *History of Manual and Industrial Education up to* 1870, Peoria: The Manual Arts Press, 1926, p. 318.

③ Ibid., p. 337.

第(1)条原则,当学习者接受培训的环境与其即将从事的工作环境越相似,职业教育就越有效。该原则实质上提出职业学习"工作化"或"通过工作而学习"的特殊途径,从而凸显出职业教学与普通教学的基本差异,并成为组织职业教学的第一原则。

第(2)条原则,只有用与某职业本身相同的操作程序、相同的工具以及相同的机器来开展培训,职业培训才会有效。该原则将工作课程与学科课程相区分,学科课程主要元素即概念,工作课程则是工具、机器与程序。20世纪末期,德国"学习领域课程"与源于美国的"项目课程"在课程开发时都需分析诸如工具、机器等要素,二者不同之处在于,德国"学习领域课程"以工作元素承载知识,美国"项目课程"以知识主线统领工作元素。普洛瑟为其奠定了基础。

第(3)条原则,职业教育越是用某职业本身所需要的思考方式和操作习惯来直接培训个体,职业教育就越有效。该原则源于普洛瑟"习惯心理学",由于职业学习一般指向特定任务,岗位技能需要反复操作习得,训练正确的习惯尤为必要。[1]另外,"职业本身思考方式、操作习惯"的要求已经从对象、要素转向主体,普洛瑟时代,"职业能力"这个名词尚未出现,而这条原则已显示出"职业能力"的一些迹象。

第(6)条原则,形成正确习惯的特定培训经验的稳定度越是达到了有利于就业的程度,职业教育就越有效。该原则从两个维度上揭示出培训中存在的差异性,其一,不同职业之间培训经验的差异性。旨在说明不同职业之间包括技能在内迁移的有限性。其二,同一职业不同个体之间培训经验的差异性。与知识学习标准化不同,职业学习具有个体性、具身性。个体之间特定经验是无法交换的。所以,工作课程开发标准是相对的,其实,职业专家经验也不是可靠的,因为专家之间还存有差异。

---

[1] Silver, Roberta, *An Analysis of Charles Allen Prosser's Conception of Secondary Education in the United States*, Chicago: University of Chicago, 1991, p. 49.

第（7）条原则，指导者在将技能和知识运用于其所教授的操作和程序方面越是有成功的经验，职业教育就越有效。该原则涉及技能、知识与操作、程序的结合，与学科课程命题性知识不同，职业领域知识是"镶嵌于工作当中"的知识，因此如何教这些知识，普洛瑟提供了从"惰性知识"到"活性知识"的过程。显然，普洛瑟已经意识到职业知识的特殊性问题，只是没有这样命名而已。

第（10）条原则，培训越是以真实的工作而以非练习或假工作来进行，学习者就越能有效地建立起流程习惯。该原则明确指出职业学习顺序与流程的相关性。普洛瑟在此并没有清晰地揭示流程所包含的元素，其实，流程思维的习得与学科思维的习得迥然不同，并且流程中涵盖知识，只是知识类型与学科知识不同。知识不同则组织方式不同，这即是普洛瑟强调流程的原因。

第（11）条原则，某一职业的特定培训内容唯一可靠的来源是该职业专家的经验。该原则首次明晰了职业教育课程内容来源的特殊性。与美国课程专家博比特（F. Bobbitt）、查特斯（W. W. Charters）、泰勒（R. W. Tyler）一脉相承，在课程内容来源问题上都注重"经验"，区别之处在于，普洛瑟以"职业专家"取代了普通教育中的"学科专家"，旨在表明职业教育注重岗位胜任力的培养。该原则为 20 世纪中后期北美"能力本位课程"与德国"学习领域课程"奠定了理论基础。

第（14）条原则，职业教育越是能在其教学方法及其与学习者的个人关系中考虑进它服务的特殊个体的特点，职业教育就越有社会效益。该原则旨在说明职业教育教学有效性与个人特长、兴趣以及职业取向密切相关。就个性关注度而言，在职业教育与普通教育之间，普洛瑟曾做过比较。结果是，普通教育忽视个性与职业倾向开发，而这一点恰恰成为职业教育教学的重要原则。①

普洛瑟工作课程逻辑与"俄罗斯制"之间相似之处在于对学科逻辑的突破，但不同之处有两点：第一，"俄罗斯制"以工艺技术

---

① Prosser, Charles A. & Thos H. Quigley, *Vocational Education in a Democracy* (revised ed.)，Chicago：American Technical Society，1957，pp. 234-235.

分解提升了工艺学习的有效性，而普洛瑟工作逻辑已经涵盖对工作环境、工具、组织、学习者等全面要素的组织。第二，理论基础不同。"俄罗斯制"借鉴了学科逻辑知识分解的方式，只是从知识分解引申到工艺分解，而普洛瑟工作课程完全建立在桑代克的学习迁移理论基础之上。

　　普洛瑟工作课程吸收了学徒制合理内核。例如，普洛瑟工作课程组织的"流程"观念。就学徒制而言，生产过程与学习过程是统一的，生产流程组成了教学过程，生产周期成为学习周期。由于学徒过程往往与生产流程相融合，因此，学徒并非完全按照从简单到复杂的顺序，而是生产顺序决定学习内容的顺序。但是，一般而言，师傅也会按照任务的复杂程度展开教学。师傅往往让学徒从完成一些简单的任务开始，然后过渡到一些比较复杂的任务，这一过程用情境理论的术语来说就是从边缘性参与到完全参与。例如，"在莱芙的研究中，裁缝学徒是从熨烫已制好的衣服开始学习的，然后逐步过渡到成衣制作（缝纫和钉纽扣）。学徒首先独立制作的是那些责任要求低的衣物，如儿童内衣，然后是成人内衣，在学习制作成人衬衫之前，先学习制作儿童的一些衣物，如裤子、衬衫。"① 普洛瑟工作课程经历了"学徒制—学科课程—工作课程"的扬弃过程，因此不是学徒制的简单回归。况且，现代工业已经不可能回归到传统学徒制。

二　设计逻辑

　　与普洛瑟工作逻辑教学组织方式不同，杜威"问题教学法"将教学组织提升至"设计"的高度。工作逻辑旨在与现实工业趋同，目的是使人胜任现实职业；"设计"逻辑旨在改造现实工业并融合教育新元素，目的是使人从工业附属物角色中解放出来，从而培养自由的个体，即个体理智上的创造性、观察的独立性、明智的发明、结果的预见性以及适应结果的灵活性，并不断推进民主社会的

---

① Billett, S., *Learning in the Workplace*, Crows Nest, N. S. W. : Allen and Unwin, 2001, p. 107.

进步。① 基于"问题教学法"，杜威继承者克伯屈（William Heard Kilpatrick）创建出体现设计原则的项目教学法。"设计逻辑"即职业活动的设计。杜威洞察到现代职业不仅蕴含丰厚的教育元素，并且，职业对于知识具有天然的组织作用。

（一）课程组织的轴心——职业

"通过职业而教育"包括知识教育。杜威认为，职业对于信息、观念、知识和智力发展具有组织功能，"职业好像磁铁一样吸收资料，又好像胶水一样保存资料。这种组织知识的方式是有生命力的，因为它和需要关联；它表现于行动，又在行动中重新调整，永远不会停滞"②。在传统观念中，职业一般与学术、知识对立，而杜威视职业为轴心、磁铁和胶水，可将大量变化多样的细节贯穿起来，能使种种经验、事实和信息的细目彼此井井有条。杜威强调，职业对于知识的组织功能是在潜移默化中实现的，即"从自己的职业动机出发，不知不觉要搜集一切有关的资料，并且保存起来"③。

杜威之前，卢梭十分强调儿童直接经验的重要性，卢梭主张应"以世界为唯一书本，以事物为唯一的教师"④。甚至，卢梭指出"在任何情况下，你都要从做来教学，而且只有在做的方面没有问题时，才进行文字教学"⑤。杜威发展了卢梭的思想。

杜威认为，人类历史上，各门科学皆从社会作业逐步发展而来。例如，物理学源于应用工具和机械发展；化学源于染色、漂白、金工等制作法；几何学本意是指土地测量；等等。杜威的逻辑是，在职业中可以发现知识，在职业中必然可以学习知识。⑥ 杜威

---

① Dewey, J., *Democracy and Education*, New York: Macmillan, 1916, p. 311.

② 吕达、刘立德等主编：《杜威教育文集》第 2 卷，人民教育出版社 2008 年版，第 298 页。

③ ［美］约翰·杜威：《民主主义与教育》，王承绪译，人民教育出版社 1990 年版，第 328 页。

④ ［法］卢梭：《爱弥儿》，彭正梅译，上海人民出版社 2007 年版，第 690—691 页。

⑤ 滕大春：《卢梭教育思想述评》，人民教育出版社 1984 年版，第 18 页。

⑥ ［美］约翰·杜威：《民主主义与教育》，王承绪译，人民教育出版社 1990 年版，第 214—219 页。

以职业组织知识主要出于三点原因：其一，知识直接以符号的形式传播是低效的；其二，知识以学科的形式传播是割裂的；其三，存在与命题知识并立的其他知识。以职业活动组织教学则可以解决这三个问题。

杜威主张，以职业活动组织知识与教学的第一个原因，在于以符号形式传播知识的低效性。杜威欣赏卢梭注重"做"的知识观。就知识问题，卢梭曾做过这样一个比较："你的学生有知识和我的学生无知识的区别是什么：你的学生学习地图，我的学生制作地图。"① 由此，杜威提出知识的"活性"问题。杜威说，以科学形式叙述的材料，并非有魔术附在材料之上，"这些材料学习起来仍然是一些没有活力的知识"②。杜威批评学生是求取知识的理论的"旁观者"，与笛卡尔认识论相反，杜威提出知识学习的"迂回"方法。杜威认为，经验是获得知识、发展智力的必要条件，在杜威眼里，"食而不化的知识会贻害世界、毁坏心智"③。杜威坚决反对如海绵吸水般吸收知识。④ 由此，提出知识学习的建构方式。杜威认为，观念不可能再以观念的形式在人与人之间有效传递。只有他亲身考虑问题的种种条件，寻求解决问题的方法时，才算真正在思维。⑤ 杜威认为，职业教育要面向所有学生。他指出："学生作为积极研究者和知识建构者，生活并工作在一个动态发展的社会中，等级与社会分层现状则可以改变。"⑥

以职业活动组织知识与教学的第二个原因，在于学科知识已是被肢解与割裂的片段。杜威提出知识的"整体"性问题。杜威指出，世界以整体方式存在，但学校课程大半由分散在各门学科的信

---

① 吕达、刘立德等主编：《杜威教育文集》第 1 卷前言，人民教育出版社 2008 年版，第 18 页。

② Dewey, J., *Democracy and Education*, New York: Macmillan, 1916, p. 229.

③ ［美］约翰·杜威：《民主主义与教育》，王承绪译，人民教育出版社 1990 年版，第 167 页。

④ Dewey, J., *Democracy and Education*, New York: Macmillan, 1916, p. 167.

⑤ 吕达、刘立德等主编：《杜威教育文集》第 2 卷，人民教育出版社 2008 年版，第 157 页。

⑥ Hyslop Margision, E. J., "An Assessment of the Historical Arguments in Vocational Education Reform", *Journal of Career and Technical Education*, Vol. 1, 2001.

息所组成，每门学科又分成若干课程，把积聚的知识材料分割成一连串片段教给学生。① 与赫尔巴特不同，20 世纪初期，杜威曾经指出："学校科目相互联系的真正中心，不是科学，不是文学，不是历史，不是地理，而是儿童本身的社会活动。"② 克伯屈从另一个角度洞察到这个问题，这种分门别类的课程教材把完整的生活割裂为许多"片段"，"剁碎"成许多"碎片"，当一个完整的概念或知识被分割得零零碎碎，并编成许多相应的课文后，学生所做的一切便只能死记硬背。克伯屈认为，在这种条件下，"思维，真正的思维，发现与探索的思维，就受到了限制"③。

　　杜威以职业活动组织知识与教学的第三个原因，即在命题性知识以外发现"如何做"的知识。赖尔之前，杜威已经提及"Know How"命题，并明确指出智力与行动的相关性；波兰尼之前，杜威也已经提出无法言说的知识的个人属性。这即是杜威对于知识论的重要贡献。"如何做"往往只有在职业活动中才能充分表达。"二战"以后，由于赖尔的工作，"Knowing That"（命题性知识）与"Knowing How"（能力之知）已成为认识论的一对重要范畴。赖尔不仅肯定能力之知的独立性，还主张能力之知于命题性知识的优先性。虽然"Knowing How"获得哲学上的重要性，主要归功于赖尔，但赖尔之前，人们事实上也以不同的方式触及了这种类型的知识。杜威就是其中之一。杜威在其《人性和行为》（1922）中说："可以说，我们由于习惯而知道如何（Know How）。关于知识实践功能的某种合理的暗示，使人把一切获得的实际技巧或者甚至是动物的本能等同于知识。我们行走并大声朗读，我们跨下又跨上汽车，我们穿衣又脱衣，我们做了成百上千种有用的行动而未尝思及它们。我们有所知，即如何知道这些事情……比如关于事物的知识（knowledge of and about thing），关于事物是如此这般的知识（knowl-

---

① Dewey, J., *Democracy and Education*, New York: Macmillan, 1916, pp. 195-196.

② 赵祥麟、王承绪编译：《杜威教育论著选》，华东师范大学出版社 1981 年版，第6 页。

③ 任长松：《教材的逻辑顺序与心理顺序：克伯屈的探索》（http://math. cer-sp. com/Window/XiaoXue/200606/1622. html）。

edge that），包含反思和有意识地评估的知识，是不同种类的知识，它尚未被阐明或描述过。"[1]

杜威在此触及了后来变得广为人知的"Knowing That"与"Knowing How"之间的区分。然而，受流行知识观的影响，杜威还是未能给予"Knowing How"以充分的肯定。[2] 其实，杜威很早就意识到"做的"知识：人们最初的认识，最根深蒂固地保持的知识，是关于怎样做的知识，例如怎样走路、怎样谈话、怎样读书、怎样写字、怎样溜冰、怎样骑自行车、怎样操纵机器、怎样售货等。杜威指出，如果承认教材自然的发展进程，就总是从包含着"做"中学的那些情境开始。技艺和作业构成课程的最初阶段，它们相当于知道怎样去完成目的。[3]

另外，赖尔之前，杜威即已阐述智力与行动之间的相关性，杜威发现，通常用来表明知识的词语与行动能力的联系已经丧失。只有在教育中，知识主要指一堆远离行动的信息库，而在农民、水手、商人、医生和实验室的实验人员的生活中，知识却从来不是远离行动的。[4]

杜威指出，游戏和工作完全和认识的第一阶段特征相适应。该阶段认知特征是学习怎样做事即"Knowing How"过程。杜威并以柏拉图知识论思想加以佐证。根据对补鞋匠、木工和音乐家等知识的分析，柏拉图指出这些技艺的目的性，并指出，如欲获得聪明的技能或技艺，须掌握工作材料，控制所做工具，并明确所做程序。[5]对于行动知识的个人性、具身性，杜威早有洞见：有些人知道很多事物，却不能表达它们，但是，这种知识仍然是实际的、直接的和个人的。个人能利用这种知识，但是，这种知识仅属于个人，不能

---

① 郁振华：《人类知识的默会维度》，北京大学出版社 2012 年版，第 105 页。
② 同上书，第 106 页。
③ 吕达、刘立德等主编：《杜威教育文集》第 2 卷，人民教育出版社 2008 年版，第 181 页。
④ Dewey, J., *Democracy and Education*, New York：Macmillan, 1916, p. 193.
⑤ Ibid., p. 203.

转移给别人。①

（二）职业要素的设计

职业活动知识组织与教育功能表现为两个层次，一个是在职业活动中习得其间所包含的知识，另一个是对于职业中的要素重新设计，通过解决问题习得新知识、新技能以及科学的思维的方式，并体认职业意义。杜威的主动作业与克伯屈的设计教学法多注重后者。"设计逻辑"凸显出职业教育存在的合理性，这一点是普洛瑟所不及的，普洛瑟仅仅关注岗位技能训练与时下职业胜任力，基本原则是指向社会服务的。

杜威一直提醒，将手工、农业以及商业引入课堂，职业教育并非即宣告完成。职业活动设计不好，无论项目问题或是程序问题都会影响教学的有效性。所以，杜威在反对普洛瑟职业主义狭隘性时，同样反对裴斯泰洛齐以及福禄贝尔手工课程对于儿童思维的限制。杜威认为，在职业活动中，不但使学生获得手工技能等即时的满足，以备后用，关键是，"所有这些效果都应从属于教育——即从属于智育的结果和社会化倾向的形成"②。但是，教学中对于指令的服从以及更多的复制活动，判断力与创造力被限制，这种作业则只能养成肌肉的灵巧而已。杜威认为，或许在教学中学生做错是件好事。如果太热心选择不准有错误发生机会的材料和工具，定然限制学生的首创精神，使学生判断力减至最小限度。③杜威之意并非是给学生增加难度，如此则使学生胡乱对付，不仅造成粗糙的标准，关键学得粗糙的标准是危险之事。另外杜威"设计逻辑"的教学法是"做中学"而不是"学后做"。杜威批评裴斯泰洛齐课程组织前提假设的错误，即必须使学生先知道实物的特性，然后才能明智地应用这种实物。杜威则指出，明了实物不在应用之前，而在于

---

① ［美］约翰·杜威：《民主主义与教育》，王承绪译，人民教育出版社 1990 年版，第 244 页。

② 吕达、刘立德等主编：《杜威教育文集》第 2 卷，人民教育出版社 2008 年版，第 192 页。

③ Dewey, J., *Democracy and Education*, New York：Macmillan, 1916, pp. 204-205.

应用之中。①

　　杜威在批评普洛瑟工作逻辑狭隘性与福禄贝尔等手工课程的筋肉训练的基础上，提出蕴含"设计逻辑"，注重思维品质培养的"问题教学法"。杜威重视教学组织环节，因为教学法的因素与思维因素是相同的，而有意义的活动必然蕴含着思维活动。理想的教学活动定是与观察、推测、实验、判断等思维活动相统一。杜威认为，思维与食物消化一样是个人之事，从而提出"为自己思考"的命题，旨在说明学习需有自己的目的、自己的问题并自行思考。②杜威在《我们怎样思维》中，把思维活动分为五步，设计教学法遂包括：要安排真实的情境；在情境中要有刺激思维的课题；要有可利用的资料以做出解决疑难的假定；要从活动去验证假定；根据证验成败得出结论。③"设计逻辑"重视情境设置，师生需参与其中。

　　基于杜威主动作业与问题教学法，作为杜威的学生和亲密同事，克伯屈提出设计教学法（project method）。④设计教学法是以杜威"问题教学法"为基础发展而来，主要包括两个要点：第一，把项目课程限定于问题解决领域。"设计"的原意是指学生自己计划、运用他们已有的知识和经验，通过自己实际操作，在实际情境中解决实际的问题。⑤第二，以学生自愿活动为前提。克伯屈的设计教学法遵循四步程序：设定目标、制订计划、执行和评判，这些程序很快被其他人变成教学改革中的过于简化的公式。⑥

　　克伯屈设计教学法尽管沿袭了杜威问题教学法，但是缺少杜威教育思想所具有的两个特点：（1）试图将学校活动和外部世界的社

---

①　Dewey, J., *Democracy and Education*, New York: Macmillan, 1916, pp. 204-205.

②　Ibid., p. 312.

③　[美] 约翰·杜威：《民主主义与教育》，王承绪译，人民教育出版社 1990 年版，第 179 页。

④　William Heard Kilpatrick, "The Project Method", *Teachers College Record*, Vol. 19, 1918, pp. 330.

⑤　瞿葆奎主编：《教学》（上册），人民教育出版社 1988 年版，第 335 页。

⑥　William Heard Kilpatrick, *Foundations of Method: Informal Talks on Teaching*, New York: Macmillan, 1925.

会改进连接起来;(2)承认学习传统科目内容的重要性。① 这两点是反映杜威教育思想变革甚为重要的两点。克伯屈于杜威处习得了学生中心论以及培养科学思维的观念,但弱化了现代职业因素在教育中的地位,与社会脱节是无法完成教育改造的。另外,杜威将职业因素引进教育并非忽略学术教育,"通过职业而教育",手段是职业,目的是教育。杜威在 1938 年出版的专著《经验与课程》一书中,就已批评过儿童中心主义中这种反学术的取向。但是,儿童中心主义者无意听取杜威的意见,根据儿童的需要整合或重新诠释传统科目。相反,他们仍然专注于传统学术科目的枝节问题。②

本章小结

"普杜之辩"一方面是美国社会多维冲突的集中表现,同时也是普洛瑟职业主义与杜威民主主义两种职教观内在分歧所致。比较而言,普洛瑟沿袭教育"二元论"传统,以普通教育为坐标,"为职业而教育"的命题将职业教育引向更加狭隘的境地,但同时创建的工作课程与教学组织的工作逻辑不仅使职业准备有效化,还颠覆了职业课程因袭学科课程的框架。与普洛瑟不同,基于对教育"二元论"的批判,对传统自由教育与职业教育的局限性分析基础之上,杜威重新定义了职业教育即"通过职业而教育",以此为基础,提出以"主动作业"为核心的整合课程与教学组织的"设计"逻辑,引领了 20 世纪初期美国普通教育与职业教育领域不同程度的变革。以不同的思想进路,普洛瑟与杜威分别为职业教育树立了两座理论坐标,并且,职业主义与民主主义之间的论争一直以不同形式在延续。

---

① William Heard Kilpatrick, *Foundations of Method: Informal Talks on Teaching*, New York: Macmillan, 1925.
② [美] 韦恩·厄本、杰宁斯·瓦格纳:《美国教育:一部历史档案》,周晟、谢爱磊译,中国人民大学出版社 2007 年版,第 397 页。

第四章

"普杜之辩"的历史影响

1917 年以后，以综合中学为特征的"单轨"制确立，中等职业教育的"美国模式"已经形成。"普杜之辩"不仅为其奠定了思想基础，而且职业主义与民主主义继而又影响了美国 1917 年以后中等职业教育的演进。从 1917 年《史密斯—休斯法案》到 1963 年《职业教育法》的颁布属于普洛瑟时代，福特主义生产方式、制造业主导以及日趋严峻的就业问题成为普洛瑟职业主义持续存在与工作导向课程盛行的土壤。1963 年之后，美国开始走进以知识创新为特征的"新经济"与终身教育时代，就业与生涯发展并重，以关注岗位技能训练为特征的职业主义逐步被"新职业主义"取代。生计教育、"从学校到工作"（STW）以及"从学校到职业生涯"（STC）运动相继诠释出杜威职业课程与普通课程整合的理念，美国中等职业教育开始朝向杜威的理想。"单轨"制下中等职业教育运行的优势与局限共在。

第一节　走出欧洲母国的框架（1906—1917）

职业教育的自觉意识不是从来就有的，是社会进步、经济变迁、教育变革等协同作用的产物。作为一个移民国家，美国职业教育的演进尤其具有独特之处。滕大春指出："移民们带到殖民地来的刚好是欧洲和英国新颖的教育措施和教育思想，所以北美殖民地的教育绝非平地起家或从零开始……美国早期教育突起于泰山高峰,不是一般殖民地所能相提并论的。"① 在一定意义上,美国中等职业教育的历史就是走出欧洲母国框架的历史,同时也是开创本土模式的历史。美国中等职业教育的综合中学框架在纵向上与北美学徒制、文实学校、公立中学的历史演进一脉相承,横向上则以美国本土哲学的逐步成熟以及生产方式的变革为总体背景。"普杜之辩"则成为职业教育自觉意识与美国模式生成的历史节点。

一 中等职业教育的"美国模式"

"普杜之辩"的焦点问题是美国职业教育的模式选择。实际上,美国当时已经面临欧洲母国中等职业教育的参照系。英国在《斯宾斯报告》以后,把《哈多报告》中"双轨"的教育方案扩展为"三轨",因此,在"二战"以前,英国基本形成了文法中学、现代中学、技术中学三种类型的学校。② 德国在 19 世纪末期开始崛起并成为一个备受世界瞩目的新兴工业强国,并且工业成就与德国"双轨"制框架下的中等职业教育贡献密切相关。法国职业学校同样设置在国立中学之外。美国最终拒绝了这种等级制度的传习,1917 年《史密斯—休斯法案》颁布后,综合中学"单轨"制的确立标志美国中等职业教育已经走出了欧洲母国的框架。

英国是亚里士多德自由教育思想在欧洲最强固的堡垒,纽曼《大学的理想》一书是对自由教育思想传习的典范,事实上,自由教育传统在中等教育领域更是根深蒂固。与贵族所属的文法学校相比,职业学校在英国并无地位可言,这与其工业革命先驱者的地位是不相符合的。英国著名比较教育家埃德蒙·金揭示出该问题:"英国作为一个曾经发明了铁路、公路以及其它现代交通工具的工业革命先驱,本应该强调教育的功利性和实用性,但恰恰相反,以培养绅士为目标的公学和传统大学却受到格外的重视。"③ 在英国,职业教育仅仅指向底层民众或贫困群体。然而,就美国职业教育发

① 滕大春:《美国教育史》,人民教育出版社 2001 年版,第 1 页。
② 吴式颖:《外国教育史教程》,人民教育出版社 1999 年版,第 540 页。
③ [英]埃德蒙·金:《别国的学校和我们的学校——今日比较教育》,王承绪译,人民教育出版社 2001 年版,第 206 页。

展道路而言，杜威断然拒绝自由教育与职业教育分离的"双轨"制，即使是普洛瑟试图在公立学校之外单独设置职业学校的思想也与英国区别甚大，与英国等级身份制度不同，普洛瑟的分轨是基于个体差异与自愿原则基础之上的。所以，综合中学即是对英国中等教育制度扬弃的结果，同时说明"普杜"之间在民主这一维度上也有交汇之处。

德国与英国同样实施"双轨"制，但背后却涵盖不一样的内涵。与英国不同，德国盛行职业文化。就像海德格尔（Heidegger）曾经解释的：当一名学生在中学毕业后选择的只是职业教育而不是学术教育时，德国不像其他国家将其视为失败的象征，而仍为一个积极的选择。因为，一个国家若是在工业、商业或服务业中作为一个现代化的领导者，这种选择看起来是唯一合乎逻辑的发展之路，而在其他国家，这种情况下学生却必须进入大学。德国以就业金字塔底部的职业教育支持那些对文化要求不高的职业，其数量优势可确保职业教育得到广泛的认可。① 其实，由于全国制造商协会与塞奇等人积极的倡导，美国在 1906 年《道格拉斯报告》以后的 10 年间基本在效仿德国模式，1913 年库利议案之后，由于杜威的影响最终使美国职业教育运动偏离德国而回归本土道路。如果说，普洛瑟思想带有德国印迹的话，杜威早已洞察到德国职业教育的总体社会背景。德国职业文化直接影响着工人本身、工人生活的塑造方式及精神与道德的发展。② 大量实证研究已表明，在德国文化中，工人对其职业及其与其他职业的分界有很强的自我认同感，这是工人身份和自我形象的主要来源，这种认同既被自我察觉，也被他人感知。另外，德国职业教育与培训体系覆盖范围广，全面而且高效，它的存在使普通中学和大学等高选拔性的精英教育体系得以运行，这两种体系并行不悖。当然，职业教育在德国也并非没有负面的影响，否则各个行业就能像社会学家布尔卡特·卢茨（Burkart Lutz）

① ［英］琳达·克拉克、克里斯托弗·温奇：《职业教育：国际策略、发展与制度》，翟海魂译，外语教学与研究出版社 2011 年版，第 62 页。

② Beck，U.，M. Brater and H. Daheim，*Soziologie der Arbeit under Berufe*，*Grundlagen*，*Problemfelder*，*Forschungsergebnisse*，Reinbek bei Hamburg：Rowohlt，1980.

概括的那样，接触到"人民最好的儿子"。意思是说，崇尚职业文化的德国依然将"精英"之才选入大学。只是，德国并没有因此鄙视职业教育而已。与德国比较，美国并无德国职业教育体系与职业文化的沉淀，这正是杜威断然反对照搬德国"双轨"制的根本原因。①"普杜之辩"使美国职业教育运动的德国道路得以矫正，中等职业教育的"美国模式"得以确立。

中等职业教育的"美国模式"一方面是"普杜之辩"的结果，另一方面是对富兰克林文实中学诞生以来创造传统的承继。富兰克林文实学校的创制显然受到欧洲母国18世纪教育变革的影响。在1749年发表的《关于宾夕法尼亚青年教育的建议》原文的绪言和几处脚注中，富兰克林提到了许多欧洲思想家尤其是弥尔顿和洛克的思想。② 并自称弥尔顿《论教育》一书是他嗜读的著作。文艺复兴与宗教改革运动之后，人文主义思想又获得了广泛传播，自然科学中一系列重大发明和发现，使英国人的思想观念更进一步贴近现实、注重世俗，这一思想直接反映在教育思想的变革中。针对文法学校的弊病，弥尔顿建议在英国各城市兴办学院（academy），课程兼顾古典课程与自然科学以及应用课程。为了使学生获得对于人生有用的知识，弥尔顿还提出将有实践经验的人，如猎人、园丁、药剂师、工程师、解剖师、水手等引进学园。洛克则在《教育漫话》中提出"新绅士"的培养，并且直接撰写了《工作学校计划》一书。可贵的是，被自由教育笼罩之下的英国也蕴含着革新的种子，可惜的是，这颗革新的种子却并未首先在英国生根发芽。弥尔顿（John Milton）《论教育》问世20年之后，古典主义与现实主义结合的教育设想被英国清教徒在北美殖民地抢先实现了，1751年费城文实中学标志着这种文实兼重的学校开始在美洲大陆流行。③ 而

---

① Knoll, M. Dewey versus Kerschensteiner, Der Streit umdie Einführung der Fortbildungsschule in den USA, 1910-1917, Pädagogische Rundschau 47, 1993, pp. 131-145. 转引自〔英〕琳达·克拉克、克里斯托弗·温奇《职业教育：国际策略、发展与制度》，翟海魂译，外语教学与研究出版社2011年版，第62页。

② 〔美〕S. 亚历山大·里帕：《自由社会中的教育：美国历程》，安徽教育出版社2009年版，第57页。

③ 吴式颖：《外国教育史教程》，人民教育出版社1999年版，第224页。

1917 年后综合中学的"普职融合"与富兰克林文实学校的"文实并重"有着惊人的相似。正如美国一位早期的课程史专家曾指出的：从殖民地课程类型转变为现代课程类型过程的每一处都是通过谨慎的融合而发生的，而且经过了深思熟虑。[①] 克雷明同样说过："形式和内容的多样性仍占据着主导地位：在移植过来的欧洲模式与新生的本土模式共生并存之中蕴含着本土教育的因素。"[②]

其实，职业教育与自由教育的融合首先是在美国高等教育领域实现的。在某种意义上，殖民地时期哈佛学院、国王学院等九大学院或多或少都蕴含着自由教育与职业教育融合的元素。例如，殖民地时期第一个引人注目的新课程方案是 1775 年成立的费城学院首任院长威廉·史密斯（Horace W. Smith）所设计的。这一课程方案主张开设两类课程：一类是古典课程，一类是职业技能课程。两类课程必须包括自然科学、航海学、农艺学、历史学、英语写作、演说和时事政治。这种新的模式除来自牛津大学与剑桥大学等英格兰因素外，还接受了苏格兰大学传统的影响。苏格兰大学表现出不同于英格兰大学的特征，即大学教育带有为从事一定职业做准备的倾向。[③] 承袭这种传统，1862 年《莫里尔法案》颁布之后，赠地学院中"康奈尔计划"与"威斯康星观念"都凸显出自由教育、学术教育与职业教育的融合。正如布鲁贝克在《高等教育哲学》一书中所表明的："自由教育和职业教育应该携手并进"；关于二者之间是否存在矛盾，他指出，"我们不必仅仅因为今天正在设法促使自由教育和职业教育携手并进而放弃'为学术本身而学习'的崇高理想。如果这两者能做到相互结合，我们可能会发现两者都对实现这一崇高理想有所裨益。"[④] 美国大学摆脱欧洲大学的羁绊为中等职业教育

---

① Louis Franklin Snow, *The College Curriculum in the United States*, New York：Teachers College, Columbia University, 1907, p. 78.

② ［美］劳伦斯·阿瑟·克雷明：《美国教育史（一）——殖民地时期的历程（1607—1783）》，周玉军等译，北京师范大学出版社 2003 年版，第 464 页。

③ 王保星：《美国现代高等教育制度的确立》，河北教育出版社 2005 年版，第 39 页。

④ ［美］约翰·S. 布鲁贝克：《高等教育哲学》，王承绪、郑继伟等译，浙江教育出版社 2002 年版。

提供了范例，"文法中学—文实中学—综合中学"依次取代的是美国中等教育制度"移植—改造—创新"的结果。① 而这种创新在根本上与美国本土文化精神的生成紧密相关。

　　与西欧民族国家形成模式不同，美国是先有国家，后有民族。美利坚民族是在反对宗主国的压迫过程中逐步形成的。1492 年 10 月，热那亚水手哥伦布（C. Colombo）在西班牙国王支持下率船队终于抵至美洲大陆，从而开启了欧洲人在美洲的殖民活动。16 世纪中叶，西班牙在美洲移民区已达 200 余处，葡萄牙、荷兰、英国等欧洲强国步西班牙之后尘，到美国独立战争时，欧洲人已在北美洲大西洋沿岸建立了 13 个殖民地。欧洲人在北美建立永久性移民区始于英国人 1607 年在弗吉尼亚建立的詹姆士城，1620 年 11 月 11 日，102 名英国清教徒从荷兰乘"五月花"号船抵达北美朴次茅斯（Plymouth）建立殖民地。1630 年，又一批清教徒到达北美，建立马萨诸塞殖民地。② 1733 年，英国债务人监狱中以前的囚犯建立起佐治亚，据统计，仅 1628—1640 年就有 2 万清教徒移民到北美。到 1775 年，"10 个人中 9 个至少是名义上的清教徒"③。至此，英属盎格鲁—撒克逊文化开始主宰北美广袤的土地。④ 1776 年独立革命是美利坚国家的诞生，同时也是美利坚民族形成的起点："独立以前，美国人既是英国的臣民，又是马萨诸塞、纽约、弗吉尼亚或另外某个殖民地的公民。独立以后，他们就不是英国人了，但是还没有成为美国人。还不存在一个美利坚国家要他们效忠。"⑤ 因此，摆在思想家面前的教育问题不仅是为美国培养人才的问题，而且更是如何使美利坚民族得以形成的问题。政治、经济领域的飞速发展

---

　　① 石伟平：《比较职业技术教育》，华东师范大学出版社 2001 年版，第 127 页。
　　② 吴式颖、任钟印主编：《外国教育思想通史》第 5 卷，湖南教育出版社 2002 年版，第 409 页。
　　③ ［美］卡罗尔·卡尔金斯：《美国社会史话》，王岱等译，人民出版社 1984 年版，第 77 页。
　　④ ［美］L. 迪安·韦布：《美国教育史：一场伟大的美国实验》，陈露茜等译，安徽教育出版社 2009 年版，第 68 页。
　　⑤ ［美］丹尼尔·布尔斯廷：《美国人：建国历程》，中国对外翻译出版公司译，生活·读书·新知三联书店 1987 年版，第 283 页。

及深刻变革对这一时期美国社会文化产生了意义深远的影响。民族
文化与民族意识初步形成。就如拉尔夫·沃尔多·爱默生 1837 年 8
月 31 日在哈佛校园做《美国的哲人》演讲中所提出的："我们依赖
别人的日子，对于其他国土的学识悠长的学习时期，将近结束了。
我们四周有亿万青年正向人生里面冲进来，不能永远用异邦残盛的
干枯的谷粮来喂他们。"① 就教育而言，美国既有对英国崇尚自由教
育传统的承袭，也受到德国那样崇尚实业文化的影响，多元融合的
文化特质为美国中等职业教育本土化奠定了基石。正如恩格斯在谈
到他对美国的印象时所说："美国是一个新世界，新不仅是就发现
它的时间而言，而且是就它的一切制度而言……在美国，一切都应
该是新的，一切都应该是合理的，一切都应该是实际的。"② 所以，
当英格兰自由教育传统在美国生根发芽之时，苏格兰唯实主义传统
同样在美国找到了沃土。没有任何一个国家像美国那样将自由教育
与职业教育结合得如此之好。而且，这两个因素一直就在对立与融
合中交互影响着美国职业教育制度演进。所以，富兰克林文实学校
在批评古典教育之时并未删除古典课程，在弘扬功利主义之时并未
丢掉自由教育传统。综合中学的创设再一次证明了这一点。

二 职业教育基本命题的"美国定义"

1906 年职业教育运动的德国道路之所以转向美国本土，包括
1917 年《史密斯—休斯法案》将中等职业教育置于"单轨"制框
架之下，首先是美国政治、经济以及文化等领域复杂因素之间平衡
的结果，确切地说是自由教育与职业教育、雇主阶层与雇员阶层以
及效率与民主等多维力量之间博弈的结果。但是如果没有对中等职
业教育发展的自觉意识，或许这种转向与具有美国特点的制度构建
会延迟甚至会继续沿袭欧洲"双轨"制的传统。1913 年伊利诺伊
州事件引发的"普杜之辩"即是美国生产发展水平与中等职业教育

---

① 赵一凡编：《美国的历史文献》，生活·读书·新知三联书店 1989 年版，第
137 页。
② 中共中央马克思恩格斯列宁斯大林著作编译局编译：《马克思恩格斯全集》第
21 卷，人民出版社 2003 年版，第 534 页。

自觉意识的体现，同时进一步推动了职业教育理论体系的完善，尤其对于职业教育基本命题的重新定义为中等职业教育制度创新奠定了思想基础。

"职业教育是什么"不是一个不言而喻的问题。教育史上，亚里士多德对职业教育的命名堪为经典。亚氏关于职业教育的定义是以自由教育为基本坐标的，自此，职业教育与自由教育二元对立的格局得以确立，这一思想经英国教育思想家纽曼发展之后愈加明晰。普洛瑟与斯尼登则沿袭了这个论说。"斯尼登职业教育 11 条原则"与"普洛瑟职业教育 16 条原则"都是以"普职"分离的视角定义职业教育的，然而杜威打破了这个命题。美国教育哲学家布鲁贝克就此评价道："亚里士多德的逻辑体系有把事物分成对立面的倾向。这类例证在教育方面不胜枚举，如事实与价值、学校与社会、自然主义与人本主义。所有这些都可以用思维与行动这一基本的'二元论'来概括。杜威尽管承认上述的对立面，但是杜威不是亚里士多德的翻版，也不是黑格尔的命题、反命题、综合的三段论。杜威指出了两个极端之间的连续性，特别是思维和行动之间的连续性。杜威承认他的连续性理论受到达尔文（1910）的启发。就像达尔文发现多种多样的物种之间存在着连续性一样，杜威认识到了多种多样的教育术语之间的连续性，由此动摇了'二元论'的教育哲学基础。"[①] 从杜威开始，职业教育除了"为职业而教育"的传统解释之外，又被定义为"通过职业而教育"。

"职业教育为什么"同样不是一个无须探究的问题。由于受到欧洲理念的影响，普洛瑟职业主义一直将中等职业教育看作一种终结性就业教育。他在《民主中的职业教育》一书中，对于职业教育广义与狭义的定义皆可说明这一点。与之比较，杜威民主主义职教观打破了传统就业取向与普洛瑟将之视为终结性教育一说。杜威主要从职业教育的"教育性"方面看待该问题，主张通过职业与社会生活使儿童得以"生长"，而不是教育儿童仅为雇主服务。杜威在

---

① ［美］约翰·S. 布鲁贝克：《高等教育哲学》，王承绪、郑继伟等译，浙江教育出版社 2002 年版，第 22 页。

评论职业教育国家资助委员会时提醒道，"看上去好像是德国经济竞争推动着德国工业教育的发展，然而德国已对其教育、职业以及商业方法做了系统化处理，这一系统化服务于政府而不服务于大众"①。并且，杜威在《民主主义与教育》一书中，批判了将职业教育等同于反复技能训练的理论，如此将牺牲职业教育改造社会的使命。杜威认为，职业教育在理论与实践中被阐述为行业教育，被当作一种保障将来专门职业的技术效率的手段，这种看法是很危险的，这样下去教育将会变成持续保持既定社会工业秩序的工具，而非改变这种工业秩序的手段。②将职业教育赋予民主社会的改造功能是杜威思想的高度所在。

　　"职业教育对象"依然是一个值得商榷的命题。纵观世界教育史，职业教育一直是属于贫民的，贵族则进入自由教育的轨道。伴随着民主社会的到来与不断推进，教育等级制度有所改观但并没有彻底根除。当然，普洛瑟主张职业教育单设的立论基础不是等级观念，而是智能的差异。然而，职业教育通常面向少数族裔，或更广泛地说面向下层群体。③尽管为劳动力市场做准备是职业教育最常宣称的目的，但它的分类特征也许是其生命力持久的一个重要的原因。这一问题已不知不觉成为造成社会不公的工具。④教育等级制度历来被杜威所唾弃，而且杜威反对一切形式的教育分轨。杜威认为职业属于每一个民主社会的公民。而且，杜威对"职业"的重新诠释打破了一直以来"职业教育对象"仅是贫民阶层的局限。并且，杜威赋予了"职业"重要的教育价值。20世纪70年代之后，以生计教育为开端，美国职业教育面向人人的政策基础即是杜威的思想，这种思想成为"职业教育普通化"与"普通教育职业化"的源头。

　　在一定意义上，普洛瑟职业主义与杜威民主主义职业教育思想

---

① Dewey, J., " On Industrial Education ", *Curriculum Inquiry*, Vol. 1, 1915, pp. 53-60.

② Dewey, J., *Democracy and Education*, New York: Macmillan, 1916, p. 326.

③ Ogbu, J. U., *Minority Education and Caste: The American System in Cross-cultural Perspective* , New York: Academic Press, 1978.

④ Agodini, R., Uhl, S. & Novak, T., *Factors That Influence Participation in Secondary Vocational Education*, Princeton, NJ: Mathematica Policy Research, Inc. , 2004.

是 20 世纪矗立在该领域的坐标，中等职业教育"美国模式"的确立是以普洛瑟与杜威为代表的美国本土职业教育思想的成熟为基础的，与制度方面的突破比较，20 世纪初期的美国首先在职业教育的思想创造方面超越了欧洲国家。

三　"普杜"职业教育思想的"世界性"

与工业经济的先进性比较，美国在工业技术培训方面处于后发状态。1893 年芝加哥世界博览会期间，柏林城市学校总督学贝尔特拉姆（Bertram）在普鲁士工业勤勉促进协会（Association for the Promotion of Industrial Diligence）的一次会议上，仍然认为"这是美国生活的一个黑暗面"。他指出，总的来说美国"没有学徒制"。[1] 20 年后的 1913 年 6 月，在马萨诸塞州西林恩地区的报纸上，通用电气公司经理亚历山大（M. W. Alexander）读到一篇德国柏林技术教育委员会发表的关于"美国机械工业中技工与技师的实用培训"的文章。[2] 他把芝加哥博览会期间德国展品的精美设计归功于技术培训，并提出美国也开始考虑开展工业学徒制培训。亚历山大说，从 1900 年前后移民人口的变化来看，这一进程在加速发展。20 世纪初，美国向东部发展，而欠发达农村地区几乎没有工匠和技术工人。而 1913 年正是库利议案引发"普杜之辩"的开端之年，从另一个侧面凸显出美国职业教育至此还没有给欧洲提供任何的样板。但是"普杜之辩"的开端之年同时成为美国从工业强国走向工业教育思想强国的起点。事实上，美国科学管理革命对于改变美国工人培训的面貌至关重要。对此，时任德国技术委员会执行主席康拉德·马彻斯（Conrad Matschoss）的旅行报告《美国技术进步的智力因素》与德国工程师协会特使撰写的一系列关于"美国工人和学徒培训"的文章，都记载了"德国原则"与"美国方式"结合的职业培训模式。[3] 1913 年以后，德国技术委员会不得不承认，曾经

---

① ［英］琳达·克拉克、克里斯托弗·温奇：《职业教育：国际策略、发展与制度》，翟海魂译，外语教学与研究出版社 2011 年版，第 113 页。
② 同上。
③ 同上。

在工人资格认证这一领域让其他国家望其项背的德国，即将被美国工业培训的新形式所取代。普洛瑟的职业培训思想正是"美国方式"的一个侧面，而职业教育思想反哺欧洲是从杜威开始的。

如果说，普洛瑟的职业培训对于德国的影响只有间接证据的话，甚至说普洛瑟的职业教育思想还带有德国的影子，杜威则以其思想的超越性成为欧洲乃至世界职业教育思想者的导师。德国现代职业教育思想奠基者凯兴斯坦纳是受到杜威影响较早的人。他的《劳作学校要义》一书阐述了公民教育与劳作学校的理论，在批评德国学校远离生产与生活实践之时，引用了杜威的话："多数情况下，学校里的劳动尚未能同实际的家务劳动相结合，而且即使结合了，也仍然未能理解，把实践兴趣尽可能作为课堂活动中心的这一任务的要求。"① 由于受到杜威职业教育思想的影响，凯兴斯坦纳在《劳作学校要义》一书中强调："心智技能的培养同动作技能的培养，在专业课上结合得越紧密，国民学校的发展就越兴旺。同时，心智技能的发展也就随之越加自觉，越加稳定。"②

杜威"通过职业而教育"的思想在 20 世纪初期不仅通过凯兴斯坦纳传入德国，而且通过克拉巴柔（E. Claparode）传入瑞士，通过拜梯尔（G. Bertier）传入法国，通过芬德利（I. Findlay）传入英国。英国里丁大学教授巴纳德（H. C. Barnard）在《英国教育史》（*History of English Education*）中说，杜威虽是美国的教育家，但对于英国曾产生巨大的影响，杜威"学校即社会"的理论切合英国的实情，沛西·能与罗素对于杜威皆有很高的评价。另外，法国、俄国以及土耳其等国都有杜威教育思想的痕迹。1919 年杜威在日本讲学后，一贯效仿德国"双轨"制的日本则方向稍变。③ 值得一提的是，杜威 1919 年 4 月 30 日结束访日活动后到达上海，他在中国停留 2 年 2 个月又 24 天，于 1921 年 7 月 24 日从青岛返美。④

---

① ［德］凯兴斯坦纳：《劳作学校要义》，郑惠卿选译，人民教育出版社 2004 年版，第 22 页。
② 同上书，第 23 页。
③ 滕大春：《美国教育史》，人民教育出版社 2001 年版，第 531 页。
④ 王川：《西方近代职业教育史稿》，广东教育出版社 2011 年版，第 372 页。

其中，关于职业教育方面的专门讲演有《职业教育之精义》《职业教育与劳动问题》《普通教育与职业教育之关系》等多篇。在北京和南京的《教育哲学》讲演中，杜威都专辟一讲"职业教育"。杜威在讲演中一贯主张新的职业教育是建立在传统普通教育与职业教育批判基础之上的，例如，杜威在《职业教育之精义》中所说，"职业教育的问题，就是要把普通教育来改造一番，使一切普通学校中的科目，渐渐和社会的实际生活接近，两方面生出密切的关系"①。杜威在中国有关职业教育的演讲被收录在吕达、刘立德等主编的《杜威教育文集》第三卷、第四卷，以及袁刚、孙家祥等主编的《民治主义与现代社会·杜威在华讲演集》等文献之中。

"二战"以后，杜威职业教育思想开始被世界各国职业教育界广泛接受。牛津大学教育研究系主任理查德·普林格（Richard Pring）教授《14—19岁教育和终身学习：学术教育和职业教育的区分》一文，在批判与审视英国学术传统与职业传统界限分明时，援引了杜威之思想："对于杜威来说，学术教育和职业教育的这种划分是他反对的划分之一。因为这种二分法的背后是关于教育目的、知识本质和取得知识的假设，而这些假设是值得推敲的。"澳大利亚职业教育专家保罗·哈格（Paul Haegh）在《迈向职业学习的新范式》一文中认为，杜威对于学习的定义是对职业学习重要的启示，因为他首先提出了学习是一个过程的概念，或者，更确切来说，学习是一个过程与结果相互作用的辩证关系。保罗·哈格在这里所说的即学习与行动的不可分割性。杜威"做中学"理论一直被职业教育研究界广泛讨论，并且影响了20世纪后期的许多学者的观点，比如司马赫、布兰斯福德以及施瓦茨的学习理论。② 甚至，杜威"普职"融合的思想直接影响了其后联合国教科文组织对于职业教育的释义。从1962年联合国教科文组织的《关于技术和职业教育的建议》到2002年的《二十一世纪的技术和职业教育及培

---

① 袁刚、孙家祥、任丙强：《民治主义与现代社会·杜威在华讲演集》，北京大学出版社2004年版，第584页。

② ［英］琳达·克拉克、克里斯托弗·温奇：《职业教育：国际策略、发展与机制》，翟海魂译，外语教学与研究出版社2011年版，第128页。

训——联合国教科文组织和国际劳动组织的建议书》对历年职业教育的重要定义，均把普通教育看作职业教育的重要组成部分，而"普职"融合的思想是杜威首先提出的。联合国教科文组织于1974年在第18届大会上通过的《关于职业技术教育的建议（修订方案）》中指出：为就业做准备的职业技术教育，应当为卓有成效地、愉快满意地工作打下基础，为此应当：使受教育者获得在某一领域内从事几种工作所需要的广泛知识和基本技能，使之在选择职业时不致受到本人所受教育的限制，甚至在一生中可以从一个活动领域转向另一个活动领域。① 其中，关于"愉快的工作"和"职业转换"的思想，杜威在1916年《民主主义与教育》一书中，皆有过详尽的论述。并且，20世纪80年代以后欧美兴起的"新职业主义"思潮即以杜威职业教育思想为蓝本。

　　比较而言，普洛瑟职业主义是适宜20世纪前半期美国社会的，而杜威民主主义兴起于那个时代但却超越了那个时代，所以，当杜威思想在美国受挫之时，他的世界意义开始彰显。"普杜之辩"蕴含的理论境界如此之高，与美国作为世界工业首强的地位是无法分离的，一种思想的诞生与其生产力水平有着密切的关系，只有在这个时代，自由教育与职业教育之间，效率与民主之间，雇主与雇员之间的多重冲突才会充分显露，这为杜威具有革命性意义的职业教育思想的诞生奠定了基石。当然，杜威首先作为哲学家的占位是确保其职业教育思想高度的重要因素，这在"普杜之辩"与《民主主义与教育》等著作中清晰可见。

第二节　普洛瑟时代（1917—1963）

　　"普杜之辩"为美国职业教育提供了不同的图景，但最终普洛瑟职业主义居于主导地位长达半个世纪之久。就如杰弗里·L. 道所言，"二十世纪的大半时间，一些有影响的教育家拒绝了约翰·杜

---

① 王金波：《职业技术教育学导论》，黑龙江教育出版社1989年版，第128页。

威的课程和教学理念，而钟情于一种更实用的社会控制的办法。职业教育被普洛瑟职业主义哲学所引导，人们相信美国青年需要一种指向某一行业或职业的更实用的教育。"① 1917 年《史密斯—休斯法案》之后，普洛瑟工作导向课程成为契合 20 世纪上半叶美国社会需要的主导模式，20 世纪 40 年代，他又成功领导了颇具影响的"生活适应教育"运动，20 世纪 60 年代能力本位教育（CBE）课程则与普洛瑟职业主义一脉相承。

一 职业主义时代

20 世纪大多数时间，以工作为导向的职业主义盛行于美国综合中学，鉴定学校功效即以课程设置是否能完成实际工作为标准。的确，统计表明在同一工作中接受过高中职业教育的毕业生与未接受过的相比有较高的收入。并且，综合中学职业教育能够起到降低辍学率的作用。② 20 世纪 70 年代之前，以效率主义、福特主义生产方式与制造业主导为显著特征的美国为普洛瑟职业主义奠定了社会基础，普洛瑟工作导向课程又恰恰满足了这一时期美国对于技术人才的需求。甚至，有学者称 20 世纪是"职业主义世纪"。③

1911 年泰罗发表《科学管理的原则》以后的半个多世纪，美国效率社会的性质依然没有改变。"泰罗制"（Taylors System）一度使效率意识成为主宰教育发展的核心取向，并且，社会效率主义与现实社会的商业崇拜交互渗透到美国教育领域。当时在美国教育界居于领导地位的威廉·C. 巴格莱在《教室管理》（Classroom Management）一书中提出，教室管理最为基本的是"经济问题，即寻求什么样的方法，可以使物质投入包括时间、精力和金钱在学校这个工厂车间内产生最大效益。由这个观点可以得出，教室管理可以看成

---

① Jeffrey Laurance Dow, *The New Vocationalism: A Dewey an Analysis*, University of Florida, 2002, p. 90.

② Bishop, J., "Occupational Training in High School: When does It Pay off?", *Economics of Education Review*, Vol. 1, 1989, pp. 1–15.

③ Ryan, P., "Evaluating Vocationalism", *European Journal of Education*, Vol. 2, 2003, pp. 147–162.

是商业问题"①。何况，"二战"之后，当人们几乎忘记了社会效率主义的时候，它又以另一种形式出现了，即被广泛流传与备受推崇的人力资本理论。"泰罗制"与普洛瑟职业主义的联系不仅限于效率方面，普洛瑟工作课程受启于"泰罗制"也因而契合于这个时代。泰罗将工作分析的思想提升至科学的层次，试图对工人的每个操作动作进行科学研究，以代替传统的凭借经验生产的方式。工作分析成为当时指导工人完成工作任务、对员工进行培训的最有效手段。斯尼登、普洛瑟的效率主义思想本身就有部分来源于"泰罗制"。在课程方面，尽管普洛瑟职业培训课程与"泰罗制"并非完全相同，但是其工作课程的基本原理还是吸取了"泰罗制"的精髓。例如，普洛瑟职业教育 16 条原则之第（11）条，某一职业的特定培训内容唯一可靠的来源是该职业专家的经验，即是对"泰罗制"的借鉴。

基于"泰罗制"的"福特主义"（Fordism）生产方式在 20 世纪 70 年代前一直在美国工业经济中处于主导地位。1913 年，福特公司开发出世界上第一条流水线，标志着"福特主义"生产方式在美国的形成。并且，该生产方式逐步在西欧蔓延，并造就了西欧长时期的繁荣，西欧学者通常把 1945—1974 年这一时期称作西欧资本主义的"福特主义"时代。② 20 世纪 30 年代，意大利马克思主义者安东尼奥·葛兰西（Antonio Gramsci）首次使用了"福特主义"一词，用以指称一种基于美国方式的新的工业生活模式。③ 作为建立在流水线分工基础上的劳动组织和大批量生产方式，其主要特征是：以"泰罗制"原则为目标的劳动标准化和强化的技术分工，以高度专门化的机器即流水线形式大批量地生产标准化的产品。④ 这种经济发展模式注重人身驾控和工具理性取向，遵循管理

① ［美］雷蒙德·E. 卡拉汉：《教育与效率崇拜》，马焕灵译，教育科学出版社 2010 年版，第 6 页。

② ［美］伊查克·艾迪思：《企业生命周期》，中国社会科学出版社 1997 年版。

③ Allen, J., "Post-industrialism/Post Fordism", In S. Hall, D. Held, D. Hubert, & K. Thompson（Eds.）, *Modernity*: *An Introduction To Modern Societies*, Oxford: Wiley-Blackwell, 1996, pp. 546-555.

④ 周德孚、殷建平等：《学习型组织》，上海财经大学出版社 1998 年版。

者、设计者和执行者严格分离的劳动组织结构。① 对于员工而言，"福特主义"生产方式只是注重岗位技能的习得，而普洛瑟工作导向课程恰恰是指向岗位技能训练的。基于习惯心理学，普洛瑟认为反复实践是造就岗位工人最好的途径。罗伯特将普洛瑟的课程论描述为，"就业技能即是习惯的掌握，只有通过反复实践才能掌握任何程度的工人技能。正如重复训练能够塑造出一个熟练的外科医生，也会塑造出一个有经验的工人。"②

　　"二战"前后，士兵训练之需与武器制造之用成为普洛瑟工作导向课程盛行的重要的社会土壤。"一战"以后，19 世纪以来英国作为"世界工厂"的美誉逐步让位给美国。第二次世界大战全面爆发后，罗斯福总统发表了"我们必须成为民主制度的伟大兵工厂"的"炉边谈话"。1941 年 3 月 11 日又签署了租借法案。大量的军火订单使美国各大工厂的装配线夜以继日地转动，仅 1943 年的军火生产产值就等于苏联、德国、英国三国的总和。③"二战"与"世界工厂"的经济地位对于美国职业教育的影响主要表现在三个方面。其一，武器制造需要大量训练有素的工程师与技术工人。1941 年 12 月至 1945 年 8 月，美国生产作战飞机 192000 架，战前，美国现役航空母舰只有 7 艘，战争结束时已增至 30 艘。伴随着反法西斯战争的胜利，美国将其军事力量部署到非洲、欧洲、亚洲、大洋洲等地，建立了近 500 个军事基地。"二战"爆发之时，尽管"国内已有 1000 多家职业教育机构能够迅速地转变成军事和工业训练机构，这些机构具备同时为各类军工生产培训 5 万名后备人员的实力"。④ 但这样的培训能力还远远无法满足现代战争对各类技术工人的需求。早在 1938 年，美国教育总署就和作战部的人一起讨论了关于培训机械工艺师尤其是航空机械师的问题，以及在紧急情况

① Albritton, R., *Phase of Capitalist Development: Booms, Crises and Globalizations*, Palgrave Macmillan limited, 2001.

② Prosser, Charles A. & Thos H. Quigley, *Vocational Education in a Democracy* (revised ed.), Chicago: American Technical Society, 1957, p. 199.

③ 彭树智：《世界史（现代史编下）》，高等教育出版社 1994 年版，第 12 页。

④ Robert G. Stakenas, *Education Hand and Mind: A History of Vocational Education in Florida*, Lanham: University Press of America Inc., 1984, p. 119.

下公立学校的训练设施问题。后来，作战部和内务部共同制订了一项检查职业教育设施和活动的计划，在罗斯福总统的大力支持下，联邦、州、地方共同合作，一场为国防培训人才的运动在美国开展起来。沿袭《史密斯—休斯法案》的拨款与培训路径，1940年6月，美国国会通过了公法第668号，并于其后4年内连续颁布了9部对各州国防职业培训项目增拨款项的法规，以上法规统称为《国防训练法》（*National Defense Training Act*）。① 按照战争物资筹备部开列的名单，在金属工艺、造船、飞机制造、无线电、电焊、钻孔、车床操作、打铆、潜艇电工等方面，联邦政府为各州培训课程共计投入317075000美元，培训设施共计投入58825000美元。② 仅1940年7月至1942年7月，共约340万人参与了各类培训，③ 至战争结束前，仅公立教育系统，就为战时工业系统培训了750万名合格劳动力。④ 其二，士兵训练成为职业教育一部分。"二战"期间，美国武装力量总数从1939年33.5万人，增至1941年参战前的200万人，1945年时则已达至1217.5万人。⑤ "二战"中技术应用范围的扩大与技术程度的加深，需要以更高的技术水平来培训参战人员。如何培训这支庞大的军队，如何使这支军队具有一定的"水准"以及如何测量这些"水准"，这便是当时面临的挑战。各类学校为军人提供职业培训，成为战时职业教育的一大特点，并且，这种培训一直延续至战后。⑥ 其三，战后转业士兵的就业教育问题。战时美军人数超过1200万，其中2/3面临退伍，如此众多的劳动

① 贺国庆、朱文富等：《外国职业教育通史》（上卷），人民教育出版社2014年版，第183页。

② Layton S. Hawkins, Charles A. Prosser, Johne C. Wriht, *Development of Vocationanl Education*, Chicago：American Technical Soeiety, 1951, p. 479.

③ Nelson B. Henry, *The Forty-Second Yearbook of the National Society for the Study of Educaation：Vocational Education*, Bloomington：Pantagraph Printing and Stationery Company, 1943, p. 208.

④ Calfrey C. Calhoun, Alton V. Finch, *Vocational Education：Concepts and Operation*, Belmont：Wadsworth Publishing Company, 1976, p. 72.

⑤ Layton S. Hawkins, Charles A. Prosser, Johne C. Wriht, *Development of Vocationanl Education*, Chicago：American Technical Soeiety, 1951, p. 436.

⑥ 翟海魂：《发达国家职业教育历史演进》，上海教育出版社2008年版，第139页。

力人口进入就业市场，必然给就业市场带来很大的压力，退伍军人的教育问题急需解决。① 1944 年，美国国会颁布《退伍军人再调整法》（*Servicemen's Readjustment Act of* 1944），又称《退伍军人权利法》。该法规定："任何退伍士兵，只要在军队服役期限超过 90 天，即有权利接受此法案提供的每月 50 美元的资助。退伍士兵可以在初、中、高等教育层次的商业、科学、技术类及职业学校或学院继续学习或参与职业培训类项目。"② 1944—1951 年，该法为 780 万名退伍士兵提供了深造的机会，其中，223.2 万人接受高等教育，③300 多万人进入中等教育机构。④ 显然，无论是普洛瑟的社会效率主义理论抑或是工作导向课程对于美国政府、兵工企业或是士兵而言都是有效的，杜威基于人的成长与社会改造的职业教育思想自然被这个特殊的时代所冷落。

普洛瑟职业主义最受青睐的原因还在于就业问题逐渐成为美国的社会问题。工业化与城市化的发展，直接导致了数百万农民进城后就业问题的出现。1917 年《史密斯—休斯法案》颁布之后，美国经历了两次经济衰退。第一次是 1919 年，第二次是 1921—1922 年。到 1921 年，全国失业劳工达 500 多万人。与以前不同的是，1921 年经济衰退中，农业劳工首当其冲，失业率由 1919 年的 2.4%上升到 1922 年的 19.5%。⑤ 据统计，在 1920 年，各地就业服务局受理的劳工就业申请达 316.5 万人，1924 年为 275.5 万人，1928 年为 225.9 万人，被安置就业的劳工分别占申请者总数的 63.8%、65.65%和 62.5%。⑥ 另外，打字员、秘书和办公室职员中的妇女就业人数增长较快，为此，美国家政协会和全国妇女贸易联

---

① 梁茂信：《美国人力培训与就业政策》，人民出版社 2006 年版，第 43 页。

② Robert G. Stakenas, *Education Hand and Mind*：*A History of Vocational Education in Florida*, Lanham：University Press of America Inc., 1984, p. 133.

③ Gerald L. Gutek, *Education in the United States*：*A Historical Perspective*, Upper Saddle River：Prentice-Hall, 1986, p. 283.

④ L. Dean Web, *The History of American Education*：*A Great American Experiment*, Upper Saddle River：Peason, 2006, p. 262.

⑤ Udo Sautter, *Three Cheers for the Unemployed*：*Government and Unemployment Before the New Deal*, Cambridge, New York：Cambridge University Press, 1991, p. 130.

⑥ Ibid., p. 264.

合会等组织呼吁政府与教育界为妇女提供家政服务的培训。1917 年
法案颁布之后，开设家政课程的中学在 1930—1931 年达到总数的
95%。在加州各地，学习该专业的人数比学习工科的学生高出 1 倍
多。①"二战"加快了美国工业机械化和农业机械化的进程，农村剩
余劳动力尤其是走出厨房的妇女激增对城市工作导向职业教育的需
求更为迫切。战争结束后，退伍军人进入劳务市场更是强化了这一
局面。当就业成为社会问题之时，产业对于就业技能的要求势必反
馈至职业教育，基于就业的现实需要，美国在 1917 年《史密斯—
休斯法案》以后颁布了一系列与之相关的职业教育法案，这些法案
都体现了普洛瑟"为职业而教育"的教育理念。例如，1929 年通
过的《乔治—里德法》在 1930—1934 年每年拨款 150 万美元，重
点发展农业和家政教育计划，旨在促进妇女就业。截至 1939 年，
参加这个职业教育计划的人数约达 200 万人。另外，1946 年《乔
治—巴登法》及其以后通过的《士兵权力法》、《乔治—巴登法》修
正案、《国防教育法》等法案皆以普洛瑟职业主义为思想基础。②

全国教育协会在 20 世纪上半叶基本沿袭了 1918 年《中等教育
的基本原则》的基本思想，这些与普洛瑟的职业主义论一脉相通。
因为，普洛瑟同样将 1918 年原则作为他领导 20 世纪 40 年代美国
"生活适应教育"运动的思想基础。③ 1938 年，全国教育协会教育
政策委员会（Education Policies Commission）把中等教育的目标归纳
为自我实现、人际关系、经济效能、公民职责四个方面。1944 年，
教育政策委员会发表报告书《为所有美国青年的教育》（*Education
for All American Youth*）及《关于满足青年的教育需要》（*On Meeting
the Needs of Youth*）的声明，提出了"青年必需的教育需要"10 条

---

① Herbert M. Kliebard, *School to Work: Vocationalism and the American Curriculum*, 1876-1946, Columbia University: Teachers College Press, 1999, pp. 135-136.

② Venn, Grant, *Man, Education and Work*, Washington D. C.: American Council on Education, 1964, pp. 60-61.

③ Silver, Roberta, *An Analysis of Charles Allen Prosser's Conception of Secondary Education in the United States*, Chicago: University of Chicago, 1991, p. 62.

概要，职业训练被摆在首位。①

　　普洛瑟职业主义思想与这个时代的契合，从普洛瑟执掌的邓伍迪学院课程设置可见一斑。邓伍迪学院在职业教育方面所赢得的声誉，从来自世界各地的访问者的评价中可见一斑。其中，根据社会需要调整课程目标与科目是重要特征之一。罗伯特提供了普洛瑟曾经列出的邓伍迪学院在不同时期所修订的课程目标：（1）第一次世界大战培训士兵；（2）和平后培训平民；（3）第一次世界大战后退伍军人培训；（4）30 年代的大萧条时期实施职业转换培训；（5）第二次世界大战时士兵培训；（6）第二次世界大战后退伍军人培训。② 由此看出，20 世纪 60 年代前美国中等职业教育之所以属于"普洛瑟时代"，源于普洛瑟职业主义与工作导向课程，或者说培训课程首先属于并服务于这个时代。

二　《史密斯—休斯法案》实施与职业主义推行

　　普洛瑟职业主义论在 20 世纪盛行之久与其在职业教育界的权威地位密不可分。1917 年《史密斯—休斯法案》颁布之后，普洛瑟在美国已经成为极有影响的职业教育思想家与该领域的领导者，加之邓伍迪学院的成就与示范作用，使普洛瑟开始赢得"美国职业教育之父"的美誉。从 1917 年 8 月起，普洛瑟开始担任联邦职业教育委员会主任一职，为职业主义在 20 世纪前半叶居于主导地位做了基础性工作。1925 年出版（1949 年、1957 年被重新修订）扛鼎之作《民主中的职业教育》与凭借口才不间断的演说，使普洛瑟牢固铸就了美国职业教育界思想导师的地位。

　　1917 年之后，普洛瑟成为《史密斯—休斯法案》理念的信仰者与有效实施的督导者。在出任联邦职业教育委员会主任两年的时段内，普洛瑟继续如斯尼登所赞誉的以"传教士圣保罗"的精神在工作。除与来自各国的代表举行谈判之外，他稳妥地推进地方职业教

　　① 翟海魂：《发达国家职业教育历史演进》，上海教育出版社 2008 年版，第 106 页。

　　② Charles Allen Prosser, *Dunwoody's Past, Present, and Future*, Typewritten Document, Special Collection, Dunwoody Industrial Institute, Minneapolis, 1945, p. 10.

育立法工作，督促各州职业教育计划的实施，建立区域性办事机构，引导与协调工业界制订员工的招聘和培训计划，严格监督联邦职业教育资助经费在州项目审批、发行程序甚至包括经费报销等诸多环节的正确性与有效性，并且，成立联邦职业教育委员会出版部门以便迅速地准备和发布信息。① 普洛瑟是 1917 年《史密斯—休斯法案》理念最有力的保护者。例如，该法案有三个限制条件：（1）资助仅限于超过 14 岁但未入大学的学生的公共项目；（2）没有直接或间接的分配给基础设施或设备的资金；（3）职业教育联邦委员会监督与帮助各州执行法案的规定。普洛瑟终身坚持这三条信念。就第（2）条而言，普洛瑟排斥任何建筑的维修或安装的基金，他一再认为在这方面的过度支出已经将高中变成了富丽堂皇的机构。普洛瑟认为职业教育项目的设备并不需要资金，因为实习培训在实际工作场所进行。② 普洛瑟在联邦职业教育委员会工作期间确保了《史密斯—休斯法案》依其本意而被忠实地执行，这些基础性的工作或许是这部法案以及沿袭其理念的扩展法案影响美国 45 年之久的原因。直到 1963 年《职业教育法》颁布，普洛瑟职业主义才退出主导美国中等职业教育的历史舞台。

普洛瑟职业主义始终坚守"效率至上"与"国家利益优先"原则。这两项原则直接导致普通教育与职业教育相互隔离的状态。尽管 1917 年《史密斯—休斯法案》确立了综合中学制度，即便杜威一再批判教育"二元"对立的格局，但是由于职业教育"独立账户"与"独立管理机构"的设置，最终导致美国中等教育始终以"单轨—分层"的模式运行。普通教育、学术教育与职业教育虽共置综合中学，但各司其职，各就其位，互不干扰，泾渭分明。由于普洛瑟对于普通教育的极端态度，在综合中学实际形成了分离的资金、教师、学生、学习时间、课程等模式，并且，在职业科内部，农、工、商、家政、市场销售、护理等联邦拨款专款专用，互不相通，彼此隔绝。然而，这种制度表面提高了法案实施的效率，但不

---

① Silver, Roberta, *An Analysis of Charles Allen Prosser's Conception of Secondary Education in the United States*, Chicago: University of Chicago, 1991, p. 23.

② Ibid., p. 85.

可避免地造成了普通教育与职业教育的区隔与异化，也造成了学生职业面狭窄，无法有效应对职业变迁等诸多隐患，这也是 1963 年《职业教育法》颁布后普洛瑟职业主义论逐步衰落的重要原因。

普洛瑟自 1915 年执掌邓伍迪学院工作以来取得了巨大声誉。1914—1945 年，邓伍迪学院从一开始仅有 125 名学生和 4 个全日制的系，发展至后来入学人数增加到了年均 4100 人，有 14 个全日制项目。[①] 1945 年 4 月 13 日，普洛瑟在回顾这段经历时感叹道：担任邓伍迪学院院长所做的贡献是我所有成就的关键因素。[②] 董事会主席威廉·博维对于普洛瑟的评价是，"他得以用自由的双手来运行学校，过去这么多年来，我们非常高兴并且非常满意，当初对他有信心是如此的正确"[③]。最为重要的是，普洛瑟在邓伍迪学院的教育实践成为美国职业教育领域的样板，并且这些实践一直贯彻着普洛瑟职业主义思想。除全日制办学制度以外，普洛瑟创设了半日制与学徒制两种新的教育模式。半日制指向 16—20 岁青年从业者，采用学校学习与工厂工作交替的方式，以便使之及时更新知识与技术。[④] 学徒制则指向成年企业工人，普洛瑟担心美国缺乏训练有素的工人，从而效仿德国"学徒复兴计划"，1937 年，在劳工部的帮助下，通过了一项创建联邦委员会学徒制的法律，旨在促进建立劳动和管理培训的标准和合作等。依据"习惯心理学"原理，普洛瑟创建了多种学徒制模式，其中，每周 4 小时、为期 4 年的模式多被采用。[⑤] 普洛瑟关于课程设置的指导思想依然恪守其职业主义思想，这在邓伍迪学院"一战"到"二战"以后所列的课程计划中已经明晰地表达出来。普洛瑟坚决排斥自由教育的课程，并认为那是"培

---

① Silver, Roberta, *An Analysis of Charles Allen Prosser's Conception of Secondary Education in the United States*, Chicago：University of Chicago, 1991, p. 19.

② Ibid., p. 20.

③ William H. Bovey, *Charles Allen Prosser：A Testimonial in Recognition of His Service to Vocational Education*, by M. Reed Bass, Chairman, Typewritten Document, John A. Butler Learning Center, Dunwoody Industrial Institute, Minneapolis, (December) 1933, p. 12.

④ Charles Allen Prosser, *A Study of the Boston Mechanic Arts High School：Being a Report to the Boston School Committee*, New York：Teachers College, Columbia University, 1915, p. 97.

⑤ Laytons Hawkins, Charles A. Prosser & John C. Wright, *Development of Vocational Education*, Chicago：American Technical Society, 1951, pp. 156-161.

养未来长官学校的任务"①。与此相比，普洛瑟对于现场学习极为重视，并在 20 世纪 20 年代至 30 年代领导了美国多元合作培训计划，该计划主要针对综合中学 16—18 岁之间不欲升学的学生，雇主与教师之间相互合作，使学生在企业学徒训练与学校课程教学之间交替进行。普洛瑟认为，多元合作计划对于就业取向的学生是一种可行的选择。②

普洛瑟极为重视中等职业教育教师培养工作，这在 1917 年《史密斯—休斯法案》有关教师培训项目的资助条款中即可看出。普洛瑟职业教育 16 条原则就有两条与教师培养相关，即第（7）条，指导者在将技能和知识运用于其所教授的操作和程序方面越是拥有成功的经验，职业教育就越有效；第（11）条，某一职业的特定培训内容唯一可靠的来源是该职业专家的经验。③ 普洛瑟坚信，教师的行业经验决定学生的学习效果。他认为普通学校、州级学院甚至大学都没有能力培养职业教育的教师。普洛瑟指出了职业教育教师的特殊性，并制定了其应具备的能力和所应接受培训的课程。但是，普洛瑟认为家政与农业专业教师可以在大学培养，原因在于，大部分男生具有农场生活或工作经历，女生则可能已经"在母亲和高中家政老师的共同指导下，获得了对家政的兴趣、见识、实践操作和管理能力"④。20 世纪 20 年代，针对三类不同的人群——缺乏职业技能与从教技能者、仅有教学技能者或仅有职业技能者，普洛瑟制订了三类教师培养计划，并提出中等职业教育教师的八项能力标准：（1）分解技术操作并使之直观化的能力；（2）指导工艺流程的能力；（3）将职业分解成模块课程的能力；（4）组织培训课程的能力；（5）有效辅导学习者的能力；（6）区分职业教育和

---

① Charles Allen Prosser, *A Study of the Boston Mechanic Arts High School*: *Being a Report to the Boston School Committee*, New York: Teachers College, Columbia University, 1915, p. 33.

② Silver, Roberta, *An Analysis of Charles Allen Prosser's Conception of Secondary Education in the United States*, Chicago: University of Chicago, 1991, p. 99.

③ Prosser C. A., Quigley, T. H., *Vocational Education in a Democracy* (revised edition), Chicago, IL: American Technical Society, 1950, pp. 223–226.

④ Ibid., p. 310.

其他教育形式的能力；（7）对职业教育经济和社会功能的理解力；
（8）专业立法知识。并且，制定了60—100学时的多种培训项目。①

20世纪40年代以前，普洛瑟在中等职业教育制度确立、管理
模式、课程体系与教学方式等诸多方面所做的工作，一直成为1963
年《职业教育法》颁布之前的样板。20世纪40年代普洛瑟所领导
的"生活适应教育"运动，则是职业主义的另一种形式，而且在全
国范围内取得了较大的影响。

三 "生活适应教育"运动

从20世纪40年代开始的美国"生活适应教育"运动，是继
1917年《史密斯—休斯法案》之后普洛瑟领导的又一具有全国性、
持久性影响的教育事件，这场运动几乎主宰了"二战"以后美国中
等教育的课程改革。其间，普洛瑟延续了职业主义思想，并且获得
了"生活适应教育运动之父"的美称。但由于这场运动倡导实用性
课程、弱化学术性课程的"反智主义"倾向，所以被批评者视为美
国进步教育运动的产物，也因此招致要素主义与永恒主义的猛烈批
判，20世纪50年代中期这场运动宣告结束。由于社会的逐步转型，
普洛瑟拒斥学术教育的职业教育理念开始显得不合时宜。

第二次世界大战刚刚结束，一种被称为"生活适应教育"的运
动脱颖而出。原因在于，"二战"结束后的最初几年不仅是一段入
学人数迅速增长的时期，也是一段适应期：即"归来的男女军人的
适应；从战时到和平的经济适应；在新的住宅和郊区中的生活适
应；比以前更短暂、更流动、更繁荣的社会适应等"。② 综合而言，
"生活适应教育"基于以下两条原则：其一，学校教育需超越传统
的学术目标，应涵盖个人、社会、情感、经济、职业等更广泛的问
题；其二，学校教育应面向所有的青少年，由此应提供更丰富的教

---

① Prosser C. A., Quigley, T. H., *Vocational Education in a Democracy* (revised edi-
tion)，Chicago, IL: American Technical Society, 1950, pp. 472-474.

② Gutek, G. L., *Basic Education*: *A Historical Perspective*, Bloomington, IN: Phi Delta
Kappan Education Foundation, 1981.

学内容以满足个体之需。① 事实上，在战后的变化和不确定之中，"生活适应教育"首先是作为一种新的课程改革出现的。② 参加该种课程学习的学生将能够有准备地进入并很好地适应现代社会的生活。这场运动起始于联邦教育局职业教育处的工作。早在 1944 年，职业教育处就承担了研究"未来的职业教育"的任务，并把它作为职业教育日常管理工作和咨询活动的一部分。职业教育处于 1945 年 5 月 31 日和 6 月 1 日在华盛顿的沃斯曼公元旅馆召开了一次会议，重申中等教育课程分流的主张。这次会议的领导者即著名的职业教育家普洛瑟。当时，综合中学课程要么由学术性的大学预备科目组成，要么由职业性科目组成，大量中学生的需求无法从这两类课程中获得充分满足。普洛瑟对此深感忧虑。据统计，处在这两类课程中间无法得到满足的学生占注册学生总数的 60%。普洛瑟和他的同事们认为对这些学生最有利的做法，即给予他们"所需要的生活适应能力和美国公民应该具备的能力"。③ 普洛瑟在会议快结束时做了报告，并强调:"这次会议确信，在最后通过的这份关于《未来的职业教育》的报告的帮助下，职业学校将能更好地为 20% 的中学生得到理想的、需要技能的职业做好准备;而综合中学将继续为另外的 20% 中学生进入大学做好准备。但是，公共教育的行政管理人员和职业教育领导人必须为余下的 60% 的中学生制订一个相似的教育计划，使之得到作为美国公民所需要的生活适应训练。"④ 同时，普洛瑟要求联邦教育局尽早召开系列地区性会议以研究这个问题，并提醒会议需由普通教育与职业教育同等数量的代表参加并提出可行的方案。这次会议完全采纳了普洛瑟的意见，联邦教育局局长斯图特贝克随即就所建议的一系列会议开始部署工作。

---

① Gutek, G. L., *Education in the United States: A Historical Perspective*, Upper Saddle River: Prentice-Hall, 1986, p. 273.

② [美] L. 迪安·韦布:《美国教育史:一场伟大的美国实验》，陈露茜等译，安徽教育出版社 2009 年版，第 310 页。

③ U. S. Office Education, *Life Adjustment Education for Every Youth*, Federal Secunity Agency, Office of Education, 1948, p. 15.

④ [美] 劳伦斯·阿瑟·克雷明:《学校的变革》，单中惠、马晓斌译，山东教育出版社 2009 年版，第 294 页。

在普洛瑟督促下，1946 年，美国青年生活适应教育委员会（Commission on Life Adustment Education for Youth）成立，并发表《关于中学的生活适应教育》（*On Life Adjustment Education in the High School*），正式提出了"生活适应教育"的口号，并于 1946 年 4 月到 11 月之间，召开了 5 次地区性会议。参加会议的有中学校长、督学、州职业教育负责人、州教育部门的代表、教育学院的教授以及全国专业协会的行政官员等。这些地区性会议得出的一致意见是：（1）中等教育过去没有提供充分的和适当的生活适应教育内容，这种生活适应也许是中学生最主要的需求；（2）适应青年需要的教育计划的基本内容包括：实用工艺、家庭生活、卫生和身体健康以及公民资格方面的实际经验等；（3）对大多数中学生而言，一个有工作经验的管理计划是必要的；（4）教师需要更广阔的视野和为所有青年服务的真诚愿望；（5）赢得全国范围内公众对于生活适应教育计划的支持。[1]"生活适应教育"运动强调教育对象是"所有美国青年"，而不再是少数尖子和英才；在教学内容上，着重生活适应教育和职业训练，而不是学术学科的教育或智育，并且培养学生善于处理个人同集体、生活与工作的关系。[2]与 1917 年《史密斯—休斯法案》比较，普洛瑟基于智能测量与自愿原则决定职业教育对象的方式转向了"所有美国青年"，这或许是杜威"教育即生活"思想对于普洛瑟影响的结果。

美国"生活适应教育"运动最终表现为课程的变革。尽管各州生活适应课程在具体内容上存在很大差异，但有一点是共同的：他们都以课程"功能性"为原则，如强调职业科目旨在提升"生活技能"等。并且，这些"功能性"课程很快成为与联邦标准性课程或大学预科课程相对立的词语。结果是，不管是哪种"功能性"课程

---

① ［美］劳伦斯·阿瑟·克雷明：《学校的变革》，单中惠、马晓斌译，山东教育出版社 2009 年版，第 295 页。

② 翟海魂：《发达国家职业教育历史演进》，上海教育出版社 2008 年版，第 106 页。

的改革，通常都注定某一门传统学术科目被取代。① 并且标榜这是民主的社会生活所必需的。“民主”一词的光环使得生活适应教育者能够将自己和所谓的“不民主”的传统科目划清界限。这样一来，商业算术或商务英语比传统算术或英语更受欢迎，因为这些商务取向的课程涉及的是学生不久将面临的成人生活的问题和事务。传统学术科目不断衰弱的趋势在 20 世纪 40 年代“生活适应教育”运动中达到了顶点。一名中学课程专家研究发现，1910 年，有83.3%的学生学习一门外语，到了 1955 年，这一比例则下降至20.6%。②

　　普洛瑟作为这场运动实际的领导者，对于学术性课程比例的下降具有相当大的影响，因为他历来都排斥学术性课程而强调实用的目标。在普洛瑟思想引领下，美国“生活适应教育”运动不到 10年，有一半的州即采取了各种形式的生活适应课程。由于强化生活与职业技能课程，弱化学术课程，“生活适应教育”运动被许多人认为是进步主义教育目标的自然产物，所以，生活适应课程以及其他课程改革中的反智主义受到了猛烈的批判，其中，主要来自贝斯特（A. E. Bestor）与赫钦斯所代表的要素主义与永恒主义，时任伊利诺伊州大学历史学教授贝斯特的观点尤为激烈。在批判者看来，“生活适应教育”运动“继续着大量的口号、行话和各种反理智主义；它把近代进步主义的功利主义和团体的因循守旧带进了终极的平凡化”③。在两本专著中，贝斯特都谴责了“生活适应教育”运动的反智主义倾向，他说：“生活适应教育有意识地使教育与科学以及学术相分离，致使其目标是如此琐碎，这将招致所有有头脑人士的反对。”④ 贝斯特甚至认为：既不应该允许学生以职业类课程获取学分，也不允许他们在 17 岁之前学习这种课程。在贝斯特眼

---

① Diane Ravitch, *The Troubled Crusade*：*American Education*，1945 - 1980，New York：Basic Book，1983，p. 69.

② Edward A. Krug, *The School Curriculum*，New York：Harper & Brothers，1960.

③ Diane Ravitch, *The Troubled Crusade*：*American Education*，1945 - 1980，New York：Basic Book，1983，p. 70.

④ L. Dean Web, *The History of American Education*：*A Great American Experiment*，Upper Saddle River：Pearson，2006，p. 263.

中，职业教育是全国制造商协会权力政治运行的产物，这样的教育势必麻痹人的思想并与传统的教育哲学相悖，"在任何一种职业学校中，包括提供教师培训的学校，几乎都不要求学生们去思考如何经过探索而获得知识。知识即是简单的事实，即是呆板、固执的和不容置疑的一堆数据"①。在谴责职业教育扼杀创造力的同时，贝斯特认为职业教育不可能培养出具有原创力和思考力的学生。相反，学生的智力只会被这种教育损害，结局是导致学生根本不会用大脑处理任何问题。另外，美国"生活适应教育"运动还受到了民主主义者的质疑。批判者认为，教育者通过降低高中课程标准以降低辍学率，这种状况决定了"生活适应教育"导致了更大的不平等。霍夫施塔特（Richard Hofstadter）对此质疑道："'生活适应教育'运动的理论家非常清楚他们向被忽视的60%的学生群体所提供的课程的质量。他们通常将这些学生归为主要来自于缺乏技能的家庭……在智力和成绩测验中的成绩较低，对功课不感兴趣，且在心理上不成熟，易紧张，缺乏安全感。"②霍夫施塔特认为，这种判断本身就带有一定的偏见，所以给予这些学生的教育必定会有所偏颇。

普洛瑟职业主义所引领的美国"生活适应教育"运动远未获得大规模的推行，1954年之后，美国"生活适应教育"运动很快消失了。③这也预示着普洛瑟时代即将过去。

四 基于"工长会议"计划的CBE课程

CBE即"Competence-based Education"的简称，通常被译为"能力本位教育"。该课程模式在20世纪后期推广到世界许多国家，至今还有一定的影响力。CBE课程是美国20世纪60年代批判"知识本位"师范教育的成果。与传统师范教育注重"应知道什么"不

① Bestor, A., *The Restoration of Learning*, New York: Alfred A. Knopf, 1956, p. 78.

② Angus David L. & Jeffrey E. Mirel, "Equality, Curriculum, and the Decline of the Academic Idea: Detroit, 1930-1968", *History of Education Quarterly*, Vol. 2, 1993, pp. 177-207.

③ ［美］L. 迪安·韦布：《美国教育史：一场伟大的美国实验》，陈露茜等译，安徽教育出版社2009年版，第263页。

同，能力本位师范教育的指导思想是：未来教师能做什么、应做什么，即未来教师应具备什么样的能力。CBE 课程是一种注重"做"的教育模式。① 尽管 CBE 课程是师范教育批判的结果，但与普洛瑟1919 年后推广的"工长会议"计划一脉相承。有所不同的是，基于职业主义的 CBE 课程在 20 世纪 60 年代已经形成了系统的课程开发技术。

　　1946—1964 年美国经历了从工业化社会向后工业化社会的过渡，经济的飞速发展与相对长期的经济繁荣为社会带来了结构变化和观念变革。伴随人们政治、金钱、两性关系和宗教态度的自由化趋向，青年教育问题迅即成为一个严峻的社会问题。当教师能力成为社会所质疑的焦点时，以传授知识为核心的传统师范教育自然招致批判。正如管理学大师德鲁克（Peter Ferdinand Drucker）所尖锐指出的："事实上，在今天的大学里，传统的受过教育的人根本不认为是有知识的人。他们被人看不起，被视作半吊子。"② 原因就像贝尔所说："后工业社会的主要问题是要有足够数量的受过训练的具有专业和技术能力的人才。"③ 针对教师实际从教能力的缺失，1965 年，美国联邦教育总署资助 10 所高校开发培养小学教师的示范性培训方案，在百余份改革方案中，"能力本位"教师教育范式最终被教育总署采用并迅速推广。1972 年，美国师范教育协会组成"能力本位师资培训委员会"，并在全美成立了 9 个能力本位教育中心，形成并公布了一套描述和评估能力本位教育方案的准则（*Criteria for Describingand Assessing Competency - Based Programs*），研发了100 个以操作为本位的师范教育模块，专门从事能力本位分析，并以此改进师资培训。能力本位教师培训方案主张将对教师工作分析的结果具体化为教师必须具备的能力标准，然后按照能力标准设计课程。在行为主义理论影响下，所有要掌握的教师技能都被系统地

① 黄孝棪：《能力本位职业教育》，台湾正文书局 1984 年版。
② ［美］德鲁克：《后资本主义社会》，张星岩译，上海译文出版社 1998 年版，第49 页。
③ ［美］丹尼尔·贝尔：《后工业社会的来临：对社会预测的一项探索》，高锋等译，新华出版社 1997 年版，第 256 页。

分解成更简单的行为要素。通常是以口头的教学开始，接着就是表现所学技能的实践活动，以及紧随其后的正确反馈。如果需要，将会提供额外的指导、实践和反馈循环。这样既可以使每个师范生掌握全部技能，也反映了教育个性化的要求。[①] 1977 年，有 23 个州立法规定在教师培训中应用能力本位职业教育。

按照能力标准设计课程的思想后来传至加拿大，并于 20 世纪 60 年代形成了以 DACUM 为核心的 CBE 课程开发技术。DACUM 是"课程开发"（Developing A Curriculum）的缩写，它最初是由加拿大和美国联合开发的，一方是加拿大人力及移民署下属的试验项目部，另一方是纽约通用教育公司，该公司负责向衣阿华州克林顿市的"妇女就业"培训计划提供技术咨询。克林顿市的初期工作是开发一本课程指导书，用以促进受训人员参与培训计划和达到培训目标，结果形成了一个类似时间安排表的图示课程表。继这些早期工作之后，加拿大为一个较典型的职业开发了试验性的 DACUM，并以此作为进一步的范本。DACUM 经过大量修正和改进之后，终于形成了开发职业教育课程的一套完整方法。[②]

DACUM 技术是一种以"实践专家研讨会"的形式进行工作任务分析从而获得职业所应具备的各项技能的过程和方法，具体做法是：由在某一职业长期工作、经验丰富的优秀实践专家组成一个专门委员会，运用头脑风暴法进行讨论，识别出从事岗位工作所需的综合能力和相关的专项能力。以此作为课程开发的起点。DACUM 在 CBE 课程中是一个很少的部分，但没有 DACUM 就没有 CBE，它是 CBE 的精髓。CBE 的能力标准必须符合行为目标原理，通过工作分析来建构某一职业所需的、全面的、行为取向的、有结构的"能力图"。[③]

英国学者博克认为，能力本位教育最初起源于 20 世纪 20 年代美国的教育改革。当时，为了强调教育与企业的联系，在中等教育

---

① N. L. Gate & Philip H. Winne, *Performance-Based Teacher Education*, 1975, p. 149.

② 徐国庆：《职业教育课程论》，华东师范大学出版社 2010 年版，第 36 页。

③ P. D. Ash Worth and Judy Saxtan, "On 'Competence'", *Journal of Further and Higher Education*, Vol. 2, 1990, pp. 3-25.

阶段出现了推行能力教育的尝试。[①] 事实上，DACUM 方法中最核心要素即"工作分析"源于普洛瑟职业主义思想的"工长会议"计划。这个计划源于"一战"时期。第一次世界大战是一场机械力量的较量，急需对军需企业的各工种工人进行培训，尤其是无线电、汽车、机械、飞机驾驶与修理等方面。联邦职业教育委员会对军需生产工人培训需求进行调查，并准备培训课程。1919 年，联邦职业教育委员会开始研究工长、管理人员的职业培训方法，其方法之一即是进行职业分析，研究对象选定在费城哈里森工厂的杜邦公司。普洛瑟时任联邦职业教育委员会主任，与普洛瑟合著《我们都坚守信念了吗：在教育十字路口的美国》一书的联邦职业教育委员会成员、普洛瑟的亲密战友、职业教育专家查尔斯·艾伦（Charles R. Allen）亲率专家组，对工长的职务进行了分析研究，由此诞生了"工长会议"计划，不久就发展成为一种新的培训方式，并获得各方面的好评。联邦职业教育委员会把这个"工长会议"计划作为权威的培训方式向所有州推广，并且逐步进入学校领域。[②]"二战"时期的美国，这种方式同样用于对技术工人进行再培训，使之掌握枪弹制造等技能。[③]"工长会议"计划全面贯彻了普洛瑟职业主义立场，普洛瑟职业教育 16 条原则也是在这个时期逐渐形成的。"工作分析"在普洛瑟的职业教育 16 条原则中有明确的表述。然而，基于普洛瑟职业主义的 CBE 课程，虽至 20 世纪 80 年代依然盛行，但多运用于企业培训，而综合中学则开始趋向普通课程与职业课程的融合。

20 世纪中期以后，总统高等教育委员会（President's Commission on Higher Education）提出，在民主的目标下需要一个统一的教育，并提出了学术和职业一体化的教育模式。俄亥俄州立大学国家职业教育研究中心则指出，学生应该接受"学术及职业教育均衡组

---

① Burke, J., *Competence-based Education and Training*, Falmer Press, 1989, p. 11.

② 王川：《西方近代职业教育史稿》，广东教育出版社 2011 年版，第 451 页。

③ 沈勤：《能力本位教育适用性问题》，《外国教育资料》1996 年第 3 期，第 36—41 页。

合的课程"①。面临新的社会巨变,普洛瑟注重岗位技能的职业主义受到质疑,杜威普通教育与职业教育整合的思想重新得到关注。

第三节 朝向杜威的理想(1963—)

1963 年《职业教育法》是美国中等职业教育变革的分界线,这是与 1917 年《史密斯—休斯法案》颁布以来美国社会的巨大变革相呼应的。20 世纪中后期,福特主义逐步被"后福特主义"所取代,以知识创新为核心的"新经济"成为现代社会的显著特征。伴随着终身教育时代的到来,以就业为导向的终结性中等职业教育受到质疑,基于社会效率主义与注重岗位技能训练的传统职业教育模式已经无法适应社会与个体人发展的需要,盛行半个世纪之久的普洛瑟职业主义开始退出历史舞台,与杜威民主主义思想一脉相承的"新职业主义"(New Vocationalism)逐渐居于主导地位,美国学者西奥多·刘易斯就此指出:美国职业教育开始"朝向杜威的理想"。② 20 世纪 70 年代以后生计教育运动、STW、STC 运动中的"课程整合",尤其体现了杜威民主主义的职教观。

一 新职业主义时代

"新职业主义"是相对于普洛瑟为代表的职业主义而言的,这个概念是美国联邦职业教育研究中心的学者本森(Benson C. S.)在论及杜威职业教育思想时首先提出的,后来,本森的同事诺顿·格拉布(Norton Grubb)采纳了杜威"通过职业而教育"(education through vocation)命题来描述美国"新职业主义"运动,并成为"新职业主义"的代表人物。"新职业主义"直接承继了杜威的职

---

① National Commission on Secondary Vocational Education, *The Unfinished Agenda*, *The Role of Occupational Education in the High School*, Washington, DC: Office of Vocational and A-dult Education, U. S. Department of Education, 1984.

② [英] 琳达·克拉克、克里斯托弗·温奇:《职业教育:国际策略、发展与制度》,翟海魂译,外语教学与研究出版社 2011 年版,第 96 页。

业教育理念。与普洛瑟职业主义注重具体的岗位技能训练不同，格拉布"新职业主义"主张，职业教育的目标应该从为具体职业做准备转向为就业和继续教育奠定基础。格拉布支持杜威提出的"通过职业而教育"以及课程整合的思想，并且他认为只有如此方可解决一个历史性的难题。格拉布认为："从 20 世纪初职业教育与学术教育被割裂以来，对两种教育的批评都要求对学术教育和职业教育进行重新整合。"① 需要注意的是，"新职业主义"作为一场运动出现与作为一种思想产生不是同步的，显然是运动实践在先，思想认识在后。"新职业主义"的提出是 20 世纪 60 年代以后美国经济与社会剧烈变革的结果。

（一）职业主义挫败

自 20 世纪 60 年代中期起，美国社会出现了一系列严重问题，世界性经济危机席卷美国，失业与贫穷并存。与此相伴随的是高中辍学率居高不下并越发严峻。实际上，很多学校未能满足高中毕业生成功就业或升学的需求，几乎 1/3 进入高中的学生不能完成学业，这个毕业率还会因种族不同而相差甚远。统计表明，白人学生高中毕业率是 78%，而黑人学生和拉美学生的毕业率则仅为 51% 和 52%。② 而步入社会的青年并未有效地为新经济环境的要求做好就业准备。1961 年 2 月 20 日，肯尼迪在国会演讲时说："1917 年《史密斯—休斯法案》颁布以及后来的修正案为工农业及其他行业提供了培训计划。美国职业教育工作的根本目的是好的，而且可以适应未来的需要。"③ 然而，肯尼迪很快发现这一判断为时过早。同年，肯尼迪就任总统后，马上要求卫生、教育和福利部长任命一个职业教育顾问委员会，调查和评估职业教育的现状，即"重新审议和评估国家当前的职业教育法案，同时为扭转和重新确定职业教育

① Grubb, W. N., " Not There Yet: Prospect and Problem for 'Education Through Occupations' ", *Journal of Vocational Education Research*, Vol. 22, 1997, p. 2.

② G. Burnett, *Career Academies: Educating Urban Students for Career Success*, New York: ERIC Clearinghouse on Urban Education.

③ Evans, Rupert N., Garth L. Mangun, Otto Pragan, *Education for Employment: the Background and Potential of the 1968 Vocational Education Amendment*, Ann Arbor, Michigan: Institute of Labor and Industrial Relation, 1969, p. 14.

的方向提出建设性意见"①。肯尼迪政府职业教育顾问委员会经过一年多的认真工作,次年向总统递交了《教育为变换的工作世界服务》(*Education for a Changing World of Work*) 的终期报告。最后将职业教育问题具体归纳为十点:(1) 接受职业教育的人数比例过少;(2) 城市中的职业教育基础设施匮乏;(3) 多数学校未能提供有效的就业服务;(4) 半数学校只提供四项或更少的职业教育计划,并且涉及的职业很狭窄;(5) 对计划缺乏研究和评估;(6) 缺少能满足有特殊需要的中学后职业教育计划;(7) 课程只是集中在几门"时髦"的技术上;(8) 拘泥于陈旧的办学模式;(9) 规模较小的学区难以提供丰富的课程;(10) 新兴职业的课程和教材有待开发。② 职业教育顾问委员会在审视问题的同时,强调传统的职业主义主要有两个失败之处,使其无法将变化着的经济和技术的要求与个人的职业愿望协调起来。其一,缺乏对劳务市场中的变化的敏感;其二,缺乏对各种人群需要的敏感。③ 研究发现,职业主义失败主要原因有三:其一,美国的就业结构发生变化。据联合国国际劳工组织统计,1960—1978 年,在美国的劳动者构成中,脑力劳动者从 40.1%增至 47.8%,体力劳动者从 54.6%降至 49.3%;1956 年,美国白领工人总数首次超过蓝领工人,1977 年白领工人达 50.1%,农民比例从 1920 年的 30%降至 3%。④ 生产结构和就业结构的变化,要求就业者受过更良好的教育。传统的、忽视个性发展的、注重岗位技能的职业教育已经难以适应社会发展的需要。其二,就业岗位变化频繁。"二战"以来,由于科学技术的加速度发展,职业变换的速度普遍加快,失业人数急剧上升。据美国学者奥弗本在《为了充分就业的教育和培训》一书记载,绝大多数工人即使找到了职业也不能保证自己的职业能持续到第二年;对

① Shu Wei—Non, *A Comparison of Factors that Influence Vocational Education Law - Making In the U. S. and Tai Wan*, Minnesota: University of Minnesota, 1996, p. 114.

② Department of Health, Education, and Welfare, *Education for a Changing World of Work: Repant of the Panel of Consultants on Vocational Education*, Washington, D. C.: U. S. Govermant Printing Office, 1964, pp. 206–214.

③ 马骥雄:《战后美国教育研究》,江西教育出版社 1991 年版,第 126 页。

④ 齐世荣主编:《人类文明的演进》,中国青年出版社 2001 年版,第 187 页。

25—34 岁之间的工人来说，在不到一年的时间里就做出职业变换的人数竟占该年龄组工人的 55%—60%。① 劳动者职业能力让位于职业适应能力，职业教育进入终身化时代。其三，学术教育和职业教育之间的鸿沟长期存在。到 1969 年，选修职业教育课程的中学生还不到 20%。据美国学者卡尔金斯在 70 年代的估计，每年缺乏职业训练而导致的青年失业约 75 万人。② 在一定意义上，这是普洛瑟职业主义论盛行的结果，自然，职业主义难以解决自身的问题。

20 世纪 70 年代初，福特主义越来越在瞬息万变的经济竞争中表现出刻板与僵化的特征，这种稳定的结构由于两方面的原因陷入了危机。一方面，全球化导致了市场与生产网络广泛地在世界范围内扩充，但在工资方面缺乏国际协调，所以给企业所有者带来了竞争性约束；另一方面，基于"泰罗制"的生产组织方式已经在劳动力的合理化方面释放了所有潜力。③ 面对这些挑战，发达国家采取了两种应对措施即新福特主义和后福特主义，④ 前者以美国、英国等国家为代表，后者以德国、日本、新加坡等国家为代表。后福特主义生产方式具有随机与突变的非线性特点，根据生产需要随时变换工人的岗位，因此要求工人具备较为全面的技术与技能，包括调试、制造加工甚至研发等。工人需熟悉在团队中工作，并且学会组织与管理。例如，日本"丰田生产方式"即打破了僵化的技术分工而强调工人、技术人员和管理者之间的团队合作。瑞典Volvo汽车公司从 1988 年起，把原来的"装配线"（assembly line）改造为"装配岛"（assembly island），工人改变了从前在装配线上重复单一任务的工作方式，而是 8 至 10 人一组灵活协作，并组装整车。与之相比，美国新福特主义只是主张重新恢复市场原理，推崇竞争性个

---

① 刘义兵：《美国的生计教育运动》，《外国教育动态》1988 年第 4 期，第 22—26 页。

② 同上。

③ Albritton, R., *Phase of Capitalist Development*: *Booms*, *Crises and Globalizations*, Palgrave Macmillan limited, 2001.

④ Allen, J., Post-industrialism/Post Fordism, In S. Hall, D. Held, D. Hubert & K. Thompson (Eds.), *Modernity*: *An Introduction To Modern Societies*, Oxford: Blackwell, 1996, pp. 546-555.

人主义，但依然沿袭了福特主义的标准化、大批量生产模式。普洛瑟注重岗位技能的职业培训方式与新福特主义生产方式在国际竞争中开始出现劣势，例如，1973 年以来，美国所有经济部门的所有级别的职业妇女（男性亦然），每年的工作时间比德国人多了 320 小时，而其平均工资降了 10%。① 美国不得不在后福特主义生产方式中吸取元素，20 世纪 80 年代以来，美国开始注重培养学生能够应对复杂多变的环境以及在不同工作环境中完成工作的一般基本能力——软技能（softs kills）的教育。而且，美国劳工部就 21 世纪工人素质提出广义的普通能力观（generie competenees），包括处理资源；处理人际关系；处理信息；系统看待事物；运用技术。② 1995年，美国国会开始辩论"团队合作法案"。杜威注重思维方法、民主协作与适应职业变换的思想重新得到关注。

20 世纪 90 年代后，美国进入以知识创新为基础的"新经济"时代。美国经济学家爱德华·丹尼森（E. F. Danison）在《美国经济增长核算》一书中分析道：在 1929—1969 年促进美国劳动生产率增长的诸因素中，知识与科技因素的贡献从 37% 上升至 71%，并且，70 年代后这一比例呈上升趋势。美国"新经济"具有两个明显特征。第一，以多样化、个性化为特征的柔性生产与服务的生产组织方式替代传统标准化、大批量生产方式；第二，全新的经济形态是以知识的应用、创新为本质特征的。面对知识经济的到来，普洛瑟基于"习惯心理学"将职业教育视为对某种操作程序反复练习的传统培养方式招致质疑。单纯技能熟练已无法解决生产当中需要创造性头脑和理论基础才能应对的难题，理论理解能力与独立探求能力成为职业教育人才培养新的目标。就如约翰逊所言："极少有人怀疑高新技术社会中心智的重要性。职业世界已发生了大量变化，并且这些变化还将继续。设备越来越高级，它直接导致工人技能的变化，需要提高技能水平以操作复杂的设备。工人的任务逐渐

① Albritton, R. C., *Phase of Capitalist Development: Booms, Crises and Global-izations*, Palgrave Macmillan limited, 2001.

② Burke J., *Outcome, Learning and the Curriculum: Implications for NVQ's, GNNQ's and Other Qualification*, London and Washington D. C.: Routledge Falmer, 1995, pp. 41-44.

从具体任务（体力任务）转向抽象任务（脑力任务），而抽象任务需要心智技能，诸如符号的和抽象的思维能力。"① 基于 20 世纪 60—90 年代美国经济与社会的巨大变革，普洛瑟职业主义论逐渐让位于格拉布的"新职业主义"论。

（二）"新职业主义"生成

"新职业主义"涵盖"新职业主义"思想与"新职业主义"运动两个层面。就关系而言，这两个层面不是同步产生，而是运动实践在先，思想认识在后。作为一场运动起于 1963 年《职业教育法》的颁布，而作为一种思想约于《一项未完成的事业——中等职业教育的作用》的出版为开端，这是一篇全国职业教育委员会的报告，是 1983 年《国家处于危机之中》（*Country in Crisis*）报告的延续。② "新职业主义"思想以杜威思想为蓝本，诺顿·格拉布就此明确指出，联邦职业教育研究中心学者们的使命是继续杜威的工作，"杜威没有机会实现他的梦想""但我们会继续他的事业"。③

"新职业主义"作为一场运动需追溯到 1963 年《职业教育法》的颁布，在此之后，生计教育、STW 与 STC 运动构成了这场运动的核心事件。基于"二战"以后美国民权运动与反贫困斗争的宏观背景，1963 年《职业教育法》与 1917 年《史密斯—休斯法案》最大的区别是对弱势群体的关注，例如，1963 年《职业教育法》对于职业教育资助对象其中包括这样一个群体即"因学术、社会、经济或其它方面的缺陷而难以在常规教育计划中获得成功者"。④ 罗伯特对此评价道：20 世纪 60 年代美国中等职业教育出现了 1917 年以来

---

① Johnson, D. S., "A Framework for Technology Education Curriculum Which Emphasizes Intellectual Processes", *Journal of Vocational and Technical Education*, Vol. 1, 1992.

② ［英］琳达·克拉克、克里斯托弗·温奇：《职业教育：国际策略、发展与制度》，翟海魂译，外语教学与研究出版社 2011 年版，第 91 页。

③ Grubb, W. N. (Ed.), *Education Through Occupations in American High Schools* (Vol. I), New York: Teachers College Press, 1995, p. 4.

④ Evan, Rupert N., Garth L. Mangun, Otto Pragan, *Education for Employment: The Background and Potential of the 1968 Vocational Education Amendment*, Ann Arbor, Michigan: Institute of Labor and Industrial Relations, 1969, pp. 16–17.

的重大转折，联邦资助不仅指向特定的领域，而更多地转向弱势群体。[1] 基于社会效率主义的普洛瑟职业主义在 1963 年《职业教育法》中未被考虑，对弱势群体的关切则体现了杜威民主主义思想，这是职业主义向"新职业主义"转折的起点。同时，1963 年《职业教育法》突破了职业教育针对特定人群与特定行业的局限，职业教育内涵得以扩展，职业教育面向人群得以扩大。1968 年《职业教育法》修正案则明确提出职业教育须面向人人的观点。[2] 为了解决因职业适应性而失业的严重现象，1971 年 1 月，新任的美国教育总署署长西德尼·马兰（Marland, S. P.）在休斯敦全美中学校长协会上发表教育改革的演说，提倡"生计教育"，而"生计教育"所倡导的"职业教育普通化"与"普职"融合的原则显然是对杜威思想的承继。20 世纪 80 年代，在失业人口之中青年的比例居高不下，与日德等国比较，美国缺乏从学校到工作的过渡体系以帮助学生顺利就业，即"尽管美国给中学毕业生提供了世界上最好的高等教育体系，并且提供了明确进入这一体系的规则，但它同时也提供了组织得最差并且最缺乏思考的劳动力市场进入体系"[3]。基于此，1994 年《从学校到工作过渡多途径法案》以及其后一系列法案的颁布构成了所谓"从学校到工作"（School To Work）运动。STW 运动提出课程方面的三项整合，即学校本位学习和工作本位学习整合，职业课程与学术课程整合，中学和中学后整合。在继承杜威课程整合思想的基础上，将课程整合的机制又推进了一步。进入 21 世纪以后STC（School To Career）即"从学校到职业生涯"运动是对于 STW 的承继，只是更加关注个体职业生涯的发展。

　　"新职业主义"，与 1983 年《国家处于危机之中》报告的发布具有密切的关系。美国学者西奥多·刘易斯指出："由于杜威的早

---

　　[1]　Silver, Roberta, *An Analysis of Charles Allen Prosser's Conception of Secondary Education in the United States*, Chicago: University of Chicago, 1991, p. 86.

　　[2]　贺国庆、朱文富等：《外国职业教育通史》（下卷），人民教育出版社 2014 年版，第 109 页。

　　[3]　Rosenbaum, J. E., Preconditions for Effective School-to-Work Linkage in the Unite State in Stern D. and Wagner, D. A. (eds.), *International Perspective on School-to-Work Transition*, New York: Teachers College Press, 1987, p. 36.

期反对，伴随着《国家处于危机之中》报告的发表，美国职业教育开始关注高中课程的学术严谨性。"① 面对职业教育的作用不断被削弱的前景，职业教育倡导者们反驳道：职业教育课程与学术课程之间具有显著的互补性。因此，以广泛的内在目标为基础的职业教育改革就此开始。② 1984 年，为了回应《国家处于危机之中》的报告，美国成人与职业教育办公室（The U. S. Office of Adult and Vocational Education）成立了联邦中等职业教育委员会（National Commission on Secondary Vocational Education），负责研究社会变化、教育改革背景下中等职业教育的角色问题。委员会工作的结果即《一项未完成的事业——中等职业教育的作用》的著名报告，报告反思了 1917 年《史密斯—休斯法案》以来普洛瑟职业主义的局限性，提出职业教育作为职业训练的工具观亟待被突破的现实需要，尤其指出：唯有职业教育和普通教育的协作，才能增强学校课程的教育价值。并且，委员会对此提出了具体建议：为学术课程融合更多实用的内容，为职业课程渗透更多学术的内容。新的课程方案将是一个平衡的、包含着所有学生需要的学术和职业课程整合的体系框架。同时强调职业教育的"弹性、责任感、自我管理、团队工作、终身学习与培训"③。在"新职业主义"群体中还包括工商业领袖和教育政策制定者，20 世纪 90 年代以后，这个群体对于他们一贯支持的普洛瑟职业主义的效果产生了怀疑，并开始回到杜威的思想。杜威的支持者认为，传统职业教育无视人类的整体性和人们在民主社会的多重角色，造成美国经济生产的低迷和杜威"民主主义的挫败"。④

1965 年成立的联邦职业教育研究中心（The National Centerfor

---

① Bluestone, B. & Harrison, B., *The Deindustrialization of America: Plant Closings, Community Abandonment, and the Dismantling of Basic Industry*, New York: Basic Books, 1982.

② Lewis, T., " Difficulties Attending the New Vocationlism in the United States ", *Journal of Philosophy of Education*, Vol. 1, 1991, pp. 95-108.

③ Lynch, R. L., *Designing Vocational and Technical Teacher Education for the 21st Century: Implications from the Reform Literature*, Columbus: The Ohio State University, 1997, p. 15.

④ Kincheloe, J. L., *Toil and Trouble: Good Work, Smart Workers, and the Integration of Academic and Vocational Education*, New York: Peter Lang, 1995, pp. 11, 13.

Research in Vocation Education）参与了这两个报告的起草工作。联邦职业教育研究中心的学者们清醒地认识到，美国职业教育的发展正在悄然转型。这种转型即由普洛瑟职业主义转向杜威民主主义。1983年，《国家处于危机之中》发表以后，鉴于陷于背水一战的困境，美国职业教育家们欣然接受了"新职业主义"论，这一理论与杜威职业教育思想更为一致。① 在一个模糊多变、职业更替频繁、个体发展与团队合作并举的社会，唯有一种民主的教育方可将普通教育、学术教育与职业教育融合一体，以最大限度地提高学生的选择自由，并给他们以广泛的希望和发展的可能性。杜威则早在20世纪初期即为此准备了答案，联邦职业教育研究中心的学者们认为"在这一问题上，很少有语言能比杜威的表述提供更多的真知灼见，对于我们而言，杜威的教育思想描绘了我们关于教育未来理想的蓝图"②。在他们看来，除了计算机技术的增加外，杜威在1900年提出的教育理想几乎同样适用于21世纪的学校。③ 为了与普洛瑟职业主义相区别，联邦职业教育研究中心的学者本森将其命名为"新职业主义"，并且，在1992年的一篇文章中，本森用这个词来阐释杜威的"通过职业而教育"的思想。随后，他的同事诺顿·格拉布同样以此命题来描述这一"新职业主义"运动，并且在他以"美国高中的重构"为主题的两卷本著作的标题中采纳了"通过职业而教育"这一术语。在第一卷前言中，格拉布言辞恳切地写道："我乐于承认这本书里所设想的改革，实际上是返回杜威的教育理想之路，是调和'二元论'之路……这种'二元论'是杜威极为反对的。"④ 本森认为，"新职业主义"的目标包括三方面：其一，帮助

---

① ［英］琳达·克拉克、克里斯托弗·温奇：《职业教育：国际策略、发展与制度》，翟海魂译，外语教学与研究出版社2011年版，第91页。

② Bragg, D., Layton, J. & Hammons, F., *Tech Prep Implementation in the United States: Promising Trends and Lingering Challenges*, National Center for Research in Vocational Education, 1994, p. 20.

③ Jeffrey Laurance Dow, *The New Vocationalism: A Dewey an Analysis*, University of Florida, 2002, p. 8.

④ Grubb, W. N. (Ed.), *Education Through Occupations in American High Schools* (Vol. I), New York: Teachers College Press, 1995, p. 4.

更多学生获得较高标准的学术能力；其二，帮助更多学生获得一定水平的职业能力；其三，提供学生终身学习的基础。[1] 1988 年，本森拟订了"新职业主义"的指导原则，其中一条即是反映杜威思想的"为所有学生提供学术和职业整合的教育"。[2] 普洛瑟职业主义对于学术课程的完全排斥在"新职业主义"运动中得以矫正。

二　生计教育运动与"K-12+职业群集课程"

20 世纪中期后，就业者岗位技能水平的高低不再是失业与否的决定因素，面对瞬息万变的社会与职业流动的加快，职业"适应性"成为职业教育所面临的核心问题。1971 年，美国教育总署署长马兰倡导的生计教育运动旨在应对与解决这个问题。这场运动体现杜威职业教育思想之处有二：其一，生计教育运动即"职业教育普通化"运动，杜威"通过职业而教育"的理念在一定意义上得以实现；其二，基于对职业变化的适应，职业群集课程开始出现，杜威职业课程与学术课程整合的思想体现在 K-12 课程体系之中。马兰在他第一篇关于生计教育的讲演中，特别赞美了根据杜威"学校即社会"理论所发展起来的"社会中心学校"的重要作用，并由此提出以学校为中心的生计教育模式。[3]

（一）职业教育普通化

生计教育由赫尔（Herr, E. L.）首先提出，赫尔认为，生计教育即围绕生涯发展而进行的所有正规教育。[4] 只是，马兰对其赋予新意并启动了一场热烈的生计教育运动。在马兰看来，20 世纪 60 年代以来所出现的种族歧视、退学和失业人数的增加，工人对劳动的不满情绪以及学校和社会的骚动等现象，都源于学校教育未能实施教育和劳动相结合的政策。马兰同时为中等教育改革指明了方

---

[1]　Benson, C. S., "New Vocationalism in the United States: Potential, Problems and Outlook", *Economics of Education Review*, Vol. 3, 1997, p. 201.

[2]　National Center for Research in Vocational Education, *The* 1989 *Agenda for the National Center for Research in Vocational Education*, Berkeley: CA, 1989, p. 1.

[3]　徐辉、辛治洋：《现代外国教育思潮研究》，人民教育出版社 2008 年版，第 55 页。

[4]　Stanley B. Baker & John G. Taylor, "Effects of Career Education Interventions: A Meta-Analysis", *Career Development Quarterly*, Vol. 4, 1998, pp. 376-385.

向,他说:所有的教育都是,或都将是生计教育。教育家的使命是:使中学毕业生既能成为直接有效的受雇者,又能继续升学。马兰在1971年11月《美国教育》月刊中揭示了生计教育的含义:第一,生计教育将是所有学生必须学习的一部分课程,而不只是某些学生必须学习的课程;第二,生计教育应当贯穿于从小学到高中甚至大专院校的所有年级之中;第三,凡中学毕业或中途退学的学生都将掌握维持生计的技能,以适应个人和家庭生活的需要。① 杜威"通过职业而教育"的思想,在马兰倡导的生计教育运动中得以体现。

虽然生计教育在联邦教育总署、各州以及学术团体等处获得了不同的理解,但基本内涵是:生计教育不只是"职业教育"或是"普通教育",或者大学预备教育的代替物,而是将三者融合成一种全新的课程贯穿于整个教育体系中,其根本目的在于消除普通教育和职业教育之间的鸿沟,使整个教育面向劳动世界以适应社会和实际生活的需要。生计教育和传统的职业教育之间的主要区别有:作为所有学生必须学习的一部分课程贯穿于从小学到高中学程之中,职业选择幅度比现行职业教育制度更加广泛。② 如果说,1963年《职业教育法》对于弱势群体的关注是普洛瑟职业主义向杜威民主主义转向的起点,生计教育运动"普职"融合的理念则彻底颠覆了普洛瑟"普职"分离的设想而成为"新职业主义"运动的组成部分。并且,生计教育运动面对全体,着眼全程的"职业教育普通化"的特征至少在形式上向杜威"通过职业而教育"靠近了一步。尤其是生计教育体现了杜威教育"一元论"的部分思想。

(二)K-12+职业群集课程

1972年,美国联邦教育署(U. S. Office of Education)推广以学校、雇主、家庭、社区为基础的四种生计教育国家模式(National Models)。③ 其中,由俄亥俄州立大学职业教育中心设计,以学校为

---

① 日本文部省:《五国普通教育》,刘树范、关益等译,教育科学出版社1982年版,第165页。

② 许智伟:《美国生计教育》,台北幼狮文化公司1982年版,第5页。

③ 20世纪下半叶美国职业教育终身化发展研究(http//: www. lm. gov. cn/gb/training/2004. 11/12/content/53075-htm, 2007, pp. 6, 7)。

基础（the School Based Model）的生计教育模式居于主导地位。这种模式限定从幼儿园至高中时段即 K-12 课程体系，K 是幼儿园（kinder garden）的缩写。如图 4—1① 所示。

K-12 课程体系一般分为三个阶段，即生计意识阶段（Career awareness）（K-6），生计探索阶段（Career exploration）（7—9），生计准备阶段（Career preparation）（10—12）。② （13 年级开始即属于高等教育阶段）普通课程与职业课程整合就贯穿在 K-12 课程体系之中，"普职"课程整合分两个层面，其一，职业课程整合为职业群课程，用以提升未来学生对于职业变化的适应性；其二，职业群课程与普通课程融合，并贯穿于整个 K-12 课程体系之中。

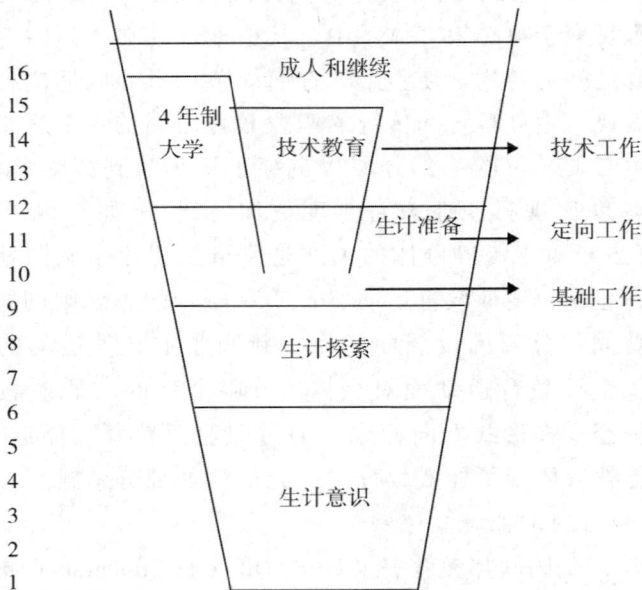

图 4—1 生计教育课程框架

职业群的概念早在 1974 年《生计教育法》中即已提出。它将

---

① 许智伟：《美国生计教育》，台北幼狮文化公司 1982 年版，第 84 页。

② 钟启泉、张华：《世界课程改革趋势研究·课程改革国别研究》，北京师范大学出版社 2001 年版，第 330 页。

职业按照其宽泛的共同特征进行分组，将数种性质相近的职业视为一个职业群，分析出该职业群所需的共同知识和技能，并对其进行组合，以此作为课程编制的出发点和基础。让学生在此指导下有计划地、系统地学习某一职业群共同的学术、技能和该职业群包含的相关职业的入门技术，以便对学生未来宽泛就业奠定深厚的基础。见图 4—2[①] 职业群集课程模型所示：每一个职业群中设置 2—7 个职业群途径，每个职业途径又包含多门具体的职业专门课程。这样，在纵向上形成了一个体现知识和技能层级的职业群结构层级，即职业群基础、职业群途径和职业专门课程。经过多年探索与实践，1999 年，美国联邦教育署已将之拓展为 16 个职业群、81 个职业群途径和 1800 种职业专门课程的完整体系。[②]

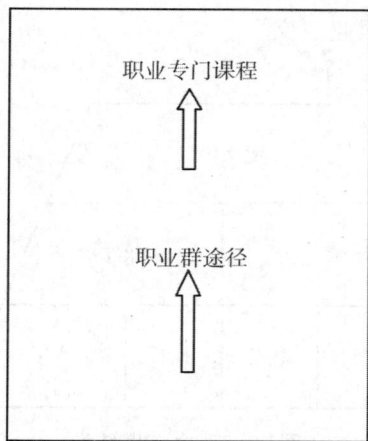

图 4—2　职业群集课程模型

　　综合中学即处于生计准备阶段（10—12 年级）。以生计意识阶段的职业了解、生计探索阶段的职业选择为基础，生计准备阶段主要学习所欲进入行业的入门技能。10—12 年级的学生开始在自己所

---

　　① *Career Clusters：A Plan of Education Plan for Global Economy*，http：//www. careertech. org/upload_ files/Career_ Cluster_ Resaerch_ Brief_ final. pdf，2007，pp. 10，18.

　　② *Adapted from Guidance Division Survey*，Oldahoma Department of Career and Technology Education，2005.

深入学习的职业群中选定某种职业，并接受适当的训练。例如，希望成为空降医务人员的学生，除了在学校中学习与该职业相关的课程外，还应利用部分时间在医院做具体的实习工作。尽管生计教育运动总体上体现了杜威"通过职业而教育"以及课程整合的思想，但在生计准备阶段又有转向普洛瑟职业主义的迹象，"教育性"开始淡化，"职业性"开始增强，普洛瑟工作导向课程的特征开始凸显，这在生计准备阶段的两种典型课程模式中即可看出。

在美国，生计准备阶段盛行金字塔型与马利兰型两种群集课程模式。图4—3[①]即金字塔型模式，该模式主要特点有二：其一，自10—12年级，从宽泛的职业群基础开始渐至专门化；其二，每天2小时企业实践并非杜威所倡导的"主动作业"，而是旨在就业的岗位技能培训，但2小时之外属于学术课程时间。比较而言，马利兰型模式则完全导向职业主义。

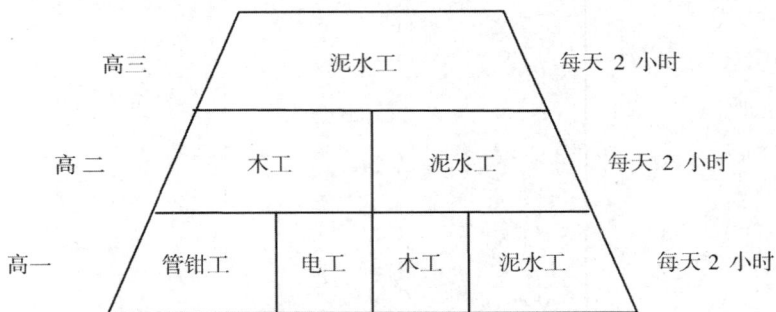

图4—3   金字塔结构

马利兰型模式是指在1965—1969年，由马利兰大学教育系主任麦利博士支持研究出来的一种职业教育的群集结构。如图4—4[②]所示：该模式起初是麦利博士为职业学校所设计，后被部分综合中学"职业科"所借用。与金字塔型模式比较，马利兰型模式提供的职业课程更加广泛，尤其需与企业学徒制合作，将职前教育与职后

---

① 王祖荣：《群集概念的职业教育》，高雄师友工业图书公司1985年版，第46页。
② 同上书，第52—53页。

培训结合起来更为有效。在马利兰型模式中几乎看不到杜威思想的影子。这从一个侧面可以看出，职业学校与综合中学的课程组织存有区别。由此看出，20世纪中后期，尽管美国职业教育开始朝向杜威的理想，但是普洛瑟职业主义的底色依然没有完全消退，就如职业主义时代，全国教育协会依然重视杜威的民主主义思想一样。

20世纪70年代生计教育运动的K-12体系与职业群课程整合的主要特点是职业课程领域整合为职业群课程，但是，学术课程与职业课程之间还是互相独立的关系，与普洛瑟排斥自由教育课程比较，这里只是一种"松散"的整合。20世纪90年代之后STW、STC运动开始在实质意义上去实现杜威课程整合的理想。

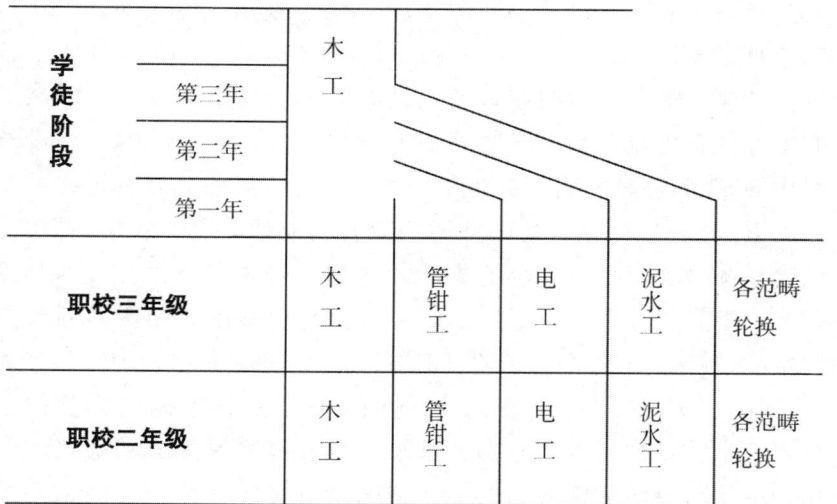

图4—4 马利兰结构

三 STW、STC运动与"三项课程整合"

20世纪90年代，针对青年失业率不断攀升的严峻事实，美国兴起了一场帮助学生从"学校到工作"顺利过渡的STW运动，这场运动运行9年后因政府更迭而宣告结束，与之相继的STC运动承袭了STW运动的核心框架并指明了职业教育的生涯取向。基于这样的目标，STW与STC运动提出了学校本位学习与工作本位学习整合、学术课程与职业课程整合、中学与中学后整合的制度框架。与生计教育运动中普通课程与职业课程彼此独立共存的"松散"整合比较，这场运动对于课程整合的深度推进更加贴近了杜威所倡导的"一元论"课程，并且创设出体现杜威"通过职业而教育"的工作本位学习。所以，美国学者贝利（Thomas Bailey）在评价这场运动时说："我们现在所做的并不是什么新鲜事，它只是杜威工作的继续。"①

（一）职业教育目标转向——生涯发展

20 世纪 80 年代以后，美国失业人群中出现一个特殊的现象即青年失业率居高不下。统计可知，美国 1990 年和 1993 年 25—54 岁人口的失业率分别为 4.5% 和 5.8%。但同期 15—24 岁人口的失业率高达 11.1% 和 13.3%。② 20 世纪 90 年代初，《美国的选择：高技术还是低报酬》（America's Choice：High Skills or Low Wages）与《职业对学校的要求是什么》（What Work Requirs of School）两个重要报告批评了综合中学职业教育的效率问题，并指出：在半数高中毕业生选择直接就业的情况之下，美国却是世界上仅有的一个没有制度化的 STW 过渡系统来帮助年轻人在学习和工作间互动衔接的工业化国家。③ 比较而言，德国采用"双元"制职业教育和培训方式，学徒制系统受到雇主、工会的支持，并与学校紧密合作。日本公立高中与大型私立公司有很紧密的联系，并且比美国高中更多地参与到学生的就业事务之中。瑟罗（Thurow）在 1992 年出版的《针锋相对》（Head to Head）一书中做了同样的警示：美国对未上大学的学生投资不足，相比之下，日本、德国等竞争对手更能成功地培养工作场所中足够灵活的中级工人，而美国没有过渡性体系帮助未升入四年制大学的高中毕业生顺利进入到工作环境当中。④ 贝利（Bailey，T.）则将批评指向学校，"美国学校没有做它们应该做的事情，

---

① Bailey, T., *Learning to Work*：*Employer Involvement in School-to-Work Transition Program*, Washington D. C.：The Brookings Institution, Prefact, 1995.

② Stern D. & Wagner, D. A. (eds.), *International Perspective on School-to-Work Transition*, Hampton Press, 1999, p. 7.

③ Ivan Charner, *Study of School-to-Work Initiatives*, Office of Educational Research and Improvement U. S. Department of Education, 1996, p. 1.

④ Panel, D., *The Neglected Majority*, Washington, DC：Community College Press, 1985.

因为学校没有培养学生努力工作的动机；很少帮助学生寻找好的工作；很少培养学生工作所需的态度与成熟品质；把青年与作为榜样的成人隔离开来；在教授学生问题解决与团队合作等工作基础能力方面也做得很差；所提供的教育从教学策略上说也是无效的"[1]。对此，一些学者提出：为所有学生建立全国统一的教育表现标准；让州承担起让学生获得初级技能证书的责任；鼓励雇主投资于员工的继续教育与培训等建议。[2]

　　为了有效地帮助学生完成从"学校到工作"的顺利过渡，20 世纪 90 年代以来，STW 与 STC 运动前后相继以重构美国中等职业教育。STW 运动是美国 20 世纪 90 年代主导职业教育改革的基本策略，[3] 该运动是依托一系列职业教育法案来实现的。因帕金斯（C. D. Perkins）时任美国众议院教育与劳动委员会主席，所以法案皆以帕金斯名字来命名。[4] 继 1984 年《卡尔·D. 帕金斯职业教育法案》之后，1990 年《卡尔·D. 帕金斯职业教育法案Ⅱ》、1994 年《从学校到工作过渡多途径法案》以及 1998 年《卡尔·D. 帕金斯职业教育法案Ⅲ》等都成为 STW 运动的重要基础。基于对 80 年代以来美国以知识创新为特征的"新经济"时代的清晰认识，1984 年以来，法案所贯穿的基本精神是中等职业教育从注重岗位操作技能训练到注重心智技能培养与个体全面发展的重要转向，推出了 STW 运动的实现途径，即学校本位与工作本位整合，职业课程与学术课程整合，中学与中学后整合，并且设立了与三项课程整合对应的项目载体。

　　21 世纪初，美国柔性生产方式更加深入地发展，人的完善与生涯发展备受重视，STC 理念逐步形成。STC 即 School to Career（从学校到职业生涯）。其间，职业教育发生了从"就业"导向到关注

---

① Bailey, T., *Leaming to Work*: *Employer in School-to-Work Transition Program*, Washingt on D. C: The Brooking Institution, 1995, p. 4.

② Ivan Charner, *Study of School-to-Work Initiatives*, Office of Educational Research and Improvement U. S. Department of Education, 1996, p. 7.

③ Ibid., p. 9.

④ 贺国庆、朱文富等：《外国职业教育通史》（下卷），人民教育出版社 2014 年版，第 119 页。

"职业生涯"发展的转向。职业技术教育(VTE)被生涯与技术教育(CTE)所取代。STC理念的核心内涵包括:终身职业教育、全民职业教育、关注学生个体发展、加强与企业界合作等。STC运动并非一个新生的事物,它一方面沿袭了20世纪70年代以来美国生计教育运动的理念,另一方面,作为一场运动其实是STW运动框架的延续,客观地说,STC的意义在于强化中等职业教育从关注工作转向关注个体人的生涯发展与全面发展。

(二)三项课程整合的实现

STW运动中推出的三项课程整合属于不同的维度:中学与中学后整合在纵向上连接中学课程与大学课程;职业课程与学术课程整合在横向上旨在构建综合中学"一元化"课程;学校本位学习与工作本位学习的整合重在实现"理实一体"的课程组织方式。为了有效地实现三项课程整合,1983年《国家处于危机之中》报告发布以来,伴随着"新职业主义"理念的产生,美国推进了中等职业教育的模式创新。其中,比较有影响的是技术准备计划、一体化课程与青年学徒制。这三种模式无一不是在考虑适应雇主需求之时又符合学生利益,而且与三项整合目标基本——对应,当然,彼此之间有交叉之处。

1. 中学与中学后整合——技术准备计划

技术准备计划是试图解决中学与中学后整合的一个项目。中学与中学后整合的核心目的在于满足由于技术水平提高所导致的职业教育高移化的需求,同时避免将STW课程视为只"对没有能力和雄心升入大学的学生"的选择。在一定意义上,这项整合希冀通过使学生自然地进入到社区学院接受继续教育而减少就业的压力。为此,1985年美国"社区及初级学院协会"主席帕内尔(Parnell)提出一种模式,即通过让学生学习相互之间有关联的课程,将高中和两年制技术学院和社区学院联系起来,这即是"技术准备计划"(Technical Preparation Programs)。[①]"技术准备计划"的要义在于基础学习与技术教育的整合,即学术课程与职业课程整合发生在中学

---

① Parnell D., *The Neglected Majority*, Community College Press, 1985, p. 36.

和大学课程之间。

1990 年《卡尔·D. 帕金斯职业教育法案 Ⅱ》规定建立二者之间正式的衔接协议，确定从中学到中学后水平阶段具有逻辑进程的、严密的学术与职业教育的学习计划模式。至少要通过一个 2+2 连续课程，为准备升入四年制学院的学生做准备。这项规定有三层意思：其一，2+2 即中学两年，中学后两年，起于 11 年级止于副学士学位；其二，2+2 不是间隔的，而是一体的，2+2 课程是一套没有重复、排列有序的课程体系；其三，2+2 课程是学术与职业课程整合的模式。基于此，技术准备计划由政府、社会、企业、综合高中、社区学院多方参与，课程是由社区学院与综合中学的教师以及企业中的工程师共同设计，一般采用应用性学术课程的整合方式，建立在对数学、科学、通信及科技基本熟练的基础上，将"核心能力"的培养始终贯穿其中。技术准备计划的最终结果是，一部分学生获得高水准的学术能力而进入四年制大学继续学习，一部分学生具有宽泛的理论基础和核心能力，为成为训练有素的技术工人奠定基础并确保其终身发展。[1]

1987 年印第安纳州最先引入了技术准备计划项目，1990 年《卡尔·D. 帕金斯职业教育法案 Ⅱ》设置专款以示支持，1998 年《卡尔·D. 帕金斯职业教育法案 Ⅲ》继续了对这一改革的支持与联邦拨款，并在实践中创设出了 2+2、2+4 与 2+2+2 等模式。其中，2+2 为主要模式。到 1995 年，美国约成立了 1029 个技术准备协会，全美有 737635 名学生参加了技术准备计划项目，参与技术准备协会的社区学院 1412 所，有 47% 的公立高中（近 7400 所高中）提供一个或者更多的技术准备计划项目。[2] 但是，该计划只是一个项目，犹如 STW 运动一样具有不稳定性。

2. 职业课程与学术课程整合——"一元化"课程

职业课程与学术课程整合是指综合中学内部而言的。杜威所言

---

① 石伟平：《STW：世纪之交美国职业教育改革与发展策略的抉择》，《全球教育展望》2001 年第 6 期，第 71—76 页。

② 刘育锋：《美国二十世纪九十年代以来的职业教育改革》，《职教论坛》2003 年第 20 期，第 63—64 页。

的课程整合不是指 20 世纪 70 年代生计教育运动中学术与职业课程在综合中学中彼此独立的状态，内容彼此融合的"一元化"课程才是杜威真正的理想。但是，杜威对于二者之间整合的细节问题并未详述。20 世纪 90 年代以来，学术课程与职业课程整合成为所有职业教育法案的核心主题之一。STW 与 STC 运动对于课程整合的深化是继承杜威思想的结果。在联邦立法的推动下，基于学术和职业课程整合的"一元化"课程开始在综合中学与社区学院实施，比较典型的有应用性学术课程、连接课程以及问题中心课程等。①

应用性学术课程（Applied Academics Courses）属于单向整合模式，即在学术课程中加入职业项目的应用元素。例如，写作课程可以整合为商务写作、警务报告写作、专业书面通信、网络出版文字、应用写作实习等；数学课程则与农业、工业技术、医疗保健、商业等领域的职业项目衔接。② 应用学术课程旨在强调"职业所需的相关学术能力"，为此，美国提出了实施学术性课程职业化的五项基本原则：适应技术发展的原则、应用数学知识的原则、技能学习的原则、处理人际关系和工作关系的原则以及理论知识与职业实践相结合的原则。一般综合中学"学术科"多采用这种方式，由于这种方式并未涉及具体职业课程，因此这种融合具有一定的局限性。与此相对应的则是在"职业科"当中加入学术的元素。

连接课程（Linked Courses）则是由同一学科内多种课程组成，一般称为课程串或课程集群。最典型的例子是在商业或工程技术领域，例如，福特和通用汽车公司的职业教育项目就将数学与通信融合为连接课程。连接课程基本原理在于将教学计划中存在相互关联的、原本独立完整的相关课程进行重新规划、设计和构建，形成整体性的有机集群，让学生在指导下有计划地、系统地学习课程集群

---

① Dolores Perin, "Academic-Occupational Integration as a Reform Strategy for the Community College: Classroom Perspectives ", *Teachers College Record*, Vol. 103, 2001, pp. 303 - 335.

② Grubb, W. N., Badway, N., & Bell, D., *Community College Innovations in Workforce Preparation: Curriculum Integration and Tech - prep*, Mission Viejo, CA: National Center for Research in Vocational Education, and National Council for Occupa- tional Education, 1996, pp. 6-7.

所包含的学术、技能和相关职业领域的入门技术。在一定意义上，连接课程可以是学术课程与职业课程的连接，也可以是职业课程之间的连接。

问题中心课程（Integration through Problem-Based Courses）是指以某一特定情景中的特定问题为中心来整合职业课程与学术课程，使两类课程在"问题"层面上有机地结合在一起。如学生的毕业设计或课题设计就需要采用典型的问题中心课程。问题中心课程通过"问题"把职业教师和学术教师、职业课程和学术课程有机地结合在一起，也使教师和学生加强了联系，是一种较为理想的整合模式。这是一种在最自然的情景中进行的课程整合，因而被认为是一种发展前景最好的课程模式。

微型学习共同体（Small Learning Community）即生涯学校。这是生计教育运动的产物，生计教育运动已经结束，但生涯学校发展至今未止，2010年全美已发展建立了7000所生涯学校。[①] 生涯学校这一概念源于1969年在美国费城的托马斯·爱迪生高中建立的第一所生涯学校——电气学校。该项目是基于爱迪生高中的高辍学率和低出勤率的一项教育改革。[②] 生涯学校以"校中校"的形式存在，11年级和12年级的学生和一组老师在一起，同时由一至两门职业课和三至四门文化课结合而成，既满足进入四年制学院或大学的要求，又与工商业所需求的职业领域相联系。生涯学校注重在五个方面发展学生：（1）个人技术和职业态度；（2）交际和计算能力及技术上的读写能力；（3）受雇就业的能力；（4）广泛而精湛的职业技能和知识；（5）职业规划和终身学习的能力。[③] 生涯学校作为一种建立在高中内部的"微型学习共同体"，学生们作为一个团队参加课程，经常被人称作是"一伙人"的课程安排。它秉承学

---

① Stern, Dayton, Raby, *Career Academies: A Proven Strategy to Prepare High School Students for College and Careers*, University of California, Berkeley, Career Academy Support Network, 2010, pp. 1-41.

② Elmas L. Watkins S. R., *Implementing Career Academies in a Large, Comprehensive High School*, Georgia Southern University, 2007, pp. 14, 29.

③ Ibid., p. 13.

术课程与职业课程整合的思想，而且成为学校本位学习与工作本位学习的典范。① 作为一个"微型学习共同体"，还渗透着杜威"一元论"教育思想。另外，还有基于学习技术的融合课程等。②

3. 学校本位学习与工作本位学习的整合——青年学徒制

学校本位学习与工作本位学习的整合是以实现课程组织的"理实一体"为目标的。细谷俊夫曾精辟地揭示出职业教育的这种跨界属性。他说，"不论是按着哪一种方式进行，没有学校教育和工作岗位训练两者的合作，所谓技术教育是不能成立的。这种观点，在本世纪 30 年代就已经一般化了"。③ 基于传统学校本位学习的天然缺陷，STW 运动推出了旨在工作本位学习与学校本位学习整合的青年学徒制。而这种学习方式的基础即杜威"通过职业而教育"与"做中学"理论。

青年学徒制是一项针对以就业为目标的学生群体的培养项目，为期 4 年。参加该计划的学生一般上午上学、下午工作。学校学习和工作场所学习相互衔接。进入该计划的学生 11 年级和 12 年级阶段的课程都在企业完成，学生被置于真实的工作场景中，由专家示范解决问题的策略和过程，学生模仿这种活动并清晰地表达自己的思维过程。教师和雇主根据现实情况教授阅读、数学和其他课程。学生通过构建他们自己的知识基础和理解而使问题解决的程序内在化。④ 该计划在阿肯色（Arkansas）、加利福尼亚（California）、威斯康星（Wisconsin）、衣阿华（Iowa）、俄勒冈（Oregon）等十几个州实施。以阿肯色州为例，1991 年州政府拨款 300 万美元用于实施青年学徒计划，该州建立了 7 个学徒合作计划训练点，涉及机械、

---

① Nan L. Maxwell, Victor Rubin, *Career Academy Programs in California：Outcomes and Implementation*, California Policy Research Center University of California, 2001, p. 5.

② Schaad, D., *The Social and Academic Integration of Community College Students Participating in a Freshman Learning Community*, Unpublished Doctoral Dissertation, University of Illinois at Urbana-Champaign, 1997, p. 5.

③ ［日］细谷俊夫：《技术教育概论》，肇永和、王立精译，清华大学出版社 1984 年版，第 81 页。

④ 米靖：《当代国外职业教育教学观的转型及启示》，《职教通讯》2005 年第 5 期，第 5—8 页。

印刷等领域。

青年学徒制受到了德国、丹麦、瑞士及奥地利等国学徒制的影响，但具有本土的特点，诚如汉密尔顿（Hamilton，S. F.）所说，美国版的学徒制系统应该建立在有指导的工作场所学习经验基础上。① 1993 年，未来工作组织（Job for the Future）界定了青年学徒制的关键要素：（1）雇主提供带薪的结构化的工作场所学习；（2）学术课程与职业课程在学校内部进行整合；（3）整合学校本位学习与工作本位学习；（4）与2+2 技术准备计划融合；（5）项目完成者同时获得广泛认可的毕业文凭与技术证书；（6）青年学徒制项目由合作者联合管理。② 1995 年，帕里斯（Paris，K.）与梅森（Mason，S.）总结了青年学徒制的六项目标：（1）以职业生涯探索为起点，获得工作本位的学习机会；（2）与综合中学或社区学院建立直接联系，使完成学徒制项目的学生获得继续学习及培训的机会与能力；（3）企业、综合中学及中学后教育机构共同合作，为青年学徒开发可操作的课程标准；（4）建立全州通行的行业与企业标准，向青年学徒提供广泛的接触行业及职业的机会；（5）指派并培训工作场所学习的师傅，对学徒在工作场所的活动给予指导与管理；（6）为执行青年学徒制的教育者及工商界合作者在职业生涯指导、课程开发、有效的团队合作及师徒教导上提供专业发展活动。③ 由此看出，青年学徒制所涵盖的思想是对传统合作职业教育思想的深化。

青年学徒制重在工作本位学习，并且为工作本位学习与学校本位学习整合奠定了制度框架。学校本位学习的缺陷在于学习过程与工作过程分离，这是工作本位学习提出的基本理由。但是，工作本位学习的提出已经超越了合作职业教育的传统意义。1906 年，美国

---

① Hamilton, S. F., *Apprenticeship for Adulthood*: *Preparing Younth for the Future*, New York: Free Press, 1990.

② Job for the Future, *Learning That Works*: *Yough Apprenticeship Briefing Book*, Cambridge, MA: JFF, May, 1993.

③ Paris, K., Mason, S., *Planning and Implementing Youth Apprenticeship and Work-Based Learning*, Midson WI: University of Wisconsin, Center on Education and Work, 1995.

教育家施奈德（Herman Schneider）在辛辛那提创办合作职业教育实验班，让学生隔周轮替在校学习与在企业现场参加工作，依次反复进行，直到毕业。[①] 施奈德的辛辛那提合作实验成为美国合作职业教育的起点。1968 年《职业教育修正案》正式定义了合作职业教育的"校企合作"模式，[②] 雅各比（Jacoby）将合作职业教育的校企职责进行了详尽的划分，[③] 由于对工作场所学习认识不足，所以合作职业教育框架之下的实践学习只是岗位技能的重复训练而已。与此相比，基于青年学徒制框架的工作本位学习则建立在对"工作场所"教育价值重新认识的基础之上，"工作场所"本身成为课程的重要元素，"工作学习"成为职业教育理论的新范畴，这与杜威"通过职业而教育"的理论一脉相承。

20 世纪 80 年代后期，尤其是随着建构主义、情境认知、生态学习等学习理论的出现以及终身学习理论的普及，传统意义上学校正式的、结构化的学习定义被拓展，而非正式、偶发性、自我导向（self-directed）的工作场所的重要教育价值被深度挖掘，就像莱夫（Lave，J.）与温格（Wenger，E.）所指出的，学习者在与工作场所、学习共同体的互动中形成自身的意义建构方式。这样的一种学习过程也是一个主体建构意义的持续不断的过程。[④] 比利特（Billett，S.）甚至提出工作场所课程论的全新观点，而摩尔（Moore，D.T.）基于现象学、符号互动论和情境学习理论揭示了工作场所的课程本质是一种在社会情境中使用知识的建构性安排，是一种自然发生的情境性课程。[⑤] 许多学者都"把教育合作伙伴关系的观念置于工作本位学习的核心"，工作本位学习通过学徒过程进行，学徒在

---

① 王金波:《职业技术教育学导论》，黑龙江教育出版社 1989 年版，第 136 页。

② College of Education, *Division of Vocational and Technical Education*, *A Guide for Cooperative Vocational Education*, University of Minnesota, 1969, p. 8.

③ Jacoby, Robert, *Suggestions for Development of Vocational Industrial Training and Education in the Republic of China*, Council for Economic Planing and Development, 1981, pp. 9–11.

④ Lave, J., Wenger, E., *Situaled Learning*: *Legilimale Peripheral Participation*, Cambridge : Cambridge University Press, 1991.

⑤ Moore, D. T., "Curriculum at Work: An Educational Perspective on the Workplace as a Learning Environment", *Journal of Work-place Learning*, Vol. 6, No. 16, 2004, pp. 325–340.

实践共同体中，通过完成工作任务来建构和职业相关的知识和技能，并发展作为完整工作者的社会品质。[①] 再有，美国学者奥哈罗兰认为，真实情境中的工作任务具备整合理论与实践的功能。[②] 贝利则概括出工作本位学习的四个优点：（1）能有效地培养学生的认知能力；（2）有利于在学校与工作场所之间建立一种机构上的联系；（3）有利于激发学生的学习动机；（4）有助于发展作为合格雇员所必需的成熟与行动。[③] 由此看出，工作本位学习已经远远超越了岗位技能训练的传统理念。

20 世纪 90 年代，"工作本位学习"在西方学者的职业教育课程研究文献中出现频度很高。哈里斯指出：过去 10 年中一项关键性改革措施，把重点由学校本位学习转向了工作本位。在澳大利亚、英国、美国获得较大发展。[④] 20 世纪 80 年代末 90 年代初，美国一些州、学区已经发现学校本位学习的种种问题，开始引入工作本位学习，并形成了各种各样的模式。例如，1992 年佐治亚州立法规定，"任何 11 或 12 年级的学生，或 16 岁及以上的学生，都可以注册公立学校提供给的一项青年学徒制计划"[⑤]。青年学徒制计划包括下列要素：在雇主和学徒之间制订详细的培训计划，明确用于发展工作能力的具体工作任务；至少 144 个学时要用于相关的学术性学习和培训；至少 2000 个小时用于工作本位培训。这些模式中的一部分被 1994 年颁发的《学校到工作过渡多途径法案》所采纳，并在政府层面上进行推广。并且，美国职业教育界认为工作本位学习须成为"技术准备计划"的核心组成部分。[⑥]

---

① 徐国庆：《职业教育课程论》，华东师范大学出版社 2008 年版，第 36、51 页。

② O'Halloran D., "Task-Based Learning: A Way of Promoting Transferable Skills in the Curriculum", *Journal of Vocational and Technical Education*, Vol. 53, 2001.

③ Bailey, T., *Leaming to Work: Employer in School-to-Work Transition Program*, Washingt on D. C: The Brooking Institution, 1996, p. 4.

④ 徐国庆：《实践导向职业教育课程研究：技术学范式》，上海教育出版社 2005 年版，第 242 页。

⑤ Smith, C. L., "Initial Analysis of Youth Apprenticeship Programs in Georgia", *Journal of Vocational and Technical Education*, Vol. 14, No. 1, 1998.

⑥ Stewart, B. R. & Bristow D. H., "Tech Prep Programs : The Role and Essential Elements", *Journal of Vocational and Technical Education*, Vol. 13, No. 2, 1997.

　　然而，证据表明工作本位学习同样存在着局限性。例如，"有些工作本位学习情境实际上可能阻碍了学生的学习，甚至可能产生了负面效应。许多学生被置于这样的工作本位学习情境中，在这里他们从事着重复的、不具有挑战性的任务，与成年工人几乎没有什么接触。他们也可能被要求多工作几个小时，而用在理论学习和其他学校相关的活动方面的时间被占据了"①。哈里斯等曾对工作本位学习和学校本位学习的优缺点进行了较为系统的比较研究，其结果见表4—1。

表 4—1　　　　　　　　　　两种情境中学习性质的比较②

工作本位学习	学校本位学习
更具实践性，主要关注"做"	更具理论性，乏味，主要关注"为什么"
有时间限制，压力更大	没有或很少有压力和时间限制
需要快速和有效地工作	允许有时间思考和提问
重点是观察物件是如何组合的	重点是解释而不是观察
不够详细，因为了解细节的机会要受到生产压力的影响	更为详细，步骤更慢
由工作现场的指导者"灌输"他们所知道的	由教师教授，教学更为正规
需要即时创造，并在那些无法预测的情境中使用判断	重点是完成工作手册中设计好的任务，工作情境更容易预测
掌握那些更为经济、有效，但未必正确的方法	根据书本操作，有机会重新学习那些被漏掉的细节

　　① Evanciew, C. E. P. & Rojewski, J. W., "Skill and Knowledge Acquisition in the Workplace: A Case Study of Mentor – Apprentice Relationships in Youth Apprenticeship Programs", *Journal of Vocational and Technical Education*, Vol. 36, No. 2, 1998.

　　② Harris, R., P. Willis, M. Simons & E. Collins, "The Relative Contribution of Institutional and Workplace Learning Environments; An Analysis of Apprenticeship training", *Journal of Vocational and Technical Education*, Vol. 14, No. 1, 2001.

续表

工作本位学习	学校本位学习
在一天结束时做出某样物品，以显示学有所得	在工作中有休息时间，并有时间会见别人
有更多的机会使用最新的设备和方法	所使用的设备和方法常常陈旧和过时
主要的教学方法是观察和模仿	主要的教学方法是讲授
更加个别化，从错误中学习	小组定向的，合作的
重点学习和目前应用有关的知识，学这些知识是因为不得不学	关注长期效应，学习知识是因为某一天它们可能会有用

事实上，杜威早已指出学校本位学习与工作本位学习各自的局限性，且由此提出，以设计的"主动作业"替代真实的"工作课程"。时隔半个多世纪后，学校本位学习与工作本位学习之间的整合依然是职业教育课程改革的焦点，并成为美国STW运动所倡导的主题之一。

1963年《职业教育法》颁布以来，普洛瑟职业主义逐渐失去了在美国中等职业教育领域的主导地位，基于杜威思想的"新职业主义"兴起，尤其是20世纪70年代生计教育运动中的群集课程与90年代后STW与STC运动所推行的三项课程整合都在朝向杜威的理想。然而，此起彼伏的中等职业教育改革其效果"如何"是一个值得审视的问题，因为历次改革都被置于综合中学"单轨"制框架之中。

第四节 "单轨—分层"范式

1917年《史密斯—休斯法案》颁布之后，综合中学逐渐发展成为中等教育的主体形式，职业教育、学术教育与普通教育并置于综合中学之中。虽然这种"单轨"制作为"普杜之辩"的结果试图去寻求一种兼顾与融合，然而"普杜之辩"背后所蕴含的错综多维的冲突不会因此而消除，只是以新的形式重演甚至融入更为复杂的因素而已。所以，美国中等职业教育政策如"钟摆"般一直在努力趋向平衡点的位置。客观而言，美国中等职业教育因"单轨"制的内在张力而富有生机，同时，综合中学的教育质量与"课程分层"问题又为人们所诟病，具有美国本土特征的"单轨"制优势与局限共在。

一　"钟摆"政策与综合中学效率之问

1917 年《史密斯—休斯法案》颁布之后，综合中学得以迅速的发展。据统计，到 1960 年，美国已有综合中学 29845 所，在校生学生 960 万人。[①] 2002 年，综合中学已占中等学校总数的 89.2%。[②] 综合中学一般分为普通科、职业科和学术科。统计表明，全体学生，33%进入普通科；43%进入学术科；24%进入职业科。[③] 并且，美国综合中学学生产生了一个新的类型，称为"双重参与者"（Dual Concentrators），即一个高中学生既选择学术科课程，同时也选择职业科课程。美国官方统计，约有 19.3% 的学生进入双重发展道路，且正在呈现上升之势。1984 年，在所有 16 岁或 16 岁以上的中学生中，有 56.9%完成了两年或两年以上职业性课程，如工艺美术课、车间课或家政课。此外，有 41.8%的人完成了至少两年的商业课程。[④] 20 世纪 90 年代后的一系列改革对于职业教育起到了促进作用，美国国家技术教育研究中心董事詹姆斯·斯多芬（James Stone）认为，职业教育正服务于越来越多的美国中学生。2002 年统计数据显示，几乎每一位中学生（92.8%）都至少选择了一门职业教育课程，此外，有43%的青年人在中学期间选择了 2—3 门就业准

① 滕大春：《外国教育通史》，山东教育出版社 1994 年版，第 9 页。
② ［德］菲利普·葛洛曼、菲利克斯·劳耐尔主编：《国际视野下的职业教育师资培养》，石伟平译，外语教学与研究出版社 2011 年版，第 273 页。
③ 石伟平：《比较职业技术教育》，华东师范大学出版社 2001 年版。
④ ［瑞典］T. 胡森、［德］T. N. 波斯尔斯韦特主编：《教育大百科全书》第 5 卷，海南出版社、西南师范大学出版社 2006 年版，第 390 页。

备课程，且超过半数的学生选择了2—3门系列（或组合）课程。①

综合中学在美国被普遍接受，甚至在著名学者的言语中都蕴含着对于综合中学的认同感乃至优越感。美国科罗拉多教育学院院长道格拉斯的评价是：美国综合中学最能反映美国教育的特点，它是世界范围的杰作。② 著名教育家科南特认为：综合中学是"标志美国社会特点的学校"。③ 20世纪中后期，美国综合中学吸引着很多来自世界各地的参观者与研究者，对此，L. J. 斯泰尔斯在《美国中等教育》一书中引用了 L. G. 德兹克的话，"毫无疑问，他们发现综合中学有两个显著优点：其一，通过消除传统社会阶层之间的障碍来实现社会团结；其二，传统的、19世纪的教育制度不能使大多数青年适应20世纪这样一个工业社会，因为在工业社会里，每个公民都必须成为有效的工人……美国综合中学在这方面已经成功地为具有不同宗教信仰、来自不同阶层的青年做了准备"。L. G. 德兹克所言是否属实，综合中学是否达到了1918年《中等教育的基本原则》确立这项学校制度之时所期冀的，分析之后却得出与之相矛盾的结论。

根据美国权威人士与权威文献的记述即可从一个侧面得知综合中学学术教育与职业教育的质量水平。以下将选取的材料根据年代顺序一一列出：

（1）20世纪30年代：哈佛大学教授斯波尔丁（Francis T. Spaulding）在报告《中学和生活》中公布了他在1936年、1937年对综合中学所做的调查结果：学校明确的工作目标仍是10%的学生准备升学，其他90%的学生处于一种漂浮状态。学校没有为具有学术天赋的学生提供任何特殊的课程，而职业教育基本都在学校进行。④

（2）20世纪50年代：科南特（J. B. Conant）记述了民众对

① ［美］詹姆斯·斯通：《美国职业技术教育的新进展》，侯波、刘荣才译，《世界信息消息》2005年第5期。
② 宗桂春：《美国综合中学历史透视》，《外国中小学教育》1992年第6期，第2页。
③ 同上。
④ 季苹：《美国公立学校的发展研究》，高等教育出版社2002年版，第163页。

于学术教育的批判："中小学一直受到家长们的批评，'二战'之后，这种批评变得更加普遍和猛烈了。俄国人发射人造地球卫星成了导火线，使美国人对于公共教育……进行了连珠炮似的谴责。"①

（3）20世纪60年代：肯尼迪政府职业教育顾问委员会指出美国职业教育的两点失败之处：缺乏对劳务市场变化的敏感与对各种人需要的敏感。美国学者卡尔金斯研究发现，每年缺乏职业训练而导致的青年失业约为75万人。②

（4）20世纪80年代：1983年《国家处于危机之中》的报告指出：近20年来，学生学习成绩连续下降，全美有2300万成人是半文盲，无法履行自己的职责，国家正处在危机之中。③美国学生的学业成绩，在19种国际学生成绩的测验中，与其他工业化国家相比，有7次排名倒数第一。④企业谴责中学毕业生连相关工作的指令也不会读，简单的计算能力都没有。保罗·科波曼惊呼：美国历史上第一次出现了当代人教育水平不能超过父辈、不能与父辈相提并论甚至达不到父辈水平的状况。⑤报告所称近20年来即从苏联发射卫星算起，由此看来，1958年《国防教育法》与20世纪70年代"回到基础"运动并没有起到明显的作用。

（5）20世纪90年代：统计表明，1992年美国16—24岁的青年约有340万人未完成高中学业，进入职场的高中生有3/4未接受职业培训。⑥贝利指出："美国'一线'工人——完成生产和提供服务的人们——与其他国家的'一线'工人相比较而言，接受的教育

---

① ［美］科南特：《科南特教育论著选》，陈友松主译，人民教育出版社1998年版，第161页。

② 刘义兵：《美国的生计教育运动》，《外国教育动态》1988年第4期，第22—26页。

③ 王定华：《走进美国教育》，人民教育出版社2004年版，第46页。

④ 彭永渭：《美国80年代基础教育改革述评》，《外国教育研究》1997年第2期，第23—27页。

⑤ 段素菊：《20世纪80年代以来的美国公共基础教育改革研究》，博士学位论文，北京师范大学，2004年。

⑥ *School-to-Work Opportunities Act of 1994*（http：//ici. umn. edu/school/to work）。

显而易见是没有效率的。"①

以上表述并不排除美国文化中的批判特质，但总体而言，从
1917 年《史密斯—休斯法案》颁布以来，美国综合中学中为不同
需要的学生提供差异性课程皆没有达至理想的效果。看来，L. G.
德兹克所言综合中学的第二个显著优点不甚准确。论办学条件，综
合中学无论在师资、基础设施、联邦投入等诸多方面在中等学校中
都堪称最优。因此，值得剖析的或许是综合中学制度本身。的确如
此，阅读美国教育史文献会发现教育政策的"钟摆"现象，即由于
多种教育类型并置于综合中学之中，所以，20 世纪美国教育政策频
繁摇摆于学术教育与职业教育之间：1917 年《史密斯—休斯法案》
对于职业教育的强化，继而就是以巴格莱为代表的要素主义者提出
自己的纲领，并对教育中的职业因素予以批判。然而就在要素主义
的声音未止之时，由于 20 世纪 60 年代经济危机与社会转型等复杂
因素引发的失业、混乱等社会问题，1971 年马兰所倡导的生计教育
运动登上历史舞台，而 1983 年《国家处于危机之中》的报告又开
启了新一轮的"回归基础"运动，又过了 10 年，由于青年的失业
问题，旨在顺利帮助学生从学校到工作过渡的 STW 运动在美国展
开，但是，2001 年的《不让一个孩子落后法案》标志着学术标准
化运动对于学术教育的强化。令人头痛的是，摇摆于学术与职业之
间的政策"钟摆"还在循环往复的运行之中。

或许这是一个制度悖论，综合中学具有并置多种教育的优势之
时，需承受多种教育政策摇摆之弊。化解这个问题似乎只有两条路
径，其一，由"单轨"制重新回到普洛瑟与斯尼登 20 世纪初期所
极力倡导的"双轨"制。然而，鉴于民主主义在美国文化中的崇高
地位以及本土的自觉，照搬欧洲道路的可能性极小，否则就不会有
"普杜之辩"的发生。其二，依照杜威的思想彻底改造综合中学，
变革职业科与普通科、学术科并置的格局，创设深度融合的"一元
化"课程。其实，20 世纪 90 年代以来 STW 与 STC 运动都将学术教

---

① Bailey, T., *Reassessing a Decade of Reform*：*Workforce Development and the Changing Economy*，Berkeley：University of California, 1999.

育与职业教育整合作为核心主题，而且这个趋向还在深化。当职业
教育与学术教育之鸿沟完全革除之时，教育政策摇摆之弊随即得以
消解。所以，课程"一元化"是当前课程改革的重点与难点。

还需注意，L. G. 德兹克关于综合中学另一个优点即"通过消
除传统的社会阶层之间的障碍来实现社会团结"的目标也远未达到。

二　"课程分层"与非民主的堡垒

教育民主对于新兴美国而言具有崇高的地位，基于此，美国并
未照搬欧洲"不可相交、不可流动及资源不可共享"的"双轨"
制，而是确立了以综合中学为主体的中等职业教育"单轨"制。然
而，综合中学框架并非完全意义上的"单轨"，综合中学将两种教
育囊括其中，但并没有消除美国社会对于二者之间地位差别的传统
认识。"独立账户"与"管理机构单设"之外，学术科与职业科的
划分造成了实际意义上的"双轨"。1918 年《中等教育的基本原
则》已经意识到这一点，尽管有许多反对的声音，但对不同需求的
学生提供差异性课程已被视为具有民主的意义。然而，职业主义逐
步强化了 1917 年《史密斯—休斯法案》颁布之后综合中学内部的
课程分层现象，[1] 尤为严重的是课程分层与社会阶层相对应，少数
民族族裔或黑人更多地选择了职业科，而富裕阶层则更多地选择学
术科以为升学做准备。直到 20 世纪最后 10 年，大量记录证实职业
教育作为分轨机制的做法仍在延续。[2]

综合中学之中，备受重视的依然是学术科，杜威所主张的职业
教育与自由教育的整合几乎成为泡影，即便是形式上的融合也极为
有限。普洛瑟与斯尼登普职"双轨"计划在一定意义上得以体现。
其实，杜威不但反对设置专门职业学校而且反对一切形式的教育分
轨。正如杜威所担心的，20 世纪美国综合中学职业科学生多为弱势
群体。并且，综合中学"课程分层"的确成为种族隔离的最后堡垒

---

① Wraga, William G., *Democracy's High School: The Comprehensive High School and Educational Reform in the United States*, Boston: University Press of America, 1994, p. 14.

② Oakes, J. & Guiton, G., "Matchmaking: The Dynamics of High School Tracking Decision", *American Educational Research Journal*, Vol. 1, 1995, pp. 3-33.

之一，黑人孩子比白人孩子接受职业教育学习有更大的可能性。[1]
韦尔斯（Wells, A. S.）和赛尔纳（Serna）提供证据表明学术课程
主要针对特权人群，而职业课程主要针对下层社会。[2] 奥克斯
（Oakes）揭示出课程分轨导致了学校种族隔离和社会经济隔离。一
般而言，非裔美国学生和拉丁美洲学生即使获得很高的考试分数和
成绩等级，他们也被安排在地位最低的班级。[3] 学校课程差异化持
续造成了青年在社区内发展机会的差异化。维尔纳（Welner）和奥
克斯（Oakes）认为分轨不仅在"教学上无效"，而且歧视非白人学
生并对他们造成不应有的伤害。[4] 种族因素之外，社会经济状况是
决定进入某一轨道的决定因素。卢卡斯（Lucas）的研究显示，在
三种典型分轨（学术、职业和普通）中，是否属于学术轨道与富裕
程度有关。[5] 相反，阿戈迪尼（Agodini）和他的同事们发现职业教
育参与度由低学业成绩、低教育志向和低社会经济地位而决定。[6]
由此看来，社会经济地位似乎已取代种族成分成为分轨机制的主要
因素。

　　杜威是"课程分层"的反对者，而普洛瑟是"课程分层"的支
持者。本来职业主义者与要素主义者存有尖锐的冲突，但是在效率
主义这个问题上却走在了一起。要素主义重视天才教育。1957 年，
贝斯特在《优秀与平庸》一文中，对美国教育致力于机会均等的做
法提出质疑，并明确提出，"民主国家里具有一般能力的儿童或不

　　① Oakes, J., *Keeping Track：How Schools Structure Inequality*, New Haven：Yale University Press, 1985.

　　② Wells, A. S. & Serna, I., "The Politics of Culture：Understanding Local Political Resistance to Detracking in Racially Mixed School", *Harvard Educational Review*, Vol. 1, 1996, pp. 93-118.

　　③ Oakes, J., *Keeping Track：How Schools Structure Inequality*, New Haven：Yale University Press, 1985.

　　④ Welner, K. G. & Oakes, J., "（Li）Ability Grouping：The New Susceptibility of School Tracking Systems to Legal Challenges", *Harvard Educational Review*, Vol. 3, 1996, pp. 451-469.

　　⑤ Lewis, T. & Cheng, S., "Tracking, Expectation, an the Transformation of Vocational Education", *American Journal of Education*, Vol. 13, 2006, pp. 66-99.

　　⑥ Agodini, R., U. S. & Novak, T., *Factors That Influence Participation in Secondary Vocational Education*, Princeton, NJ：Mathematica Policy Research, Inc., 2004.

到一般能力的儿童并不是唯一值得考虑的对象，高智能的儿童也有他的民主权利"[1]。科南特在卡内基财团的资助下，经过调查，他认为，从全国看，"有学术能力者"约占中学人口的15%，[2]"极有天才的学生"从全国看占学生人口的3%。[3] 对于这群学生应给予与众不同的、高质量的学术教育。与此相反，科南特在1961年出版的《陋巷和郊外》一书中提出，根据居住在贫民儿童的实际条件和状况，最好的办法是向他们提供职业训练的课程，而这些职业训练的课程最好又是当地社区就业所需要的。尽管，普洛瑟与老师斯尼登没有言及天才教育，但主张学生分层与此异曲同工。与19世纪不同的是，20世纪综合中学"课程分层"是以智能测试与自愿选择为基础的。看来，要素主义强化了教育分轨与"课程分层"。

综合中学"课程分层"直接导致了主修职业教育课程的人群学术成绩之差。全国教育统计中心（NCES）2000年数学成绩报告单表明，尽管黑人学生和西班牙裔美国学生2000年的成绩比1990年高，但比白人和亚裔太平洋岛国的平均分数要低；[4] 凯斯德莱（Kaestle）和他的同事们发现相当数量的黑人成年人和西班牙裔美国成年人的散文、记录和识数能力表现欠佳，处在两个最低能力水平线上。[5] 李（Lee, J.）的研究表明，"黑人—白人""西班牙裔美国人—白人"之间的社会经济差距在20世纪80年代消除之后，至90年代又重新被拉大；[6] 加马罗（Gamaron）则预言21世纪的美国教育将会陷入一种不平等的状况。[7] 小布什政府《不让一个孩子落

---

① 瞿葆奎主编：《教育学文集·美国教育改革》，人民教育出版社1990年版，第97页。

② 同上书，第153页。

③ 同上书，第157页。

④ Braswell, J. S., Lutkus, A. D., Grigg, W. S., Santapau, S. L., Tay-Lim, B. and John, M., *The Nation's Report Card: Mathematics* 2000, Washington, DC: National Center for Education Statistics, 2001.

⑤ Kaestle C. E., Campbell, A., Finn, J. D., Johnson, S. T. Mikulecky, L. J., *Adult Literacy and Education in America*, Washington, DC: USDepartment of Education, 2001.

⑥ Lee, J., "Racial and Ethnic Achievement Gap Trends: Reversing the Progress Toward Equity?", *Educational Researcher*, Vol. 1, 2002, pp. 3–12.

⑦ Gamaron, A., "American Schooling and Education Inequality: A Forecast for the Century", *Sociology of Education* (extre issue), 2001, pp. 135–153.

后法案》承认社会存在学业成绩差距并力求通过改变学校的教育文化来处理该问题。该法案的基本逻辑是:学校必须为所有学生提供具有挑战性的、标准化的课程;对于在学术竞争中准备欠佳的学生必须给予他们所需的额外帮助和学习机会。

20世纪后期,桑代克以来的一系列测试仍然用来决定哪个学生属于哪条轨道。就如20世纪初期一样,所有这些方法都成为被批评的对象,它们在按照所谓智能对学生进行分类的同时,也在同样程度上以学生的阶级或种族为基础对其进行区分。19世纪公立中学所追求的以道德目标为基础的简单平等取向已经成为一个遥远的记忆,20世纪的学校已经把它们的焦点转向了经济与效率的目标。但是,专门课程与专门技能之间是否存在联系是值得怀疑的,它们就像人们认为学生的分类能够完全排除阶级、文化、种族或性别偏见的想法一样,难以证明。有些人声称"课程分层"能够促进教育机会的平等,这种辩护模糊了社会和经济歧视与学校里发生的事情之间的关系。[1] 如果按照智能测验决定课程轨道,或言职业科学生只能选用职业课程而远离学术课程,则职业教育必然成为复制等级社会的工具。那样,"富人通过学术教育仍是富人,贫民通过职业教育仍为贫民",这是有悖于美国民主社会建构的。

根据智能测试的结果选择课程之时,普洛瑟不同意斯尼登对于学生的强迫做法,基于民主的考虑,普洛瑟倡导测试基础上的自愿原则。但是,综合中学并没有完全按照普洛瑟的理念去实施。由于综合中学职业科或学术科都是自愿选修的,因此普遍认为这一民族差异不能归咎于公开的教学行动。但是,学校通过提供咨询服务或其他机制向少数族裔学生暗示他们可能有什么能力以及什么样的课程最适合他们。所以,米泽(Yonezawa)和他的同事认为"课程分层"本身即具有政治性。[2] 这即是杜威反对以简单测试决定一个人教育轨道的重要原因。

---

[1] David L. Angus and Jeffery E. Mirel, *The Failed Promise of the American High School*, 1890-1995, New York: Teachers College, Columbia University, 1999.

[2] Yonezawa, S., Wells, A. S. and Serna, I., "Choosing Tracks: Freedom of Choice in Detracking Schools", *American Educational Research Journal*, Vol. 1, 2002, pp. 37-67.

　　综合中学"课程分层"的原因是复杂的，例如产业结构、教育哲学、效率诉求等。所以，尽管对于"课程分层"的批判一刻都未停止过，但该现象一直在继续。看来，将这一切归咎于普洛瑟是不合适的，自由教育与职业教育，民主与效率以及富裕阶层与贫困阶层之间的差距只要存在，"单轨"制中的"课程分层"现象就很难消除。

三　"单轨"与"双轨"的辩证法

　　科南特对于综合中学的评价与 L. G. 德兹克如出一辙，他认为，综合中学能容纳整个社会的所有青年，它的存在是美国经济历史的发展和民众忠于机会均等与地位平等理想的缘故。科南特相信综合中学有能力"对所有未来公民提供普通教育，并试图在学术方面提供卓越的选修课教育以及一流的职业教育"①。然而，综合中学之"综合"存有自身的局限性，有时，因为综合反而会遗漏，或者说有些元素是无法以综合的形式存在的。

　　"普杜之辩"以后，1906年职业教育运动以来的德国道路被矫正，可惜的是在回归本土的同时，德国优质的职业文化并没有被吸收。普洛瑟职业主义源于德国，但只是汲取了职业主义的表象而忽略了职业精神。德国职业主义所蕴含的庄严、崇高甚至神圣的天职观念，② 由于受到美国本土所塑造的"盎格鲁—美国文化"的影响，具体而言即受到社会效率主义的侵蚀，因而导致视"职业"为"天职"的庄严感缺失，而"功利性"得以强化。可惜的是，职业主义本身对于职业教育而言举足轻重，甚至是"职业人"安身立命之本。而在综合中学框架之下，职业主义自然失去了生存的土壤，这也是德国中等职业教育因何保持活力，而美国中等职业教育却总是回归博雅教育或学术教育的文化原因。

　　综合中学的包容品质在一定意义上也是一种局限。回顾20世纪美国职业教育史可知，20世纪初期诞生了以普洛瑟职业主义和杜威

① J. B. Conant, *The Comprehensive High School*, McCraw-Hill, 1967, p. 4.
② Clarke, L. & Winch, C., "A European Skills Framework? —But What are Skills? Anglo Saxon versus German Concepts", *Journal of Education and Work*, Vol. 3, 2006, p. 255.

民主主义为代表的职业教育思想体系，一个世纪以来依然没有颠覆性的职业教育理论发生，整个 20 世纪美国中等职业教育史划分皆以"普杜"职业教育思想为依据，即 1963 年以前属于普洛瑟时代，1963 年以后朝向杜威的理想。20 世纪 90 年代，以格拉布为代表的"新职业主义"只是对杜威思想的翻版。这种现象一方面表明普洛瑟与杜威职业教育思想的经典性，另一方面，综合中学"单轨"制在平衡职业主义与民主主义之时，弱化了对于中等职业教育的自觉意识。似乎"学术教育与职业教育整合"包含了一切。再者，20 世纪的综合中学强化学术的呼声不绝于耳，在这种背景之下，职业教育作为一种教育类型的"身份感"被淹没了。自然，职业教育理论停滞不前。

由于自由教育的基因与对教育民主的崇尚，美国中等职业教育在 19 世纪处于困境，1917 年《史密斯—休斯法案》之后，中等职业教育的崛起似乎为美国文化带来了些许的影响，否则就不会有印第安纳州穆尼斯教育委员会（The Munice School Board）主席在 20 世纪 20 年代所指出的，"长期以来所有的男孩接受教育都是为了成为总统，而现在我们则要教会他们找工作"。[①] 然而，综合中学"单轨"制并没有使这种文化沉淀下来，如果允许，他们依然要做"总统"之梦。可以说，美国中等职业教育自 19 世纪以来的困境依然没有完全解除，只是这种困境似乎与"单轨"制共生一处。基于美国民主文化的传统，这种困境或许将长期存在。

本章小结

1917 年《史密斯—休斯法案》颁布之后，美国中等职业教育脱离了 19 世纪以来的发展困境而进入了一个崭新的轨道。由于 20 世纪前半期福特主义生产方式、制造业主体地位以及"二战"的特殊

---

① David Labaree, "Public Good, Private Good: The American Struggle over Educational Goals", *Americican Educational Research Journal*, Vol. 1, 1997, pp. 39-61.

背景，普洛瑟职业主义盛行，工作导向课程在中等职业教育领域居于主导地位。1963 年《职业教育法》对于弱势群体的关注标志着普洛瑟职业主义开始退出历史舞台。后福特主义生产方式、终身教育思想以及新经济时代催生了"新职业主义"的到来，20 世纪 70年代生计教育运动与 90 年代以来的 STW 与 STC 运动都承袭了杜威课程整合的思想以及注重人生涯发展的民主主义特征。然而，美国中等职业教育在百年变迁史中总也抹不掉两项"标记"，即中等职业教育政策的"钟摆"现象与综合中学的"课程分层"。具有美国特色的综合中学"单轨"制具有融合多元的优势，同时也有制度之局限。职业主义与民主主义则以不同程度、交互的方式、持续地对其施加影响。

结　语

一　"普杜之辩"与职业教育的本土性

1913 年库利议案对于德国模式的照搬终于引发了职业教育史上具有历史意义的"普杜之辩",最终使得美国 1906 年马萨诸塞州《道格拉斯报告》发布以来的职业教育运动转向本土化。"普杜之辩"作为一个重要事件,一方面,为美国扬弃欧洲"双轨"制并创设出与本土相宜的"单轨"制奠定了思想基石,另一方面,普洛瑟和杜威重新定义了职业教育的诸多核心命题,并为职业教育树立了至今尚未逾越的理论高峰。"普杜之辩"起于本土之需,止于本土模式之确立,这即是职业教育的本土性,而本土性往往蕴含着世界的意义。

20 世纪初,欧洲中等教育"双轨"制已摆在美国面前,假如能够照搬欧洲模式,美国即不会出现 19 世纪职业教育的道路困境,最终,自由教育传统与崇尚民主之风导致了美国 19 世纪中等职业教育缓滞发展的宿命,而 20 世纪效率时代的到来致使职业教育迟缓之势得以扭转。基于职业教育的本土自觉,"普杜之辩"为美国提供了可供选择的两条路径。沃斯指出,就公立学校是否服务于工业问题,普洛瑟职业主义阵营与杜威民主主义阵营持有截然相反的观点①。普洛瑟极力倡导"普职"分离的德国模式,杜威则基于对教育"二元论"的批判,以"普职"融合的理路构建出民主主义职业教育思想体系。基于现实社会的土壤,在职业主义与民主主义的

---

① Wirth, A., *Education in the Technological Society*: *The Vocational-liberal Studies Controversy in the Early Twentieth Century*, Washington, D C.: United Press of America, 1980.

博弈中，美国中等职业教育"单轨"制得以确立。"职业教育是什么""职业教育为什么"等命题在"普杜之辩"中获得了重新诠释。

"普杜之辩"与本土模式的生成过程聚合了自由教育与职业教育、民主与效率、雇主阶层与雇员阶层等多维元素之间的较量，并且这种较量以不同形式、在不同程度上长期存在。所以，以综合中学为特征的"单轨"制似乎完满但又经常处于摇摆之中。与欧洲国家教育制度比较，"普职"融合的综合中学至少在方向上是值得肯定的。哈里楠在《教育社会学手册》中揭示道："在职业教育能够最有效地提供安全网的国家（德国和瑞士），职业教育反倒带来了职业声望的种种不利；而在职业教育不能有效提供安全网的国家（美国），其带来职业声望上的不利却要小得多。"① 这大概即是综合中学的"平衡"功能所带来的影响，或是普洛瑟与杜威之间的思想"张力"所致。可以说，职业教育的本土性即是职业教育的生命。只是，现实中依然有许多国家在照搬他国道路，本土话语招致缺失，美国则在职业教育领域成为本土自觉的典范。其实，自 1620 年 11 月 11 日承载着清教徒的"五月花号"航船抵至北美大陆起，这支拓荒者群体在 300 余年的历史变迁中于政治、经济、文化等诸多领域皆创设出了独特的美国范式，中等职业教育亦如是。

二 "普杜之辩"与职业教育存在的合理性

"普杜之辩"蕴含着一个重要命题——职业教育存在的合理性。同样，这依然不是一个不言而喻的问题。否则，美国南北战争以前既不会出现依靠欧洲移民来解决技术工人短缺的问题，也不会出现如英国一样对于自由教育的固守。在某种意义上，"普杜之辩"本身即在回答职业教育存在合理性的问题，因为论辩之前讨论的问题即是"是否需要职业教育"的问题，而论辩之时则是"需要什么样的职业教育"的问题。再有，公立学校对于职业教育的拒斥与教育民主对于职业教育的抵制等同样引发着对这个命题的思考，"单轨"

---

① ［美］哈里楠主编：《教育社会学手册》，华东师范大学出版社 2004 年版，第 590 页。

制本身则为职业教育存在的合理性提供了"美国式"的答案。

　　传统等级社会，职业教育是相对于自由教育而存在的，自由教育属于"自由民"而职业教育属于奴隶，这本身已经给出了传统社会职业教育存在合理性的答案。在等级社会，自由教育存在的合理性与职业教育存在的合理性是彼此相依的，因为"有闲"阶级需要"无闲"阶级去供养，这即是杜威对于两个阶级、两种教育畸形发展的揭示与批判之所在。进入现代社会之后，就美国而言，职业主义与民主主义蕴含着对于职业教育存在的合理性的不同阐释。

　　1790 年后，工业革命迅即将美国推进了现代社会，并于 19 世纪末期成为世界工业经济王国中的首强。面对公立学校对于自由教育的回归，工商业界开始极力倡导职业学校与职业教育，然而，由于职业教育在美国传统观念中的底层位置，所以视民主为至上追求的新生美国还是选择以移民方式来解决劳动力问题，甚至没有为职业学校发展提供最起码的刺激。但是，工商业界对于职业教育的支持，劳动联盟对于职业教育的抵制，美国政府对于职业教育的疏略都不足以回答职业教育存在的合理性问题。因为，职业教育在工商业界与劳动联盟思想中仅仅是实现或保护阶级利益的工具而已。1894 年，全国制造商协会的成立更加助长了职业教育的工具性，尤其是 1911 年泰罗发表《科学管理的原则》以后，社会效率主义开始主宰美国社会甚至教育领域的运行。普洛瑟职业主义即是基于社会效率主义而建立的。

　　普洛瑟职业主义阵营给出了职业教育存在的合理性答案——就业。研究可知，该答案包含两层意义。第一层意义较为明显，就业属于政治层面的答案。自幼受到工人家庭熏陶的普洛瑟对于底层民众的就业问题有着深切的关注，再有，就业问题在 20 世纪初期的美国开始显露并逐渐成为一个社会问题，能否就业成为美国民主制度关注的重要标准。普洛瑟的回答自然得到了美国政府、工商业界甚至劳工阶层的支持，至今，普洛瑟职业主义的印迹依然在许多国家盛行，即将职业教育视为就业准备教育。第二层意义即更大比例的学生适合于职业教育，只有少数学生适合于自由教育，适合与否由智能测试所决定。在这个层面上，职业教育存在的合理性在于对社会效率主义原则的符合。然而，普洛瑟在注意职业教育"职业"属性之时却忽视了其"教育性"，在强调职业教育"效率性"时却更多轻视了职业教育中的"人性"关照。这样，普洛瑟的学校职业教育与企业职业培训无异，如此则丧失了学校职业教育存在的合理性，而杜威早已关注并回答了这个问题。

杜威对于教育"二元论"的批判即在质疑传统教育存在的合理性。在杜威眼中，传统职业教育与自由教育皆已失去了存在的理由，循环往复地复制等级社会是其最大的弊处之所在。杜威彻底颠覆了亚里士多德以来两种教育二元对立的命题，职业教育在杜威教育"一元论"的思想中获得了全新的解释。杜威教育思想体系之中，职业教育已经不是"为职业而教育"，而变成了"通过职业而教育"。正如杜威所言，"教育通过职业，把更多的实践因素融合到学习之中，这是一种最好的方法"，① 所以，杜威对于职业教育存在合理性的回答就变成了"职业"成为教育"元素"的合理性的回答。对此，杜威在 1916 年出版的《民主主义与教育》一书中，对于职业的教育价值予以了详尽的论述。与普洛瑟不同的是，杜威在将职业纳为教育元素时并非直接照搬，而是在职业中渗透了文化的、思维的成分，这即是杜威所言的"主动作业"以及其追随者克伯屈所提倡的"设计教学法"。最为重要的是，杜威对于传统职业教育的改造旨在推进民主社会的进步。这样看来，杜威的职业教育已经不是哪一个阶级的工具，人的生长与民主的生活方式成为职业教育存在的根本理由。

职业教育存在的合理性问题是一个教育哲学层面的问题，它是职业教育理论与实践的逻辑基点。美国的经验说明这样一个道理，职业教育如果缺乏哲学高度的思考，定然不会产生成熟的理论体系，更不会出现本土模式的创设。职业教育照搬他国恰恰正是缺乏这种哲学思辨的结果。由此看来，职业教育的原创力既不能脱离本

---

① Gary Hoachlander, *Integrating Academic and Vocational Curriculum—Why Is Theory So Hard To Practice*? National Center for Research in Vocational Education, Berkeley, CA., 1999.

国实践的土壤也不能脱离哲学的介入。美国中等职业教育运动是幸运的,因为有"传教士"美誉的普洛瑟与哲学大师杜威共同参与其中。

三　职业主义何以在博弈中如此顽强

"普杜之辩"是普洛瑟职业主义与杜威民主主义的一场博弈,尽管1918年《中等教育的基本原则》确立了综合中学的框架,或言杜威的民主主义思想有效制约了普洛瑟阵营企图在公立中学之外并行设置职业学校的企图,但是职业教育的"独立账户"以及从联邦到各州职业教育委员会的单独设置依然标志着职业主义的胜出。并且,在20世纪,普洛瑟职业主义主导美国中等职业教育发展达半个世纪之久。

职业主义何以在博弈中胜出,职业主义何以在20世纪具有如此顽强的生命力,概言之,即制造业主体、福特主义生产方式以及"一战""二战"武器制造与兵工训练的特殊需要最终选择了普洛瑟职业主义。但1963年《职业教育法》逐步取代1917年《史密斯—休斯法案》之后,职业主义思想体系之中有两种元素似乎具有永恒的意义,即职业主义对于就业之关注,以及工作导向课程的内在价值。毋庸置疑,即使就当今而言,无论对于个体生存与发展或于国家富足与稳定,旨在就业的职业教育都是不可或缺的。普洛瑟工作导向课程是基于桑代克学习迁移学说而建立的,传统"官能心理学"被打破,"习惯心理学"被发现。与命题性知识(Knowing That)比较,20世纪中后期赖尔、波兰尼等人对于"能力之知"(Knowing How)与"默会知识"(Tacit knowledge)的研究与发现,从知识论的视角证明了普洛瑟职业主义工作导向课程的合理性,这也是20世纪80年代之后,基于普洛瑟职业主义的"工长会议"计划的CBE课程依然盛行的原因之一。当然,普洛瑟工作导向课程如何完善有待研究。

普洛瑟职业主义的胜出与顽强意味着杜威民主主义的失利。20世纪初期,面对美国社会的大转折与大变迁,尤其是处在进步教育运动的洪流之中,作为哲学大师与教育大家的杜威始终对于民主社会保持高度的敏感。"教育性"是职业教育的首要属性,基于此,杜威对于以现代职业教育确保人的"生长"以及对民主社会的推进寄予厚望。然而,职业教育以何种模式发展并非能由职业教育自身来决定。19世纪,由于自由教育传统与教育民主信仰,导致中等职业教育迟缓发展的宿命;同样,20世纪效率时代的到来以及工业社会需求的巨力,将职业主义推向历史的舞台。尽管20世纪中后期,美国中等职业教育政策愈来愈偏向杜威的理想,但是职业主义的"底色"并未完全消退。

但是,职业主义在博弈中胜出,并非是完全意义上的胜利,杜威民主主义职业教育思想不仅在于对综合中学"单轨"制确立的影响,20世纪后期始,以诺顿·格拉布为代表的"新职业主义"承继了杜威的理想。[①]

四　杜威的理想能否实现

1917年《史密斯—休斯法案》的颁布导致综合中学课程体系中保留两个独立的教育标准达半个世纪之久,它将职业教育与学术教育脱离开来并且产生了严重的后果。[②] 杜威的理想是消除二者之间的隔阂并代之以完整的教育。的确,自1983年《国家处于危机之中》发表以来,综合中学有许多创新性尝试力求将职业学习与学术学习联系起来,例如,"生涯学校""工作的高中""技术准备计划"以及"双学分课程"等模式。这些新的职业教育项目都在试图打破学术知识与职业知识的障碍,所以被认为是对杜威职业教育理想迟来的妥协。[③] 然而,杜威的批判远不只在认识论方面,他所关注的核心问题是职业教育与民主社会的关系。

---

① Lewis, T., "Towards a Liberal Vocational Education", *Journal of Philosophy of Education*, Vol. 3, 1997, pp. 477-478.

② Wirth, A., *Education and Work for the Year* 2000, San Francisco: Jossey-Bass, 1992, p. 168.

③ Grubb, W. N., "The New Vocationalism: What It Is What It Could Be", *Phi Delta Kappan*, Vol. 8, 1996, pp. 533-546.

　　杜威作为民主主义的捍卫者与推进者，成为普洛瑟职业主义阵营 "双轨" 制计划的最有力的抵制者，然而，综合中学并未在完全意义上贯彻杜威的思想，兼顾选择职业科与学术科的只是少数学生，更多是在两科之间显示出泾渭分明的界限。少数族裔，尤其是黑人，比白人更有可能被视为职业教育轨道当中的成员，[①] 种族仍然是一个潜在的被考虑因素。即使非裔美国学生获得的平均职业教育学分高于其他民族和种族的学生，但是在非常贫困的地区，少数族裔高聚集区的学生不太可能提供像 "技术准备计划" 这样的新职业教育模式，恰恰这样的模式为学生设置了优质的学术与职业融合的 "一元化" 课程。可贵的是，美国综合中学管理者实际上已经向杜威的理想努力，卢卡斯研究发现，由学校组织成相互独立的课程轨道的实践正在减少，但遗憾的是实际分轨仍在延续。[②] 消除种族、民族与经济状况对于教育分层的潜在影响，看来在美国还有一段长远的路。

　　与普洛瑟不同，杜威向来反对将职业教育视为操作技能的掌握，而尤为注重思维的训练与职业当中的理智成分，否则将无法应对未来职业需求与职业的更换。确如杜威所料，与新科技革命相伴随的是自动化生产技术对操作者的动作技能要求越来越低，有的甚至是简单按键即可，而对操作者解决问题能力的要求越来越高。美国学者桑德斯研究发现，根据 "实践者报告，问题解决教学是这一领域最重要的目的，它否定了以前两项研究所发现的以技能发展为重点的结论"。[③] 其他研究者同样认为，"和那种按部就班、让学生在教师控制的情境中再生产人造物的教学过程相比，创造性的问题解决活动是设计和技术教育的有机组成部分。有些研究者甚至更加强烈地主张，创造性的问题解决是设计和技术教育的核心内容和重

---

　　① Mosisa, A. T., "The Working Poor in 2001", *Monthly Labor Review*, Vol. 11, 2003, pp. 13-19.

　　② Lucas, S. R., *Tracking Inequality: Stratification and Mobility in the American High School*, New York: Teacher' College Press, 1999.

　　③ Sanders, M., "New Paradigm or Old Wine? The Status of Technology Education Practice in the United States", *Journal of Vocational and Technical Education*, Vol. 14, No. 1, 2001.

要的教学方法"①。实际情况是，由于 20 世纪后半叶的美国奉行
"新福特主义"哲学，所以依然注重批量化、大规模的生产，与此
相关的职业教育领域则依然是普洛瑟式的岗位技能训练居于主导地
位。当然，日本经济的崛起使美国开始向"后福特主义"转向。所
以，美国综合中学中技术和设计教育开始在课程体系中占有更多的
比例。② 学习这一科目的学生能够熟练使用工具和机械来解决生产、
建筑和电力与能源领域中的实际设计问题，而不是简单的、机械的
操作。

　　由于受到杜威民主主义思想的影响，职业教育作为"通过职业
而教育"而非"为职业而教育"的理念开始被广泛接受。③ 基于
此，职业教育不再是满足经济社会的辅助工具，而提供的是民主国
家公民所需的能够与他们的工作、家庭和社会生活相融合的能力。
事实上，"新职业主义"已经接近杜威的理想。从 20 世纪后期始，
美国的综合中学试图在做这样的改革，即职业教育并非一定要回应
雇主的需求，而是开始与有责任心的、具有批判性眼光的公民及包
括知识、经历和性情等要素的职业素养等对应起来。尤为可贵的
是，综合中学的管理者也开始认为，职业教育并非一定回应雇主的
需求，在教学理念上，机械式的训练已经被超越，引导学生在逼真
的工作环境中自由地构想与有效地解决实际问题成为教学设计的基
本原则。

　　当然，杜威的思想虽然宏阔，也只是一家之言，有些命题需要
重新理解，甚至有些还值得商榷。例如，普通教育与职业教育是否
可以完全融合？教育"一元论"思想如何对待学生个体的差异性？
等等。但是，杜威对于传统职业教育理论做出的颠覆性变革意义深
远，面对诸多被误读之处，尚待进一步研究。

---

① Lavonen, J. M., V. P. Meisalo and M. Lattu, "Problem Solving with An Icon Orien-
ted Programming Tool: Acase Study in Technology Education", *Journal of Vocational and Techni-
cal Education*, Vol. 14, No. 1, 2001.

② Lewis, T., "From Manual Training to Technology Education: The Continuing Struggle to
Establish a School Subject", *Journal of Curriculum Studies*, Vol. 6, No. 27, 1995, pp. 621-645.

③ Lewis, T., "Towards a Liberal Vocational Education", *Journal of Philosophy Educa-
tion*, Vol. 3, 1997, pp. 477-489.

参考文献

一　中文文献

（一）中文著作及译著

1. ［英］埃德蒙·金：《别国的学校和我们的学校——今日比较教育》，王承绪等译，人民教育出版社 2001 年版。

2. ［美］奥苏贝尔等：《教育心理学——认知观点》，佘星南、宋钧译，人民教育出版社 1994 年版。

3. ［美］阿瑟·林克·卡顿：《1900 年以来的美国史》（上），刘绪贻等译，中国社会科学出版社 1983 年版。

4. 辞海编辑委员会：《辞海》，上海辞书出版社 1989 年版。

5. ［美］德鲁克：《后资本主义社会》，张星岩译，上海译文出版社 1998 年版。

6. ［美］丹尼尔·坦纳、劳雷尔·坦纳：《学校课程史》，崔允漷等译，教育科学出版社 2006 年版。

7. ［美］丹尼尔·布尔斯廷：《美国人：建国历程》，中国对外出版翻译出版公司译，生活·读书·新知三联书店 1987 年版。

8. ［美］丹尼尔·贝尔：《后工业社会的来临：对社会预测的一项探索》，高锋等译，新华出版社 1997 年版。

9. ［美］大卫·斯尼登：《公民教育》，陶履恭译，商务印书馆 1923 年版。

10. ［美］佛罗斯特：《西方教育的历史和哲学基础》，吴元训等译，华夏出版社 1987 年版。

11. ［德］菲利普·葛洛曼、菲利克斯·劳耐尔主编：《国际视野下的职业教育师资培养》，石伟平译，外语教学与研究出版社

2011 年版。

12. ［美］格莱夫斯：《近代教育史》，吴康译，商务印书馆 1923 年版。

13. ［美］哈里楠主编：《教育社会学手册》，华东师范大学出版社 2004 年版。

14. ［英］海伦·瑞恩博德等：《情境中的工作场所学习》，匡瑛译，外语教学与研究出版社 2011 年版。

15. ［美］科南特：《科南特教育论著选》，陈友松主译，人民教育出版社 1988 年版。

16. ［美］克伯屈：《教学方法原理——教育漫谈》，王建新译，人民教育出版社 1991 年版。

17. ［美］克伯雷选编：《外国教育史料》，任宝祥、任钟印主译，华中师范大学出版社 1990 年版。

18. ［德］凯兴斯坦纳：《劳作学校要义》，郑惠卿选译，人民教育出版社 2004 年版。

19. ［捷克］夸美纽斯：《大教学论》，傅任敢译，教育科学出版社 1999 年版。

20. ［美］雷蒙德 ·E. 卡拉汉：《教育与效率崇拜》，马焕灵译，教育科学出版社 2010 年版。

21. ［美］劳伦斯·阿瑟·克雷明：《学校的变革》，单中惠、马晓斌译，山东教育出版社 2009 年版。

22. ［美］劳伦斯·阿瑟·克雷明：《美国教育史（一）——殖民地时期的历程（1607—1783）》，周玉军等译，北京师范大学出版社 2003 年版。

23. ［美］劳伦斯·阿瑟·克雷明：《美国教育史——城市化时期的历程（1876—1980）》，朱旭东、王保星等译，北京师范大学出版社 2002 年版。

24. ［法］卢梭：《爱弥儿》，彭正梅译，上海人民出版社 2007 年版。

25. ［英］琳达·克拉克、克里斯托弗·温奇：《职业教育：国际策略、发展与机制》，翟海魂译，外语教学与研究出版社 2011

年版。

26.〔美〕L. 迪安·韦布：《美国教育史：一场伟大的美国实验》，陈露茜等译，安徽教育出版社 2009 年版。

27.〔瑞士〕裴斯泰洛齐：《裴斯泰洛齐教育论著选》，夏之莲等译，人民教育出版社 2001 年版。

28.〔美〕乔尔·斯普林：《美国学校——教育传统与变革》，史静寰、张宏等译，人民教育出版社 2010 年版。

29.〔日〕日本世界教育史研究会编：《六国技术教育史》，李永连、赵秀琴等译，教育科学出版社 1984 年版。

30.〔美〕斯东：《苏格拉底的审判》，董乐山译，生活·读书·新知三联书店 1998 年版。

31.〔美〕S. 鲍尔斯、H. 金蒂斯：《美国：经济生活与教育改革》，王佩雄等译，上海教育出版社 1990 年版。

32.〔美〕S. E. 佛罗斯特：《西方教育的历史和哲学基础》，吴元训、张俊洪等译，华夏出版社 2004 年版。

33.〔美〕S. 亚历山大·里帕：《自由社会中的教育：美国历程》，於荣译，安徽教育出版社 2009 年版。

34.〔美〕韦恩·厄本、杰宁斯·瓦格纳：《美国教育：一部历史档案》，周晟、谢爱磊译，中国人民大学出版社 2007 年版。

35.〔澳〕W. F. 康纳尔：《二十世纪世界教育史》，孟湘抵等译，湖南教育出版社 1991 年版。

36.〔日〕细谷俊夫：《技术教育概论》，肇永和、王立精译，清华大学出版社 1984 年版。

37.〔日〕细谷俊夫等：《世界各国教育制度》，林本译，台湾开明书店 1975 年版。

38.〔美〕约翰·S. 布鲁贝克：《教育问题史》，吴元训主译，安徽教育出版社 1991 年版。

39.〔美〕约翰·S. 布鲁贝克：《高等教育哲学》，王承绪、郑继伟等译，浙江教育出版社 2002 年版。

40.〔美〕约翰·杜威：《明日之学校》，朱经农、潘梓年译，商务印书馆 1935 年版。

41. ［美］约翰·杜威：《民主主义与教育》，王承绪译，人民教育出版社 1990 年版。

42. ［美］约翰·杜威：《学校与社会·明日之学校》，赵祥麟、任钟印等译，人民教育出版社 1994 年版。

43. ［美］约翰·杜威：《人的问题》，傅统先、邱椿译，上海人民出版社 1965 年版。

44. ［英］约翰·亨利·纽曼：《大学的理想》，徐辉、顾建新等译，浙江教育出版社 2001 年版。

45. ［美］詹姆斯· H. 罗宾斯：《敬业——美国员工职业精神培训手册》，曼丽译，世界图书出版公司北京公司 2004 年版。

46. 陈友松主编：《当代西方教育哲学》，教育科学出版社 1982 年版。

47. 曹伯言编：《胡适学术文集·教育》，中华书局 1998 年版。

48. 樊亢：《主要资本主义国家经济简史》，人民出版社 1973 年版。

49. 高奇：《黄炎培教育文集》第 1 卷，中国文史出版社 1994 年版。

50. 顾明远主编：《教育大辞典（增订合编本上）》，上海教育出版社 1998 年版。

51. 汉语大词典出版社：《汉语新词典》，香港商务印书馆 1996 年版。

52. 华东师范大学教育系等编译：《现代西方资产阶级教育思想流派论著选》，人民教育出版社 1980 年版。

53. 黄孝栈：《能力本位职业教育》，台北正文书局 1984 年版。

54. 贺国庆、朱文富等：《外国职业教育通史》，人民教育出版社 2014 年版。

55. 纪晓林：《美国公共教育的管理和政策》，北京师范大学出版社 1992 年版。

56. 季苹：《美国公立学校的发展研究》，高等教育出版社 2002 年版。

57. 梁茂信：《美国人力培训与就业政策》，人民出版社 2006

年版。

58. 梁忠义、金含芬：《七国职业技术教育》，吉林教育出版社
1991 年版。

59. 梁忠义、李守福：《世界教育大系——职业教育》，人民出版社 2000 年版。

60. 林玉体：《美国教育思想史》，台湾九州出版社 2006 年版。

61. 刘绪贻、杨生茂：《美国通史》第 4 卷，人民出版社 2001年版。

62. 陆有铨：《现代西方教育哲学》，北京大学出版社 2012年版。

63. 吕达、刘立德、邹海燕主编：《杜威教育文集》，人民教育出版社 2008 年版。

64. 潘文安：《职业教育 ABC》，世界书局 1929 年版。

65. 彭树智：《世界史（现代史编下）》，高等教育出版社 1994年版。

66. 齐世荣：《世界史·现代史编》（上卷），高等教育出版社1994 年版。

67. 齐世荣：《人类文明的演进》，中国青年出版社 2001 年版。

68. 瞿葆奎：《教学》（上册），人民教育出版社 1988 年版。

69. 瞿葆奎：《教育学文集·教育制度》，人民教育出版社 1990年版。

70. 瞿葆奎主编：《教育学文集·美国教育改革》，人民教育出版社 1990 年版。

71. 瞿葆奎：《教育学文集·联邦德国教育改革》，人民教育出版社 1991 年版。

72.《辞源》，商务印书馆 1998 年版。

73. 石伟平：《比较职业技术教育》，华东师范大学出版社 2001年版。

74. 孙祖复、金锵：《德国职业技术教育史》，浙江教育出版社2000 年版。

75．滕大春：《卢梭教育思想述评》，人民教育出版社 1984 年版。

76．滕大春：《美国教育史》，人民教育出版社 2001 年版。

77．滕大春：《外国教育通史》第 4 卷，山东教育出版社 1989 年版。

78．外国教育丛书编辑组编：《中等职业技术教育》，人民教育出版社 1979 年版。

79．王保星：《美国现代高等教育制度的确立》，河北教育出版社 2005 年版。

80．王保星：《西方教育十二讲》，重庆出版社 2008 年版。

81．王川：《西方近代职业教育史稿》，广东教育出版社 2011 年版。

82．王金波：《职业技术教育学导论》，黑龙江教育出版社 1989 年版。

83．王祖荣：《群集概念的职业教育》，高雄师友工业图书公司 1985 年版。

84．吴式颖、任钟印主编：《外国教育思想通史》，湖南教育出版社 2002 年版。

85．吴式颖：《外国教育史教程》，人民教育出版社 1999 年版。

86．徐国庆：《实践导向职业教育课程研究：技术学范式》，上海教育出版社 2005 年版。

87．徐国庆：《职业教育课程论》，华东师范大学出版社 2010 年版。

88．徐辉、辛治洋：《现代外国教育思潮研究》，人民教育出版社 2008 年版。

89．许智伟：《美国生计教育》，台北幼狮文化公司 1982 年版。

90．郁振华：《人类知识的默会维度》，北京大学出版社 2012 年版。

91．袁刚、孙家祥、任丙强编：《民治主义与现代社会·杜威在华讲演集》，北京大学出版社 2004 年版。

92. 翟海魂:《发达国家职业技术教育历史演进》,上海教育出版社 2008 年版。

93. 张法琨选编:《古希腊教育论著选》,人民教育出版社 1994 年版。

94. 张家祥、钱景舫:《职业技术教育学》,华东师范大学出版社 2001 年版。

95. 赵一凡编:《美国的历史文献》,生活·读书·新知三联书店 1989 年版。

96. 中共中央马克思恩格斯列宁斯大林著作编译局编译:《马克思恩格斯全集》第 21 卷,人民出版社 2003 年版。

97. 中国美国史研究会编:《美国现代化历史经验》,东方出版社 1994 年版。

98. 钟启泉、张华:《世界课程改革趋势研究·课程改革国别研究》,北京师范大学出版社 2001 年版。

99. 周德孚、殷建平等:《学习型组织》,上海财经大学出版社 1998 年版。

100. 周渠、司荫贞:《中外职业技术教育比较》,人民教育出版社 1991 年版。

(二) 中文学位论文

1. 陈鹏:《澄明与借鉴——人本主义视角的美国职业教育研究》,博士学位论文,天津大学,2012 年。

2. 岑艺璇:《美国新职业主义教育改革运动研究》,硕士学位论文,东北师范大学,2008 年。

3. 杜文丽:《民主与教育:杜威教育哲学初论》,硕士学位论文,黑龙江大学,2003 年。

4. 段素菊:《20 世纪 80 年代以来的美国公共基础教育改革研究》,博士学位论文,北京师范大学,2004 年。

5. 付雪凌:《STC:美国 21 世纪职业教育走向》,硕士学位论文,华东师范大学,2005 年。

6. 梁文:《杜威的职业教育思想理论性探析——基于高等职业教育视角下》,硕士学位论文,西北大学,2010 年。

7. 刘元：《美国 K-12 生涯教育实践模式研究》，硕士学位论文，华东师范大学，2008 年。

8. 荣艳红：《美国联邦职业技术教育立法研究（1917 —2007）》，博士学位论文，河北大学，2008 年。

9. 王芸：《美国综合高中改革探析》，硕士学位论文，东北师范大学，2007 年。

10. 王红莉：《杜威"经验"课程思想及其实践研究》，硕士学位论文，天津师范大学，2009 年。

11. 万言明：《杜威教育哲学的现实审视——从社会生活、道德、职业三个视角看杜威教育哲学及其现实意义》，硕士学位论文，河南大学，2011 年。

12. 王永强：《试论杜威的泛职业主义观》，硕士学位论文，河南大学，2002 年。

13. 王海珊：《斯尼登与杜威的职业教育之争及其影响》，硕士学位论文，陕西师范大学，2009 年。

14. 王喜娟：《美国综合中学危机研究》，博士学位论文，东北师范大学，2010 年。

15. 肖卫兵：《杜威课程论的后现代意蕴》，硕士学位论文，兰州大学，2004 年。

16. 徐嵘：《杜威职业教育思想初探》，硕士学位论文，华东师范大学，2001 年。

17. 赵颖：《杜威职业教育思想研究》，硕士学位论文，河北大学，2004 年。

18. 郑国玉：《杜威：作为生活方式的民主——论杜威在政治哲学上的变革》，博士学位论文，复旦大学，2010 年。

19. 郑艳：《20 世纪 90 年代以来美国中等职业教育课程整合模式探析》，硕士学位论文，东北师范大学，2007 年。

（三）中文期刊论文

1. 关晶：《普洛瑟职业教育思想回顾》，《江苏技术师范学院学报》2009 年第 4 期。

2. 姜大源：《职业科学：一门新学科的创立及定位——德国职

业教育学理论创新追踪与思考》，《教育发展研究》2005 年第 3 期。

3. 刘义兵：《美国的生计教育运动》，《外国教育动态》1988年第 4 期。

4. 刘育锋：《美国二十世纪九十年代以来的职业教育改革》，《职教论坛》2003 年第 20 期。

5. 米靖：《当代国外职业教育教学观的转型及启示》，《职教通讯》2005 年第 5 期。

6. 彭永渭：《美国 80 年代基础教育改革述评》，《外国教育研究》1997 年第 2 期。

7. 沈勤：《能力本位教育适用性问题》，《外国教育资料》1996年第 3 期。

8. 石伟平：《STW：世纪之交美国职业教育改革与发展策略的抉择》，《全球教育展望》2001 年第 6 期。

9. 谢列卫：《美国职教与经济结合的历史轨迹》，《教育与职业》1995 年第 5 期。

10. 徐国庆：《美国职业教育范式的转换及启示》，《教育发展研究》2008 年第 7 期。

11. 周洪宇：《谁在近代中国最早使用"职业教育"一词》，《教育与职业》1990 年第 9 期。

12. 宗桂春：《美国综合中学历史透视》，《外国中小学教育》1992 年第 6 期。

二　英文文献

（一）英文著作

1. Arthur Levine, *Handbook on Undergraduate Curriculum*, San Francisco: Jossey-Bass Publishers, 1978.

2. Bailey, T., *Learning to Work: Employer in School-to-Work Transition Program*, Washington D. C.: The Brooking Institution, 1995.

3. Bailey, T., *Reassessing a Decade of Reform : Workforce Development and the Changing Economy*, Berkeley: University of California, 1999.

4. Bell, Cited in Cubberley, E. P. , *Readings in Public Education in the United States*, New York: Houghton Mifflin, 1934.

5. Benjamin Franklin, *Proposals Relating to the Education of Youth in Pennsylvania* (Philadelphia, 1749), New Haven, Conn.: Yale University Press, 1961.

6. Billett, S., *Learning in the Workplace*, Crows Nest, N. S. W.: Allen and Unwin, 2001.

7. Binder, F. M., *Age of the Common School*, 1830 – 1865, New York: John Wiley & Sons, 1974.

8. Brooks Kelley, *Yale: A History*, New Haven: Yale University Press, 1974.

9. Burke, J., *Competence-Based Education and Traing*, The Falmer Press, 1989.

10. C. Van Woodward, *Origins of the New South*, 1887 – 1913, Baton Rouge: Louisiana State University Press, 1951.

11. Calvin M. Woodward, *Manual Traing in Education*, New York: Scribner & Welford, 1890.

12. Carroll D. Wright, *Report of The Commission on Industrial and Technical Education*, New York: Columbia University Teachers College, 1906.

13. Charles Alpheus Bennett, *History of Manual and Industrial Education 1870 to 1917*, Peoria: The Manual Arts Press, 1937.

14. Charles Allen Prosser, *A Study of the Boston Mechanic Arts High School*, New York: Teachers College, Columbia University, 1915.

15. David B. Tyack, *The One Best System: A History of American Urban Education*, Cambridge, MA: Harvard University Press, 1974.

16. David L. Angus & Jeffery E. Mirel, *The Failed Promise of the American High School*, 1890 – 1995, New York: Teachers College, Columbia University, 1999.

17. Dewey, J., *Democracy and Education*, New York: Macmillan, 1916.

18. Dewey, J., *Interest in Relation to Training of the Will*, *Second Supplement to the Herbart Yearbook for* 1895, Chicago: University of Chicago Press, 1895.

19. Dewey, J., *My Pedagogic Creed*, New York, Chicago: E. L. Kellogg & Co., 1897.

20. Dewey, J., *The School and Society*, Chicago: University of Chicago, 1899.

21. Diane Ravitch, *The Troubled Crusade: American Education*, 1945–1980, New York: Basic Book, 1983

22. Drost, W. H., *David Snedden and Education for Social Efficiency*, Madison, WI: Universityof Wisconsin Press, 1967.

23. Dutton, S. T. & Snedden, D., *The Administration of Public Education in the United States*, New York, NY: Macmillan, 1908.

24. E. P. Cubberley, *Readings in the History of Education*, Boston: Houghton Mifflin Company, 1920.

25. Edward A. Krug, *The Shaping of the American High School*, 1890–1920, New York: Harper & Row, 1964.

26. Edward A. Krug, *The School Curriculum*, New York: Harper & Brothers, 1960.

27. Ellwood P. Cubberley, *Public Education in the United States*, Houghton Mifflin, Boston, 1919.

28. Evans, Rupert N., Garth L. Mangun, Otto Pragan, *Education for Employment: the Background and Potential of the* 1968 *Vocational Education Amendment*, Ann Arbor, Michigan: Institute of Labor and Industrial Relation, 1969.

29. Francis J. Grund, *The Americans in Their Moral, Social and Political Relations*, Boston: Marsh, Capen and Lyon, 1837.

30. Good, H. G., *A History of American Education*, Macmillan, 1962.

31. Gordon, Howard R. D., *The History and Growth of Career and Technical Education in America* (3rd ed,), Long Grove: Waveland Press,

Inc., 2008.

32. Graham, P. A., *Progressive Education*: *From Arcady to Academe*: *A History of the Progressive Education Association*, 1915 – 1955, New York: Teachers College Press, 1967.

33. Grubb, W. N. (Ed.), *Education through Occupations in American High Schools* (Vol. I), New York: Teachers College Press, 1995.

34. Gutek, G. L., *Basic Education*: *A Historical Perspective*, *Bloomington*, IN: PhiDelta Kappan Education Foundation, 1981.

35. Hamilton, S. F., *Apprenticeship for Adulthood*: *Preparing Younth for the Future*, New York, NY: Free Press, 1990.

36. Harvey Kantor, David B. Tyack, *Work*, *Youth*, *and Schooling Historical Perspective on Vocationalism in American Education*, California: Stanford University Press, 1982.

37. Harvey Kantor, *Learning to Earn*: *School*, *Work*, *and Vocational Reform in California*, 1880 – 1930, Madison: University of Wisconsin Press, 1988.

38. Herbert M. Kliebard, *School to Work*: *Vocationalism and the American Curriculum*, 1876 – 1946, Columbia University: Teachers College Press, 1999.

39. Herbert Spencer, *Education*: *Intellectual*, *Moral*, *and Physical*, New York: D. Appleton, 1871.

40. Herbst, J., *The Once and Future School*: *Three Hundred and Fifty Years of American Second Education*, New York: Routledge, 1996.

41. Hirschfeld, L. & G. Susan, *Mapping the Mind*: *Domain Specificity in Cognition and Culture*, Cambridge University Press, 1994.

42. Horn, R. A. Jr., *Understanding Educational Reform*: *A Reference Handbook*, Santa Barbara, CA: ABC-CLIO, 2002.

43. J. Lawson and H. Silver, *A Social Hisory of Education in England*, London: Methuen and Co., Ltd., 1973.

44. J. S. Brubacher, Willis Rudy, *Higher Education in Transition*, *An American History*: 1636–1956, Harper and Row Publishers, 1958.

45. Jarausch, Konrad H., *The Unfree Professi*: *German Lawyer*, *Teachers, and Engineers*, 1900 – 1950, New York: Oxford University Press, 1990.

46. John Brubacher, Willis Rudy, *Higher Education in Transition*: *an American History*, 1636–1956, New York: Harper, 1958.

47. John Dewey & Evelyn Dewey, *School of Tomorrow*, New York: E. P. Dutton & Company, The Rnikerbocker Press, 1915.

48. John Henry Newman, *Select Discourses from The Idea of University*, Cambridge: University Press, 1955.

49. John Henry Newman, *The Idea of University*, Yale University Press, New edition, 1996.

50. Julia Wrigley, *Class Politics and Public School*: *Chicago*, 1900– 1950, New Brunswick, NJ: Rutgers University Press, 1982.

51. Kaestle C. E., Campbell, A., Finn, J. D., Johnson, S. T. Mikulecky, L. J. *Adult Literacy and Education in America*, Washington, DC: USDepartment of Education, 2001.

52. Kandel, I. L. (ed.), *Twenty – Five Years of American Education*: *Collected Essays*, New York : Arno Press, 1924.

53. Kelly, A. V., *Education and Democracy*: *Principles and Practices*, London: Paul Chapman, 1995.

54. Kenneth C. Gray, Edwin L. Herr, *Workforce Education*: *The Basics*, Boston: Allyn and Bacon, 1998.

55. Kincheloe, J. L., *Toil and Trouble*: *Good Work, Smart Workers, and the Integration of Academic and Vocational Education*, New York: Peter Lang, 1995,

56. Kliebard, H. M., *School to Work*: *Vocationalism and the American Curriculum*, 1876 – 1946, New York: Teachers College Press, 1999.

57. Kliebard, H. M., *The Struggle for the American Curriculum*, 1893–1958 (2nd ed.), New York: Routledge, 1994.

58. Lave, J., Wenger, E., *Situaled Learning*: *Legilimale Peripheral*

Participation, Cambridge：Cambridge University Press，1991.

59. Lawrence A. Cremin，*The Transformation of the School：Progressivism in American Education*，1876—1957，New York：Knopf，1961.

60. Layton S. Hawkins，Charles A. Prosser and John C. Wright，*Development of Vocational Education*，Chicago：American Technical Society，1951.

61. Louis Franklin Snow，*The College Curriculum in the United States*，New York：Teachers College，Columbia University，1907.

62. Lucas，S. R.，*Tracking Inequality：Stratification and Mobility in the American High School*，New York：Teachers College Press，1999.

63. Lynch，R. L.，*Designing Vocational and Technical Teacher Education for the 21st Century：Implications from the Reform Literature*，Columbus：The Ohio State University，1997.

64. Marvin Lazerson，*Origin of the Urban School Public Education in the Massachusetts* 1870—1915，Massachusetts/ Cambridge：Harvard University Press，1971.

65. Marvin Lazerson，Norton Grubb，*American Education and Vocationalism*，*A Documentary History* 1870—1970，New York：Teacher College Press，Columbia University，1974.

66. McManis，J. T.，*Ella Flags Young and a Half Century of the Chicago Public School*，Chicago：McClurg，1916.

67. Michael Sanderson，*The Missing Stratum：Technical School Education in England*，1900—1990s，London：The Athlone Press，1994.

68. Oakes，J.，*Keeping Track：How Schools Structure Inequality*，New Haven：Yale University Press，1985.

69. Ogbu，J. U.，*Minority Education and Caste：The American System in Cross—Cultural Perspective*，New York：Academic Press，1978.

70. Parnell，D.，*The Neglected Majority*，Washington，DC：Community College Press，1985.

71. Philip R. V. Curoe，*Educational Attitudes Policies of Organized Labor in the United States*，Contribution to Education No. 201，New

York: Bureau of Publications, Teachers College, Columbia University, 1926.

72. Prosser, Charles A. & Thos H. Quigley, *Vocational Education in a Democracy* (revised ed.) , Chicago: American Technical Society, 1949.

73. Prosser, Charles A. & Charles R. Allen, *Have we Kept the Faith: America at the Cross - Roads in Education*, New York: Century Company, 1929.

74. Ravitch Diane, *Left Back: A Century of Failed School Reforms*, New York: Simon and Schuster, 2000.

75. Rippa, S. Alexander, *Education in a Free Society: An American History*, New York: Longman, 1984.

76. Robert E. Potter, *The Stream of American Education*, New York: American Book Company, 1967.

77. Robet R. Clough, *The National Society for the Promotion of Industrial Education: Case Study of a Reform*, 1906-1917, University of Winsconsin, Madison, 1957.

78. S. J. Curtis and M. E. A. Boultwood, *An Introductory History of English Education Since* 1800, University Tutorial Press Ltd., 1960.

79. Samuel Bowles, H. Gintis, *Schooling in Capitalist America: Education Reform and the Contradiction of Economic Life*, London: Routledge and K. Paul, 1976.

80. Sol Cohen, *Education in United States: A Documentary History*, Greenwood Publishing Group, 1977.

81. Steven Selden, *Inheriting Shame: The Story of Eugenics and Racism in America*, New York: Teachers College, Columbia University, 1999.

82. Sylvie E. Bowman, John Henry Newman, New York: Twayne Publishers, Inc., 1972.

83. Tanner, D., Tanner, L., *Curriculum Development: Theory into Practice*, New York: Macmillan, 1975.

84. Troen, Selwyn, *The Public and the Schools: Shaping the St. Louis System*, 1838–1920, University of Missouri Press, 1975.

85. Tyack, D., & Cuban, L., *Tinkering toward Utopia: A Century of Public School Reform*, Cambridge, MA: Harvard University Press, 1995.

86. Udo Sautter, *Three Cheers for the Unemployed: Government and Unemployment Before the New Deal*, Cambridge, New York: Cambridge University Press, 1991.

87. V. A. Howard & I. Scheffler (Eds.), *Work, Education and Leadership: Essays in the Philosophy of Education*, New York: Peter Lang, 1995.

88. Venn, Grant, *Man, Education and Work*, Washington D. C.: American Council on Education, 1964.

89. W. P. Lannie (ed.), Henry Barnard, *American Educator*, Foreword (by L. A. Cremin), New York: Teachers College Press, 1974.

90. Wayne J. Urban & Jennings L. Wagoner, Jr., *American Education: A History*, New York: Routledge, 2009.

91. Wayne J. Urban, *Educational Reform in a New South City: Atlanta*, 1870–1925, Boston: Education and the Rise of the New South, G. K. Hall, 1981.

92. Will S. Monroe, *History of the Pestalozzian Movement in the United States*, Arno Press, 1907.

93. William G. Wraga, *Democracy's High School—The Comprehensive High School and Educational Reform in the United States*, New York: University Press of America, 1993.

94. William Heard Kilpatrick, *Foundations of Method: Informal Talks on Teaching*, New York: Macmillan, 1925.

（二）英文期刊论文

1. Angus David L. and Jeffrey E. Mirel, "Equality, Curriculum, and the Decline of the Academic Idea: Detroit, 1930–1968", *History of Education Quarterly*, Vol. 2, 1993.

2. Barlow, M. L., "200 Years of Vocational Education, 1776–1976", *American Vocational Journal*, Vol. 5, 1976.

3. Benson, C. S., "New Vocationalism in the United States: Potential, Problems and Outlook", *Economics of Education Review*, Vol. 3, 1997.

4. Bishop, J., "Occupational Training in High School: When does It Pay off?", *Economics of Education Review*, Vol. 1, 1989.

5. Bode, B., "Why Educational Objectives", *School and Society*, Vol. 10, 1924.

6. Charles Allen Prosser, "The Mission of Art Education in the Public Schools", *School and Society*, Vol. 14, 1921.

7. Clarke, L. & Winch, C., "A European Skills Framework? —But What are Skills? Anglo Saxon versus German Concepts", *Journal of Education and Work*, Vol. 3, 2006.

8. Daniel Turner, "The Comprehensive High School in American Education", *Educational Leadership*, Vol. 5, 1982.

9. David Labaree, "Public Good, Private Good: The American Struggle over Educational Goals", *Americican Educational Research Journal*, Vol. 1, 1997.

10. Dewey, J., "Industrial Education—A Wrong Kind", *New Republic*, Vol. 20, 1915.

11. Dewey, J., "On Industrial Education", *Curriculum Inquiry*, Vol. 1, 1915.

12. Evanciew, C. E. P. & Rojewski, J. W., "Skill and Knowledge Acquisition in the Workplace: A Case Study of Mentor—Apprentice Relationships in Youth Apprenticeship Programs", *Journal of Vocational and Technical Education*, Vol. 2, 1998.

13. Gamaron, A., "American Schooling and Education Inequality: A Forecast for the Century", *Sociology of Education* (extre issue), Vol. 3, 2001.

14. Gray K., "Vocationalism and the American High School: Past,

Present, and Future", *Jounal of Industrial Teacher Education*, Vol. 2, 1996.

15. Hyland, T., "Vocational Reconstruction and Dewey's Instrumentalism", *Oxford Review of Education*, Vol. 1, 1993.

16. Hyslop Margision, E. J., "An Assessment of the Historical Arguments in Vocational Education Reform", *Joural of Career and Technical Education*, Vol. 1, 2001.

17. John Crosby, "Board of Trustees Pays Tribute to Memory of Dr. Prosser; Outlines Accomplishments", *Dunwoody News*, Vol. 1, 1953.

18. Johnson, D. S., "A Framework for Technology Education Curriculum which Emphasizes Intellectual Processes", *Journal of Vocational and Technical Education*, Vol. 1, 1992.

19. June E. Eyeston, "The Influence of Swedish Sloyd and Its Interpreters on American Art Education", *Studies in Art Education*, Vol. 1, 1992.

20. Kantor, H., "Work, Education, and Vocational Reform: The Ideological Origins of Vocational Education, 1890 – 1920", *American Journal of Education*, Vol. 9, 1986.

21. Lavonen, J. M., V. P. Meisalo and M. Lattu, "Problem Solving with an Icon Oriented Programming Tool: Acase Study in Technology Education", *Journal of Vocational and Technical Education*, Vol. 1, 2001.

22. Lee, J. Racial and Ethnic, "Achievement Gap Trends: Reversing the Progress Toward Equity?", *Educational Researcher*, Vol. 1, 2002.

23. Lewis, T. and Cheng, S. Tracking, "Expectation, an the Transformation of Vocational Education", *American Journal of Education*, Vol. 13, 2006.

24. Lewis, T., "Difficulties Attending the New Vocationlism in the United States", *Journal of Philosophy of Education*, Vol. 1, 1991.

25. Lewis, T., "From Manual Training to Technology Education:

The Continuing Struggle to Establish a School Subject", *Journal of Curric-ulum Studies*, Vol. 6, 1995.

26. Lewis, T., "Towards a Liberal Vocational Education", *Journal of Philosophy of Education*, Vol. 3, 1997.

27. Moore, D. T., "Curriculum at Work: An Educational Perspec-tive on the Workplace as a Learning Environment", *Journal of Workplace Learning*, Vol. 6, 2004.

28. Mosisa, A. T., "The Working Poor in 2001", *Monthly Labor Review*, Vol. 11, 2003.

29. O'Halloran D., "Task – Based Learning: A Way of Promoting Transferable Skills in the Curriculum", *Journal of Vocational and Technical Education*, Vol. 1, 2001.

30. Oakes, J. and Guiton, G., "Matchmaking: The Dynamics of High School Tracking Decision", *American Educational Research Journal*, Vol. 1, 1995.

31. P. D. Ash Worth and Judy Saxtan, "On 'Competence' ", *Jour-nal of Further and Higher Education*, Vol. 2, 1990.

32. Roy, R., "The Relationship of Technology to Science and Teaching Technolog", *Journal of Technology Education*, Vol. 2, 1990.

33. Ryan, P. , "Evaluating Vocationalism", *European Journal of Education*, Vol. 2, 2003.

34. Sanders, M., "New Paradigm or Old Wine? The Status of Tech-nology Education Practice in the United States", *Journal of Vocational and Technical Education*, Vol. 1, 2001.

35. Smith, C. L., "Initial Analysis of Youth Apprenticeship Programs in Georgia", *Journal of Vocational and Technical Education*, Vol. 1, 1998.

36. Snedden, D. S., "Vocational Education in Massachusetts: Some Achievements and Some Prospects", *Manual Training Magazine*, Vol. 1, 1916.

37. Stewart, B. R. & Bristow D. H., "Tech Prep Programs: The Role and Essential Elements", *Journal of Vocational and Technical Edu-*

cation, Vol. 1, 1997.

38. Wells, A. S. and Serna, I., "The Politics of Culture: Understanding Local Political Resistance to Detracking in Racially Mixed School", *Harvard Educational Review*, Vol. 1, 1996.

39. Welner, K. G. and Oakes, J. (Li), "Ability Grouping: The New Susceptibility of School Tracking Systems to Legal Challenges", *Harvard Educational Review*, Vol. 3, 1996.

40. William Heard Kilpatrick, "The Project Method", *Teachers College Record*, Vol. 19, 1918.

41. Yonezawa, S., Wells, A. S. and Serna, I., "Choosing Tracks: Freedom of Choice in Detracking Schools", *American Educational Research Journal*, Vol. 1, 2002.

(三) 英文学位论文

1. David F. Labaree, *How Dewey Lost: The Victory of David and social Efficiency in the Reform of Amrican Education*, Stanford University, 2008.

2. Elmas L. Watkins S. R., *Implementing Career Academies in a Large, Comprehensive High School*, Georgia Southern University, 2007.

3. Jeffrey Laurance Dow, *The New Vocationalism: A Deweyan Analysis*, University of Florida, 2002.

4. John Gadell, *Charles Allen Prosser: His Work in Vocational and General Education*, Washington University, 1972.

5. Schaad, D., *The Social and Academic Integration of Community College Students Participating in a Freshman Learning Community*, Unpublished Doctoral Dissertation, University of Illinois at Urbana-Champaign, 1997.

6. Shu Wei-Non, *A Comparion of Factors that Influnce Vocational Education Law-Making In The U. S. and TaiWan*, Republic of China, Miunesot: Faculty of the Graduate School of the University of Minnesota, 1996.

7. Silver, Roberta, *An Analysis of Charles Allen Prosser's Conception*

of Secondary Education in the United states, Chicago: University of Chicago, 1991.

（四）英文其他

1. Bragg, D., Layton, J., Hammons, F., *Tech Prep Implementation in the United States: Promising Trends and Lingering Challenges* (Report No. MDS－714), Berkeley, CA: University of California at Berkeley, National Center for Research in Vocational Education, 1994.

2. Braswell, J. S., Lutkus, A. D., Grigg, W. S., Santapau, S. L., Tay－Lim. B. and John, M., *The Nation's Report Card: Mathematics* 2000, Washington, DC: National Center for Education Statistics, 2001.

3. Bureau of the Census, U. S. *Department of Commerce. Historical Statistics of the United States: Colonial Time to* 1970, Washington, D. C., 1975.

4. Carlton, F. T., *The Industrial Factor in Social Progress*, NEA Report, 1910.

5. Charles Allen Prosser, *Annual Report of the Secretary for the Period from April* 1*st*, 1912, in The National Society for the Promotion of Industrial Education: Proceedings of the Sixth Annual Meeting Held in Philadelphia. Pennsylvania, December 5－7, 1912, Bulletin No. 16, Peoria, Ⅲ: Manual Arts Press, 1913.

6. Charles Allen Prosser, *Dunwoody's Past, Present, and Future*, 13 *April*, Typewritten Document, Special Collection, Dunwoody Industrial Institute, Minneapolis, 1945.

7. Charles Allen Prosser, *Vocation Education as Life Adjustment*, Presentation given to the Wisconsin Education Association, Typewritten Document, Special Collection, Minneapolis: Dunwoody Industrial Institute, 1936.

8. Gary Hoachlander, *Integrating Academic and Vocational Curriculum－Why Is Theory So Hard To Practice?* National Center for Research in Vocational Education, Berkeley, CA., 1999.

9. Hoke Smith, *Report of the Commission on National Aid to Voca-*

tional Education, Vol. 1, Washington, D. C.: Government Printing Office, 1914.

10. Hon Carroll S. Page, *Vocational Education*, Washington: Government Printing office, 1912.

11. Johnson, B. W., *Children Differ in Vocational Aims: Industrial Education in the Elementary School*, National Education Association proceedings, 1910.

12. Nan L. Maxwell, Victor Rubin, *Career Academy Programs in California: Outcomes and Implementation*, California Policy Research Center University of California, 2001.

13. National Center for Research in Vocational Education, *The* 1989 *Agenda for the National Center for Research in Vocational Education*, Berkeley: CA, 1989.

14. National Commission on Secondary Vocational Education, The Unfinished Agenda, *The Role of Occupational Education in the High School*, Washington, DC: Office of Vocational and Adult Education, U. S. Department of Education, 1984.

15. Woodward, C. M., *The Function of American Training School*, Proceedings of the National Education Association, Session of the year 1882 at Saratoga, Boston: Alfred Mudge Printers, 1882.

16. Wraga, W. G., *The Comprehensive High School in the United States: A Historical Perspective*, New Orleans: Paper presented at the annual meeting of the American Education Research Association, 2000.

后　记

　　本书主体内容为博士论文。完成博士论文之时，即将步入 45 周岁的门槛，我的儿子则临近高考。本书出版之时，儿子已进大二。就我中年读取博士而言，有和孩子共同进步的成分，也想为孩子的成长多做点儿什么，不知道是不是有些迟了。每每看到比自己年轻许多的学弟学妹之时，内心总是充满紧迫感与压力！不过还好，学习总是件好事！我一直这样鼓励自己，给自己以从容学习、继续前行的勇气。

　　三年华东师范大学的博士生活是难忘的，尤其对于一直忙于工作且人到中年的我而言，更是弥足珍贵！华师大、丽娃河、梧桐道……这一切的一切似乎都浸润着知识、智慧与卓越，并分分秒秒的在影响着我。学术殿堂的氛围让我如沐春风，知名教授的治学真言时常会使不再年轻的我热血沸腾！

　　学在华师，我首先要感谢我最尊敬的导师王保星教授。感谢王老师收我为徒，给人到中年的我突破自我的机会！更为庆幸的是，我遇到了走进研究领域之后最好的导师。三年的学习生活，王老师平实的人格魅力、严谨的治学态度与卓越的学术思想时时影响着我，使我身不由己地去模仿。王老师对于学生的关爱是全心全意的，点点滴滴令人难忘！上海冬日的"寒冷"是人所共知的，王老师送来桂圆驱走严寒，带来温暖；三年来，从课程作业、期刊投稿，一直到博士论文的写作，乃至本书的出版，王老师都一丝不苟地指导我进步、提高。大到论文选题、逻辑框架与思想挖掘，具体至遣词用句的考究，甚至一个标点、一个标注都极为严谨。尤其让我铭刻肺腑的是，2014 年正月，王老师刚刚手术出院即为我修改博士论文，而且，每在论文撰写、书稿整理困难、焦虑之时，王老师都会给予我有效的引导与鼓励。由此，我给自己一个承诺：对待我的研究生，一定像王老师对待我一样。

　　能够完成博士论文，完成本书书稿，还要感谢杜成宪教授，杜老师《教育史学研究》课程为我完成论文奠定了方法论的基础，尤其是，在杜老师身上学到了治学的态度。尤要感谢石伟平教授与徐国庆教授。尽管读取博士之前，我已经发表过几篇职业教育史方面的小文，但是，当选修石伟平老师《比较职业技术教育》、徐国庆老师《职业教育课程与教学论》等课程以后，才发现自己对于职业教育还未窥门径。能够完成这篇美国职业教育思想史领域的论文并能整理出版，与两位老师的影响是无法分开的。还要感谢范国睿教授、黄书光教授、朱益明教授、吴遵民教授、李政涛教授、郁振华教授的教诲之恩，老师们的学养永生难忘！

　　博士论文的撰写与本书出版，外文资料是不可或缺的。十分感谢上海师范大学关晶老师将其在美国访学期间搜集的资料无私地相赠，感谢《职业技术教育》杂志社刘海主编、李玉静老师在百忙之中帮我搜寻专题文献，还要感谢华东师范大学汤霓博士的翻译材料。没有这些宝贵的资料，这篇博士论文或基于博士论文整理而成的书稿可能就无法完成。

　　博士论文与本书的完成，要感谢我的同门。张宛头脑清晰、风格果断，给论文写作提出了诸多建设性意见；李洁指导我论文摘要的翻译；曹丽帮我校对部分英文，并给我鼓励；李娟助我校对参考文献，着实辛苦；梁云帮我校稿，并搜寻资料；朱治军师弟不仅助我校对全文，答辩前后还帮办诸多手续；钱露为论文提出了很好的建议。还要感谢王贤文学弟对论文版式多次的调整，陈祥龙学弟助我打印文稿，感谢同事王晶为本书校正格式，感谢我的研究生董威、李平对于部分英文资料的翻译，感谢董丽娇对于英文参考文献的悉心校对。

　　很是难忘华师的求学生活，尤其要感谢张雷、唐开福、邓璐、孙冬喆、陈玉芳学弟学妹给予我的诸多帮助，感谢李孝川、李茉、黄丽、邱关军、葛孝亿、娄元元、王瑞德、刘梅梅、艾琼、李晓等学弟学妹带给我的友情。更为难忘的是同舍兄长苏章海博士，三年来，寒来暑往，我们同吃、同住，彼此鼓励、相互关怀，这段兄弟之谊将成为我人生旅途中最宝贵的财富。

　　更要感谢河北科技师范学院党政领导的支持与关怀，给我创造学习空间，并关心我的家庭生活。这一切，我都会铭记于心！特别感谢张立彬老师给予我方方面面的支持，感谢宋士清老师一直以来的爱护，尤其要感谢盛子强老师为我分担工作，使我在论文撰写与本书整理的关键阶段，能够专心此事！还要感谢各位同事对我的理解与帮助！

　　家人给予我持续奋斗的力量。我尤其要感谢我勤劳、善良、坚韧朴实的父母！感谢父母教我做人、催我奋进！感谢两个妹妹无微不至地照顾老人，尤其对于生病父亲的悉心照料，使我得以安心完成博士期间的学习！本书出版之时，父亲已经离去数月，但父亲一生辛苦之精神已成为家庭传承的宝贵财富！我当以汗水造福家人与民众，以期父亲在云端微笑！感谢妻子一直以来埋头家务，教养孩子，毫无怨言！感谢儿子与我并肩奋进、共同担当！

　　由于自身学术功底薄弱，本书难免存有错误与不当之处，这也是我今后继续研究、修正与提升之方向。博士论文以及本书的完成仅仅是一个开始，尽管年龄偏大、资质驽钝，然而，导师已为我树立了一面旗帜！我需完成我应完成的事情！

路宝利

2015 年 2 月 28 日

于丽娃河畔